和久井光司

from Hors … an Utopia

NY … ク完全版

河出書房新社

Contents of This Book

[データ表記について]
◎基本的にオリジナル盤のデータを掲載しています。
◎国名は漢字表記、米国の場合は省略しています。例：英＝イギリス、瑞＝スウェーデン、西＝スペイン
◎楽器は一部略号を使用しています。例：ds ＝ドラムス、kbd ＝キーボード、per ＝パーカッション

改めて提示したいパンクという思考

和久井光司

エリザベス女王と安倍晋三の国葬を比べるのは、女王にたいへん失礼だと思うのだが、10日とあけずに見せられてしまったのだから、誰だって「日本はダメだ」と思うよ。それが普通の感性じゃないかな。

　私は妻と英国大使館に花を持って出かけたけれど、武道館に献花しに行った人があんなにいたのは信じられない。亡くなった人を敬う気持ちがないわけではないが、蕎麦屋問題（もり／かけってことだよ）もカタがついていないのに、国民の半分が反対した国葬をやった政府って、どう考えてもなしでしょ。「お父さん、ありがとう」みたいな気持ちもあって、なんて言う人がいたのには呆れたね。「自分の親のせいで自殺した人がいたら」って、どうして考えられないのかな。まわりにどんな影響を及ぼしても〝私の気持ち〟に正直でありたいと思うことを〝自由〟とは呼ばない。それは〝勝手〟でしかない。はき違えもいいところだと思う。もっと言えばアタマが悪すぎる。

　世の中がおかしくなったのはいつからだろう？　リーマンショック以後？　いや、もっと最近だろう。コンプライアンス問題が語られるようになったのは世界的な傾向だが、例によって日本では都合のいいように使われ、表現を規制する策にもなってる。お笑い芸人がテレビで「コンプライアンス的にアウト」なんて言ってしまう世の中なんて面白いわけないじゃないか。モンティ・パイソンをテレビで観た世代の私は、毒のないユーモアなど認めない。ゴールデン・タイムの番組でおっぱいポロリをやらかす志村けんは絶対に正しかったと思っている。

さて、本書だ。『フランク・ザッパ攻略ガイド』で始まったシリーズの8作目になる。

全部買ってくれている人が少なくないのは嬉しいかぎりだし、賢明な読者は〝全部つながっている〟ことに気づき始めているようだ。

一般に認識される音楽は、1オクターブが12個の音で構成され、拍子は2か3の倍数というのが基本。だから単純なものだし、ロック・バンドにかぎって言えば、そんなに楽器が弾けなくても、音楽的な知識がなくてもつくれる。

だから世界中に、それこそ無数のバンドがあり、さまざまな表現があるのだ。単純なものなのに、いや簡単につくれるからか、同じようなものはあっても同じではない。

私も十代のころは、いつまでロックを聴いているんだろう?とか、いつまでバンドをやるだろう?と思っていた。きっと飽きるときが来る、と想像したからだ。

歳とったらモダン・ジャズとか聴いてブランデー・グラスを傾けたりしちゃうんだろうな、と〝老後〟を考えていたのである。

しかし、そうはならなかった。まだロックを聴いている。若いころに聴いたむかしのレコードを懐かしく聴いているわけでも、発売当時はお金がなくて買えなかったものをいま集めたりしているわけではなくて、若いバンドのレコードも、むかしから好きなミュージシャンの新作やリマスター盤も買うし、バンド3つとデュオ2つと弾き語りソロで年に30本ぐらいはライヴをやっている。つまり「いまだにロックで生きている」と言いきれてしまうのだ。

ろくに学校に行かず、何かをきちんと勉強したこともなければ、資格も持っていない。若いころからバンドのメンバーやマネージャーが迎えに来てくれる生活をしていたから、運転免許さえ持っていないのだ。だから以前は簡単に身分を証明できるものがなかった。マイ・ナンバー・カードなんて国に管理されてるみたいで嫌だったが、身分を証明できるようになって助かっている。そもそも〝身分〟ってナンだよ、ってハナシだが。

そんな私が、人に「なんでもよく知ってますね」とか、「音楽以外にも詳しいんですね」なんて言われる。本人は毎日〝こんなことも知らないなんて〟と情けない気持ちになるのだが、どうやら世間の人より幅広くいろいろなことを知っているようだ。

ものを書くようになったのは、音楽活動だけではとうてい食っていけないと思ったからで、歌詞や曲をコンペに出して入るかどうかわからない印税を狙うよりも、４００字いくらの確実な収入を得ようとしただけ。それで名を売ろうとか、自分の本を出して食っていこうとか、計画的に考えたわけではないから、（プロのライターの人には申し訳ないが、）いまでもバイトのようなつもりでやっている。

それでどうして60過ぎまでやってこれたのかと言えば、いつも心に〝パンク〟があったからだと思う。パンク・バンドをやったことはないが、いまも〝音はニュー・ウェイヴ〟、〝気持ちはパンク〟なのだ。

私がパンク・ロックを意識したのは1976年のこと。バンドのメンバーが買ってきたラモーンズのファースト・アルバムが最初だ。アップ・テンポの短い曲ばかりをダーッと演奏していくのは面白いと思ったが、夢中になるほどではなく、その後ロンドン・パンクが話題になり始めたときは、むしろ否定的だった。

ところがパティ・スミスの『レディオ・エチオピア』を聴き、翌年テレヴィジョンの『マーキー・ムーン』を聴いて、〝これはとってもアタマのいい人の音楽だ〟と思ったのだ。60年代のビートルズやストーンズが黒人音楽を自分なりにつくりかえていたのとは違う〝引用〟があるのにピンときたのは、ロキシー・ミュージックが「リメイク／リモデル」という曲でその姿勢を表明したり、デイヴィッド・ボウイがジョージ・オーウェルの『1984』をロック・オペラにしようとして『ダイアモンド・ドッグズ』が生まれたのを知っていたからだが、パティ・スミスやトム・ヴァーレインはもっと細かいところで〝芸術論〟を語っているように思った。その〝ただのミュージシャンではない感じ〟が、最高にカッコよかったわけだ。

トーキング・ヘッズのデイヴィッド・バーンのセンスに痺れたのは、『モア・ソングス』に収録された「テイク・ミー・トゥ・ザ・リヴァー」を聴いたときだった。アル・グリーンをこういう形につくりかえられるなら、音楽表現の幅はどこまでも広がるように思えた。

その辺が私の背骨になって、ただ好きなロックをやっているだけでグニャグニャしていた20歳の男が、立って、歩き、行先をアタマで考えて、その意思を人に表明するようになったのだから、明らかな進化ではないか。

そう。パンクは進化を促す思考だ。固定概念を粉砕しないと〝自由につくる場所〟がアタマの中にできないから、スペースを確保するためにブチ壊すしかないときもある。

それもわかった。そうしたら、世界をどう見て、どうつなげていれば自分のためになるかが見えてきたのである。

もう一度言う。パンクとは進化を促す思考なのだ。

#1
THE STORY of NEW YORK PUNK

KOJI WAKUI

パンク・ロックはどのように生まれ、その精神性を世界に広めたのか

和久井光司

マクシズ・カンザス・シティとＣＢＧＢ

ニューヨークのアンダーグラウンド・シーンでパンク・ロックが産声をあげることになるのは（当事者たちがどこまで意識的だったかは別として）、アンディ・ウォーホルの〝ファクトリー〟でザ・ヴェルヴェット・アンダーグラウンドが始めたアート的なガレージ・ロックが源流としてあったからだろう。それまでのニューヨークといえば進歩的（＝左翼的）なフォークのメッカで、ジョーン・バエズ、ピーター・ポール＆マリー、ボブ・ディランといった60年代前半のフォーク・スターはみんなグリニッチ・ヴィレッジのフォーク・クラブから登場している。

ウォーホルとヴェルヴェッツがアートとロックをどう結びつけたかについては本シリーズの既刊『ヴェルヴェット・アンダーグラウンド完全版』で書いたからここでは繰り返さないが、60年代のマンハッタンにはロックを演奏できる常設のクラブがなかったため、68年にウォーホルと袂を分かったヴェルヴェッツ（それまでニューヨークではファクトリー関係のイヴェントが主な舞台となっていた）は、ボストンをライヴの本拠地としていたのだ。

シーンが大きく変わったのは70年の夏だった。ポエトリー・リーディングやフォーク・シンガーのライヴを行なっていたマクシズ・カンザス・シティ（Max’s Kansas City）がロック・バンドのライヴを始め、ヴェルヴェッツが帰ってきたのである。

パーク・アヴェニュー南の２１３番地にあったマクシズ

マクシズ・カンザス・シティ

CBGB

はミッキー・ラスキンが65年に始めた店で、アレン・ギンズバーグやウィリアム・バロウズ、フィル・オクスやボブ・ニューワースが出入りしていたことからもともと文化サロン的な面を持っていたが、69年のウッドストック・フェスに触発されたのか、ラスキンはフロアのひとつをロック・クラブに改装したのだった。

マクシズでライヴを始めたヴェルヴェッツからすぐにルー・リードが抜けたため、同店でのヴェルヴォッツのライヴは続かなかったが、その後、ニューヨーク・ドールズが登場したころからグラム・ロック的な見た目が特徴のアングラ・バンドの根城となり、74年には、ウェイン・カウンティ、タフ・ダーツ、ラフィン・ドッグズらが定期的に出演するようになっていた。

もう一方のメッカ、CBGB（Country, Blurglass Blues & Other Music Gormandzers）がブリッカー・ストリートの東の端、バワリー315番地にオープンしたのは73年のことだ。自身もミュージシャンだったヒリー・クリスタルがウェスト・ヴィレッジで営業していたヒリーズが騒音問題で移転を余儀なくされたため、69年からバワリーで営業していたヒリーズ・オン・バワリーを改装し、ロックをメインとするクラブ、CBGBをつくったのである。

74年3月31日から、日曜日夜のレギュラーをテレヴィジョンが務めるようになったのが〝ニューヨーク・パンク誕生〟のきっかけと言ってもいい。4月14日にはパティ・スミスとレニー・ケイが客席に現れ、5月5日に前座を務めたThe Stilettoesでコーラスをやっていたデボラ・ハリーは彼女がメインのブロンディを率いて8月に初登場。同じころラモーンズも初めてCBGBのステージに立った。

パティ・スミス・グループのデビューも75年2月14日のCBGB。その直後に〝パンク・ロック〟という言葉がメディアで囁かれ始め、マクシズ・カンサス・シティとCBGBはそのメッカとなっていくのだ。

アイドルから脱却した〝ロック〟

75年というのはロックが変わる〝兆候〟が現れた年だった。69年8月のウッドストック・フェスを最後に、60年代のお祭り気分は終わったと言っていいが、翌年封切られた映画『ウッドストック』を観て、日本の若者たちは〝ロックとはこういうものか〟と知った。つまり、感覚が2年ぐらい遅れていたんだと思う。

70年代初頭の『ニューミュージック・マガジン』を読み

The Band
The Band
Capitol／STAO-132
（1969年9月22日）
このときメンバーは20代半ばだった
ことを考えると、ジジイ演出がわかる

返すと、ザ・バンドらウッドストック周辺のミュージシャンの動向や、シンガー・ソングライターの〝歌〟を語った興味深い記事に出会うが、実体がどうだったかが明白になった今日の知識で見ると、筆者の意識の中で、ザ・バンドはあのフェスからの〝ウッドストックつながり〟で理解されようとしているのがわかるし、シンガー・ソングライターの〝歌〟も、60年代前半にボブ・ディランらが放った〝社会派〟のプロテスト・ソングがすっかり鳴りを潜め、〝個人〟にとっての共存がテーマになったことを指摘しているにすぎない。それは学生や労働者の運動や、ヴェトナム戦争、70年安保に反対する闘争がバックボーンとしてあった日本のフォークが、70年代に入ると途端に〝個人〟の〝日常〟に向かおうとしていたこととも密接な関係にあるのだ。それが必ずしも〝四畳半〟だったとは思えないし、私は中学生のころからそういう歌が嫌いだったが、世間はあがた森魚の「赤色エレジー」とかぐや姫の「神田川」を一緒に語りたがった。そんな程度だから、ウッドストックの映画を観て〝アメリカってスゴイな〟と思った兄さん方が、ザ・バンドやウッドストックのシンガー・ソングライターを聴いて〝アメリカ音楽のルーツ〟を探ろうとしたのもわからないではない。けれど、ディランやザ・バンドが早くも67年の後半に〝老成演出〟に切り替えた理由が少しも考えられていないのだから、髪を伸ばし、髭を生やしたって、〝上辺を真似ただけ〟ではないか。

まともな評論の中で、その後のロックに与えた影響まで語られているのをあまり見たことがないからここで指摘しておくが、67年6月1日に出たビートルズの『サージェント・ペパーズ・ロンリー・ハーツ・クラブ・バンド』の、どこにみんなが驚いたのかと言えば、ビートルズが髭を生やしていたこと（ここまでは言われている）。それは世界のアイドルだったビートルズの〝脱アイドル宣言〟だったわけで（これも少しは言われている）、じゃあアイドルをやめた彼らがどんな職業を選んだのかというと、〝ロック・ミュージシャン〟であり、〝アーティスト〟だったのだ（ここの指摘があまいのである）。

　エレキに持ち替えた段階で前人未到の〝ロック〟に踏み込んでいたディランは、前年7月のバイク事故以来メディアに出なくなっていたのをいいことに、ウッドストックの通称ビッグ・ピンクでホークスとデモ録音を行なっていた。そのあたりの流れは本シリーズの『ザ・バンド完全版』で書いたばかりなので繰り返さないが、それまでのポップ・ミュージックでは、シンガーのバックで自分の好みなど出さずに演奏していた〝ミュージシャン〟に、〝ロック〟を付けることで〝アーティスト〟という商売になるとしたら、誰だって髭ぐらい生やす。アイドルに行儀を教えていたブライアン・エプスタインみたいなマネージャーだってそれを許したのだから、業界人の感覚が変わったのも当然で、髭面のじじむさい男たちの方がむしろ〝本物〟に見えることがあっさり採用されてしまうわけだ。

　見た目の差別化はすぐに世界に伝播して、日本では〝グループサウンズ〟と〝ロック〟、〝カレッジ・フォーク〟と〝社会派フォーク〟を分ける記しのようになっていく。ディランやザ・バンドはかなり意識的に時代の矛先に乗っかっていったからわかりやすいのだが、ローリング・ストーンズのように〝自分に似合うか・似合わないか〟という基準に則っていたバンドは〝転換点〟がわかりにくかったから、日本では長く評価が定まらなかったのだろう。

グラム・ロックの面白さ

72年に中学2年になった私は、髪も伸ばせず、髭も生えなかった。ビートルズからロックに入り、すぐにボブ・ディランを聴くようになったのは、4人がかりのバンドでやっている曲より、ディランがギターの弾き語りで聴かせる曲の方が、ときには強烈なこともある、と「風に吹かれて」や「時代は変る」を聴いて悟ってしまったからでもあった。日本のフォークに対してもそうで、岡林信康や高田渡や遠藤賢司や三上寛の弾き語りはスゴいと思った。

　けれども私は、やっぱりバンドの、ポップな音楽がいちばん好きだった。中学に入ってすぐブラス・バンド部に入ったのも、みんなで音楽をつくるのは面白そうだ、と思ったからだ。第2クラリネットなんてパートは、ブーブーブー、ブーブーブーと同じ音を鳴らし続けるだけで、ひとりで吹いていると悲しくなるのだが、アンサンブルの中に入るとそれはとても重要で、ハーモニーをつくるために必要不可欠な役割をしていることに喜びが感じられた。

私はすぐに曲を書き始め、メロディをつくることに高い意識を持つようになったが、ブラバンにいたおかげか、どんな音楽を聴いてもアンサンブルに耳がいく。だから、メロディだけで曲の良し悪しを判断することがないのだ。

ビートルズを聴いて一年足らずでそうなっていた私が、72年にバンド音楽のディス・イヤーズ・モデルだと感じていたのは、T・レックスであり、デイヴィッド・ボウイであり、アリス・クーパーだった。レッド・ツェッペリンやディープ・パープルもすでに聴いていたが、当時ハード・ロックで好きだったのはグランド・ファンク・レイルロードで、シングル・ヒットを放てるという意味ではクリーデンス・クリアウォーター・リヴァイヴァルと並んでいた。

もっと言えばシカゴもサンタナも一緒。聴けば聴くほど〝スタイル〟はどうでもいいと思えてきていたのだが、きらびやかな衣装に化粧の男が、ハード・ロックと呼ぶにはささくれ立った、ガレージ感のある音を聴かせるグラム・ロックに、60年代のものとは違う〝いま〟を見ていたのだ。やがてヤンキーの象徴になったキャロルは、フジテレビで放映されていた若者向け情報番組〝リブ・ヤング〟のグラム・ロック特集の会（72年10月）にアマチュアとして登場し、生本番中にミッキー・カーチスから電話でスカウトされた（一緒に出ていた内田裕也が本番終了後に話をしようと思っていて先をこされたというのは有名）。矢沢永吉とジョニー大倉がグラム・ロックに乗じて編み出したのは、ハンブルク時代のビートルズの再現だった。それはグラム・ロックの根幹にあった〝50年代のきらびやかなロックンロールをデフォルメする〟という在り方に由来した表現であって、横浜銀蝿とは出自が違うのだ。

加藤和彦のサディスティック・ミカ・バンドや、アラン・メリルと大口ヒロシにムッシュ・かまやつが協力したウォッカ・コリンズが登場したのも、T・レックスがヒットを連発するようになって一年足らずのことである。そのスピード感は、アメリカのロック・ファスに40万人の若者が集まったのをニュースで知って、一年後にその映画を観て感心し、さらに一年後に（日本初のロック・フェス）箱根アフロディーテにピンク・フロイドを迎えた先輩たちの三年とは比べものにならなかった。

しかし、グラム・ロックが面白かったのは73年いっぱいまでだった。マーク・ボランが失速し、ボウイやロキシー・ミュージックはグラムから離れ、スレイドやスウィートはパワー・ポップ化し、アリス・クーパーはエンタテイ

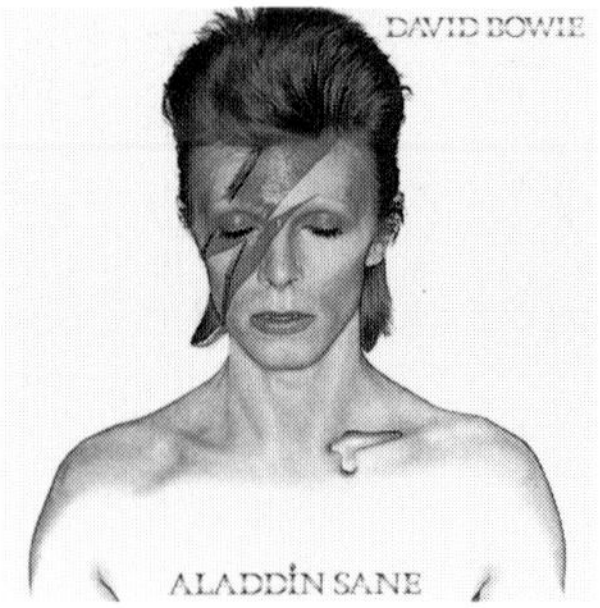

David Bowie
Alladin Sane
英 RCA Victor／RS 1001
（1973年4月19日）
ローリング・ストーンズ「夜をぶっとばせ」のスピード感あふれるカヴァーはこの傑作アルバムに収録

ンメント・ロックに移行。その後もグラムを〝芸〟とし続けたのはゲイリー・グリッターぐらいだった。

わずか2年のブームだったから、もろに浴びたのはそのとき中学生だった57年〜60年生まれに限られる。なかでもジャストなのが58年4月〜60年3月生まれだったのは、大人になって知り合った同世代の証言からも明らかだ。一学年の違いがもたらす体験の差が、最も色濃いジャンルになったのがグラム・ロックなのである。

60年代のロックよりも性能が上がったことを伝えていたのがグラム・ロックのスピード感だ。デイヴィッド・ボウイがカヴァーした「レッツ・スペンド・ザ・ナイト・トゥゲザー」は、ストーンズのオリジナル・ヴァージョンよりもはるかにカッコいい。テンポの問題だけではなく、すべてにおいてシャープなのだ。60年代のアメ車のようなでっかい四角さではない、ポルシェのように小粒の流線形と言ったらいいだろうか。70年代に入って急速にロックがサブ・ジャンル化したのは、売り手が客を集めやすくする策だったと言える。ラウドなロックを求めている人にはハード・ロックを、踊ったり騒いだりするよりじっと音楽を味わいたい人にはプログレッシヴ・ロックを——という〝売り場づくり〟はサーヴィスの向上にも見えたが、それによって〝わかりにくいものは切り捨てられる〟という側面が加速し、〝ロックの産業化〟が進んでいく。

グラム・ロックが仇花のように見えたのは、短命に終わっただけではなく、シングル・ヒットと見た目のインパクトによる〝瞬間の虚飾さ〟で、肥大化していく〝産業〟に一矢報いたところがあったからかもしれない。

産業ロックの仕組み

73年3月1日にリリースされたピンク・フロイドの『ダーク・サイド・オブ・ザ・ムーン（狂気）』は、ビートルズから受け継がれた英国ロックの伝統を〝70年代型〟に進化させた究極のアルバムだ。その否の打ちどころのなさは、ダ・ヴィンチの『モナリザ』やゴッホの『ひまわり』に匹敵するぐらいの絶対性／普遍性を持っている。バンドの歴史の中に置いて好き・嫌いを語ればいくらでも言うことはあるだろうが、ジャケットを含めたアート作品と考えればロック・アルバムの到達点と言っていいはずだ。

ビルボードでは73年4月28日付で1位となり、なんと15年間、741週にわたってトップ200に居座り、カタログ・チャートでは30年（1630週）以上にわたってランクインするというギネス記録を打ち立てた。

それは狙ってできたことではなかったし、大衆が好む曲が沢山入ったアルバムでもない。文学的な面や映画的な面を持ちながら、音楽だから、いや、ロックだからできた芸術表現と受け取れるところが『狂気』の凄みで、作品としての完成度は異常に高い。

けれども、それができたのは資本があってのことで、映画で言えばハリウッドの超大作に匹敵するほどの金と時間を投じてのことだった（せいぜい数千万円だが）。多くの音楽ライターはそこから〝つくるため・売るためには金がかかるのは当たり前〟という風潮が強くなり、ロックの〝産業化〟が進んだと思っているようだが、つくるため・売るための経費ならいいのだ。問題はさまざまな〝名目〟に乗じて、ミュージシャンやプロデューサー、エンジニア以外に金が流れるようになった、ということ。ロック・バンドがライヴやレコーディングで動くときに、そこに群がる〝業者〟が出てきたわけだ。ライヴの現場では、やれ警備だトランポ（車両・運転手）だケータリングだと舞台に関わる費用以外がかかるのは仕方なかった。69年12月にストーンズの仕切りで開催されたオルタモント・ハイウェイでのフェスで、警備にあたっていたはずのヘルス・エンジェルズが暴走して殺人事件が起こったことの反省もあって、〝餅は餅屋に任せる〟ようになっていたが、レコーディングに出かけるときでもいちいちリムジンが迎えに来て、ス

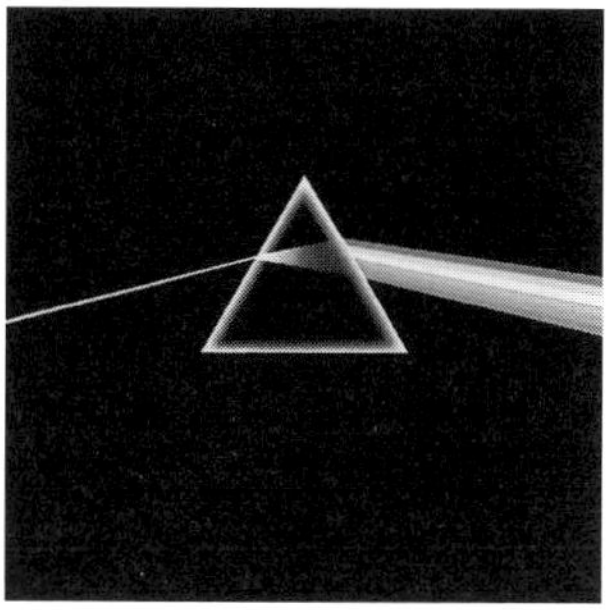

Pink Floyd
Dark Side Of The Moon
英 Harvest／SHVL-804
（1973年3月1日）
英国ロックの到達点とも言える
モンスター・アルバム

タジオはパーティー会場のようだったことで知られるフェイシズのメンバー（ロッド・ステュアート、ロン・ウッドら）は、〝あとから莫大な額を払わされた〟と証言しているし、ロニー・レインが脱退したのも〝身の丈に合わない金の使い方〟がいちばんの理由だったとも言われている（ロニーに代わって正式メンバーとなった山内テツは〝習慣どおり〟に金を払わされたという。〝ギャラはフリーにいたころの何倍にもなったのに残る金は同じだった〟とも……。キビシイ話だ）。

独立スタジオを使用することが多くなったレコーディングの現場で起こったのは、スタジオからプロデューサーへのキックバックだ。メジャー・カンパニーが持つスタジオよりも安い独立スタジオを使って予算を減らしているように見せかけたプロデューサーが、陰で独立スタジオから金をもらうというわけ。これは80年代の日本でもよくあった。

アメリカでは楽曲の権利を持つ出版社がプロデューサーに袖の下を渡して、曲を使ってもらうように促したりする方が頻繁だったようだが、ロックの世界でも政治家と土建屋が結託して国の予算をかすめとるみたいなことが起こっていた。〝産業〟とはそういう図式を差しているのだ。

スプリングスティーンのストリート感

アトランティックのアーメット・アーティガンが、自ら契約した英国バンド——イエス、レッド・ツェッペリン、ローリング・ストーンズに莫大なアドヴァンスを払ったのは、アラブ人の彼のプライドだったような気もするし、ビートルズが抜けた穴を埋めるべくＥＭＩを背負って立ったピンク・フロイドの心意気もわかる。当事者たちはロックを産業にしようとはしていなかったはずだが、『狂気』の成功でハリウッド映画型の大作主義が提示されたのをきっかけに、ロック・バンドをやたらと大きく見せようとするシステムが生まれてしまったのは事実だ。

74年に高校に入った私は、ロックをめぐる風景が変わったことを感じていた。それは中学生と高校生の感じ方の違いで、当時は、変わったのは自分かもしれない、と思っていた。けれど、故・坪内祐三やサエキけんぞうら、のちに友だちになった58年生まれも、〝高校に入った途端ロックの鮮度が失われ、グラム・ロックのような刺激は感じなくなっていた〟と口を揃える。75年になると、新しく出てきたものがみんな〝産業ロック〟に感じられるようになってきて、流行りの西海岸ロックなどは単にヒット曲として聴くようになったりした（その中にもいいものが沢山あったのが70年代の豊かさだと思うけれど）。

そんなときに出てきたのがブルース・スプリングスティーンだった。

75年8月25日にアメリカで発売された『ボーン・トゥ・ラン（明日なき暴走）』を、私は日本盤の発売日から数日のうちに買った。のちにスプリングスティーンのマネージャーになる評論家ジョン・ランドーが放った《私はロックンロールの未来を見た。その名はブルース・スプリングスティーン》というコピーと、ジャケットのカッコよさで前評判が異常に高かった記憶もあるが、私はラジオで聴いた「ボーン・トゥ・ラン」に稲妻を浴びたように痺れ、とんでもないヤツが出てきた、と思ったのである。

Bruce Springsteen
Born To Run
Columbia／PC-33795
（1975年8月25日）
時代を変える音がした初期の傑作は、
ジャケのセンスも抜群だ

49年9月23日にニュージャージー州のロング・ブランチで生まれたスプリングスティーンは、エルヴィス・プレスリーに憧れて歌い始め、73年1月にコロンビア・レコーズから『アズベリー・パークからの挨拶状（Greetings Drom Asbury Park, N. J.）』でデビューした。ボブ・ディランと契約したことで知られる大プロデューサー、ジョン・ハモンド（シニア）のお眼鏡にかなっての契約だったこともあり、デビュー当時は〝第二のボブ・ディラン〟と宣伝されたが、どう聴いてもロック・シンガーだ。本人も〝ボブ・ディランのような歌詞を。フィル・スペクターのようなサウンドに乗せて、ロイ・オービソンのように歌いたかった〟と述べてはいるが、ヴォーカル・スタイルもパフォーマンスもエルヴィスの流れにあり、ストーリー性の高い歌詞にディランの影響が感じられる程度だ。

73年9月にリリースされたセカンド・アルバム『青春の叫び（The Wild, The Innocent & The E Street Shuffle）』でさらに評判を高めたものの、世界的なシンガーと認められるほどは売れず、日本のメディアでは大きく取り上げられたこともなかったと思う。

ところが「ボーン・トゥ・ラン」には、そんな過去などどうでもいいと思わせる圧倒的なパワーがあった。スペクター風のエコーがかかったスピード感のある演奏に、飛び散る汗と唾が見えるような歌。「ボーン・トゥ・ラン」が放つ〝ストリート感〟には闇雲に走り出さずにはいられない若者の衝動が重なって見えた。それが〝ロックンロールの未来〟かどうかはわからなかったが、何かが変わろうとしているのはわかった。

大メジャーのコロンビアが鳴り物入りで売り出したスプリングスティーンと、ニューヨークのアンダーグラウンド・シーンに蠢く小汚いバンドが繋がるとは思わなかったし、ヴェルヴェット・アンダーグラウンドのライヴ盤で名前は知っていたマクシズ・カンザス・シティで何が起こっているかなんて「ボーン・トゥ・ラン」の段階ではまったく知らなかった（CBGBにいたっては名前も知らなかったと思う）。けれど、金持ちが乗る大型のセダンのようにしか見えなくなっていた産業ロックとは、明らかに違う匂いがしたのだ。グラム・ロックのときに感じたヨーロッパのスポーツ・カーみたいな流線型ではない、四角くてゴツゴツした古いアメ車が、真っ黒な排気ガスを撒き散らしながらフル・スピードでぶっ飛ばしていくような、誰にも止められない感じか。

『明日なき暴走』という邦題をカッコいいとは思わなかったが、〝なるほど〟と唸らされたのは確かだった。

パティ・スミス、登場

マクシズ・カンザス・シティやCBGBを根城にライヴ活動していたバンドが注目され始めたのは75年に入ってからだったが、そこに目を向けさせたのは74年に自主制作されたパティ・スミスのシングル「ヘイ・ジョー／ピス・ファクトリー」だった。その段階ではパティは詩人として知られているに過ぎなかったが、レニー・ケイのギターをバックに歌も披露する朗読会には多くの観客が集まるようになっていて、シングルはその成果、もしくは次へのステップを宣言しているようにも映ったという。

46年12月27日にアッパー・マンハッタンのユダヤ人家庭に生まれたレニー・ケイは、中学生のころからロックのレコードを集めるのも趣味で、ニュー・ジャージーの学校にいた18歳のころからローカル・バンドでギターも弾いていた。67年にはSF小説のファンジンをつくっていたというから、文章を書くのも好きだったのだろう。

やがてマンハッタンに戻ったレニーは、ブリーカー・ストリートのレコード・ショップ〝ヴィレッジ・オールディーズ〟で働きながら、音楽紙（誌）に評論やコラムを寄稿するようになるのだ。パティ・スミスが初めて店に現れたのは71年2月10日のことで、ふたりはすぐに意気投合。72年にパティが朗読会を始めると、雑誌にレヴューを書いたりして彼女をあと押ししていた。

　同じ年、レニーはエレクトラからリリースされた60年代のガレージ・バンドのコンピレーション〝Nuggets: Original Artyfavts from the First Psychedekic Era, 1965–1968〟に編者として関わり、名前を売ったのだ。

　パティのシングルをプロパガンダした張本人もレニーだったのは言うまでもなく、74年晩秋にふたりはロック・バンドとしてデビューするためのリハーサルを開始した。

　パティ・スミス・グループと名乗るバンドがCBGBで初ライヴを行ったのは75年2月14日のことだが、すでにレコード会社から注目されていたトム・ヴァーレインとリチャード・ヘルを中心とするテレヴィジョンとともに、ニューヨークのアンダーグラウンド・シーンを牽引する存在になっていくことは間違いなかった。

　同年夏までには、ラモーンズ、ブロンディ、トーキング・ヘッズがCBGBでステージを行うようになり、6月にはオムニバスのライヴ盤〝Live At CBGB's – The Home Of Underground Rock〟の収録が行われ、アリスタと契約を決めたパティは9月にエレクトリック・レディ・スタジオでファースト・アルバムを録音した。

〝パンク〟の起源

パティのファースト・アルバム『ホーシズ』がアメリカで発売されたのは75年11月10日、『牝馬』の邦題がついた日本盤は76年1月に出たようだ。そのライナーノーツは73年から74年にかけてニューヨークでパティと暮らした水上はる子さんが書いているのだが、どこにも〝パンク・ロック〟とは書かれていない。

> ブルース・スプリングスティーンとともに、パティはもっともジャーナリストに好まれるミュージシャンだ。彼女のことを一行でも悪く言ったジャーナリズムは今までいない。ニューズウィークも、タイムも、ニューヨーク・タイムスも、彼女の芸術を賛美する。美人でもない、若くもない、わかりやすくもない、うまくもない、しかし今私たちの心をゆさぶるものがある。

と水上さんは書いているが、〝パンク〟の文字はない。

実はアンダーグラウンド・ロックを〝パンク〟という言葉で語るようになったのは、76年1月に漫画家のジョン・ホルストロンが中心になって創刊されたロック・マガジン“Punk”が最初で、同誌のレギュラー・イシューは17号（79年5月／6月合併号）まで続いた。創刊号の表紙はルー・リード、以下、パティ・スミス、ジョーイ・ラモーン、イギー・ポップと続いていくのだが、面白いのは76年8月の第5号の表紙にモンキーズのミッキー・ドレンツが登場していること。こういうとぼけたセンスが最初からパンクにはあったから、ニューヨーク・パンクはさまざまな形で拡散し、音楽的な形態よりも〝インディペンデントな姿勢〟（もしくはＤＩＹの精神）を示す言葉として広く使われるようになっていくである。

ニューヨークで創刊されたロック・マガジン“Punk”の第3号。表紙はジョーイ・ラモーンだ

ロンドン・パンクの成立

しかし、後発のロンドン・パンクの場合は少し成り立ちが違っている。

ロンドンのチェルシー、キングズ・ロード430番地でロッカー向けのブティック“Let It Rock”を経営していたマルコム・マクラレンとガールフレンドでデザイナーのヴィヴィアン・ウエストウッドが、73年8月にニューヨークで開かれた“The National Boutuque Fair”に出かけた際にニューヨーク・ドールズと出会ったことがすべての始まりだった。グラム・ロックを体験し、その手のミュージシャンを顧客にしていたマルコムは、〝このバンドは英国で売れる〟と確信し、マネージャー役を買って出たのだ。

実際にマルコムはドールズの英国／フランス・ツアーを企画し、74年8月には“Let It Rock”を新しい感覚に変えた新店“SEX”をオープン。ロックとファッションを一体

1975年末のセックス・ピストルズ

化させたビジネスに乗り出し、店のバイトに来ていたグレン・マトロックと、よく屯しに来るポール・クック、スティーヴ・ジョーンズをけしかけてバンドをつくらせる。

75年1月、マルコムとヴィヴィアンはドールズのために新しい衣装をつくったが、ほどなく解散。ジョニー・サンダースが結成したハートブレイカーズに一時在籍していたリチャード・ヘルのイメージを踏襲するシンガーをマトロックらに探させ、75年8月にジョニー・ロットンを採用するのだ。

セックス・ピストルズと名付けられたバンドがセイント・マーティンズ・カレッジで最初のギグを行ったのは75年11月6日のことで、この日ピストルズはザ・フーの「サブスティテュート」や、スモール・フェイシズの「ホワッチャ・ゴナ・ドゥ・アバウト・イット」などを演奏した。

この日、早くもスージー・スー、スティーヴン・セヴリン、ビリー・アイドルらがフォロワーとして名乗りを上げ、76年2月12日にはエディ&ザ・ホット・ロッズのサポート・アクトとして〝マーキー〟に初登場。4月3日に〝ナッシュヴィル〟で共演したザ・１０１ナーズのジョー・ストラマーはピストルズに感化されてザ・クラッシュを結成し、マーキーでのギグのリポートを『ＮＭＥ』で読んだバ

『決定版!! これがパンクだ
(We Are Punk Generation)』
フィリップス/RJ-7237
1977年にリリースされた
日本編集のオムニバス盤は、
ジャケの良さで人気が高い

ズコックスのハワード・デヴォットとピート・シェリーは6月にマンチェスターのレスター・トレード・ホールで開かれたギグでピストルズと初共演している。

その間の4月23日にはラモーンズのファースト・アルバムが英国で発売され、音楽紙で〝パンク・ロック〟が語られるようになるのだ。その頻度はニューヨークのメディアの比ではなかったし、行く先々で暴動が起こったピストルズのツアーは社会問題にもなったから、76年夏、英国の音楽界の話題はパンク・ロックで持ちきりだった。

マルコム・マクラレンがオーガナイズした"101 Club Punk Special"が9月20、21日に開かれ、ピストルズ、クラッシュ、スージー&バンシーズ、サブウェイ・セクト(以上は20日)、バズコックス、ザ・ダムド、クリス・スペディング&ザ・ヴァイブレイターズ、スティンキー・トイズ(以上は21日)が出演。音楽紙に〝ロンドンは燃えている!〟と大書された記事が出たため、パンクへの関心は全英に拡散し、76年11月26日にＥＭＩから発売されたピストルズのデビュー・シングル「アナーキー・イン・ザ・ＵＫ」はＢＢＣなどで放送禁止を喰らいながらも初回出荷分1万枚をアッと言う間に売り、全英38位まで上がっている。

パンクからニュー・ウェイヴへ

76年秋から日本でもパンク・ロックは話題になり始めたが、春にリリースされたランナウェイズのデビュー・シングル「チェリー・ボム」(アメリカでは3月16日に発売され、ビルボードで１０６位止まり)が大ヒットしたため、ラモーンズのデビューに乗っかって、ランナウェイズもパンクとして紹介されるようになるのだ。たまたま同じフィリップスが発売元だったということもあるが、10代の女の子が下着姿で演奏するバンドはラモーンズよりも〝ヴィジュアルがパンク〟だったからメディアは簡単にレコード会社の策に乗った。77年には、ランナウェイズ、ラモーンズ、トーキング・ヘッズ、ニューヨーク・ドールズ、ザ・フレイミン・グルーヴィーズの13曲を収録した日本独自編集のオムニバス『決定版!!これがパンクだ（We Are Punk Generation)』もリリースされるのだが、ラモーンズ以外をパンクと呼ぶには抵抗があったから、パンクはロンドン勢のもの、という感じになっていく。

実際77年に入ると、ストラングラーズ、クラッシュ、ザ・ジャム、ヴァイブレイターズらロンドン・パンク勢のアルバムが次々に発売されていったから、〝ファッションにすぎない〟と最初はさんざん叩かれたのが嘘のように、しだいに市民権を得ていったのだ。

Kraftwerk
Trans-Europe Express
US・Capitol／SW-11603
（1977年3月）
77年の『アウトバーン』に続く世界的なヒット作となり、英米盤のこのジャケがバンドのイメージを決めた

この年、ニューヨークのシーンからトーキング・ヘッズが登場すると、ストレートなガレージ・ロックを聴かせるバンド以外は〝ニュー・ウェイヴ〟と括られるようになり、デイヴィッド・ボウイやロキシー・ミュージックを支持していた人たちがどっとニュー・ウェイヴに流れるようになっていく。77年3月にリリースされたクラフトワークの6作目『ヨーロッパ特急（Trans-Euripe Express)』がシンセサイザーを使った新しいポップ・ミュージックの見本として迎えられ、フランスで2位、イタリアで8位、ドイツで32位、英国で49位、米・ビルボードで119位まで上がったのも効いて、トーキング・ヘッズやブロンディのニュー・ウェイヴ・サウンドはじわじわ浸透していった。

英国からも、77年にはウルトラヴォックスのファースト・アルバムとセカンド『HA!HA!HA!』が、78年1月にはXTCの『ホワイト・ミュージック』が登場。日本では79年にYMOが爆発的なヒットを飛ばし、彼らのテクノ・ポップは世界進出も果たした。

〝長髪でロック〟が一気に前時代的なセンスになっていったこのころになっても、時代を切り開いたバンドだったはずのラモーンズが相変わらずの格好だったのはおかしかったが、〝パンクはスタイルではない〟を身をもって示す潔さに、我々の世代は感動さえ覚えたのである。

NEW YORK の パン工場
UNDERGROUND FACTORY IN N.Y.
梅村昇史
Shoji Umemura
オレの名はデイヴィッド・ジョーイヨハンセン。オレの好きなものは「パン」。
オレの夢はニューヨークでオレ自身の「パン」をつくる事さ。
ただいまニューヨークへ降下中
何だあいつ
やってきたぜマンハッタン。イェー!!
オレの最大の目的は伝説のパン職人、レニー・ウェインスミスに弟子入りすることなんだ
MANHAT
とりあえずパン屋をあたろう
このあたりにパン屋はあるかい

あそこがベーカリーCBGB。オレはあそこの店員。
BAKERY
CBGB
どうしたジョナサン、今日は休みだぜ
ちょっと用が……
N.Y.
実はレニー・ウェイン・スミスって人をさがしてるんです。
あーー
HISTORY of BAKER
それはオレだ
5ページしかないからもう出たよ
NY
見つかったーー
オレはあなたの様なパン職人になりたいんです。
オマエパンのこと知ってるのか?
ここでパンの歴史を少々…
50年代のロールパン革命によって全米各地に独自のパン文化が栄えた。
USA
60年代末になるとモンタレーやウッドストックといった大きなパン屋がマーケットを拡大して売り上げは急増した。
Bakery
WOODSTOCK
BAKERY
MONTEREY

70年代になると、さらにマーケットは肥大しスーパーマーケットでパンは飛ぶように売れた。
どこのどんな街でも同じ味のパンが売られ、パンを食べない人達にパンを売りはじめた!!
BAKERY
BAKERS
COLUMBIA
WB
そして1975年
オイ、何なんだこのパンは。
食べやすいだけで、何かが失なわれている。
75
みんな大量消費のパンを食ってブクブク太ってるぜ!!
75
オレはこのニューヨークでここだけに存在するパンをつくることにした。最初は地下みたいな場所でスタートしたのさ。
Bakery CBGB
オレが考案したワインチドーナッツパンはここのストリートの若者にウケたぜ。

やがていろんな連中がここでパンをつくりはじめたんだ。文学的なやつアートなやつファッショナブルなやつただ荒っぽいやつ様々なセンスが融合した地下のファクトリーみたいだったなここは。
ON NEW YORK
RAMAANES
BAKERY WALKING HEADS
MARQUEE SOON
Bakery NEW YORK BALLS
オレたちはここで、かつて失なわれたものをとりもどした気がするよ。
NY
PUNK
PUNK
80年代になるとみんなはそれぞれ別の場所に行ってしまったが、それはいわば拡大だ。
スピリットは常にここに存在しているぜ。
OK、ここでパンをつくってみな
生地をこねては過去を継承し
ちぎっては新しいビジョンをつかめ!!
オレの自慢のアンプリファイドオーブンで焼くぜ。

The END Sep. 2022

#2
PATTI SMITH, TELEVISION, RICHARD HELL

KOJI WAKUI
JIRO MORI
JUNICHI YAMADA

〝ニューヨーク・パンクの女王〟の実像

和久井光司

パンク前夜に詩人として絶大な人気を誇っていたパティ・スミスは、46年12月30日にシカゴで生まれ、工場勤務だった父の転勤にともなって4歳からフィラデルフィア、8歳からはニュージャージーのアズベリー・パークで暮らした。15歳のころには工場で働き、大学進学の費用を稼いでいたという彼女は、アルチュール・ランボウやボブ・ディランに憧れ、有名なアーティストの愛人になることを夢見ていたが、67年、グラスボロ・ステイツ・カレッジ在学中に21歳で未婚の母となった。子供を里子に出し、フィラデルフィアの工場で働いていた彼女は、のちの「ピス・ファクトリー」で当時の気持ちを綴っている。

私はここから逃げ出すのよ
バスに乗るんだから
河を渡ってニューヨークに行くの
有名になりに
スターになりに
私を見ててよ

69年にニューヨークに出たパティは、すぐに写真家の卵だったロバート・メイプルソープと恋仲になり、彼のアドヴァイスに従って、自身が表現者となることを決意する。そして詩を書いたり、演劇に出演したりするようになるのだ。才能と努力で有名になった男たち――トッド・ラングレン、ボブ・ニューワース、ルー・リード、クリス・クリストファーソン、アラン・レイニア（ブルー・オイスター・カルト）——と浮名を流しながら、詩人として知られるようになった彼女は、トッド・ラングレンやエドガー・ウィンターの曲に歌詞を提供してロック界でも認知されるようになる。72年、ニューヨーク大学でアメリカ史の博士号をとって編集者となり、音楽ライターとしても知られていたレニー・ケイのギターをバックにポエトリー・リーディングを行うようになったパティは、〝どんな有名ミュージシャンも彼女の前ではひざまずく〟とメディアを煽り、アンダーグラウンド・シーンのカリスマとなっていく。

しかし、73年のパティは表現活動では食べていけず、本屋で働いていたそうだ。私に当時の彼女の暮らしぶりを話してくれたのは、『ミュージック・ライフ』の編集者として知られた水上はる子さんである。ニューヨークにいた水上さんはビリー・フィッカと、パティはトム・ヴァーレインとつきあっていたから、4人でイースト・ヴィレッジのアパートをシェアしていたんだそうで、部屋の掃除は水上さんとパティが日替わりで担当していた。

ヴァーレインもパティと同じ本屋で働いていて（同じ時期かどうかはわからないが、リチャード・ヘルが働いていたのも同じ本屋だったはずだ）、シフトによっては一緒に出かけたりする〝普通のカップル〟だったらしい。水上さんは「パティと暮らしていたころのことは、いずれ小説か何かにしたい」と言って多くは語らなかったが、ある意味では地味な、伝説とはほど遠い日常の中に〝ニューヨーク・パンクの真実があった〟と言わんばかりだったのが強く印象に残っている。

ポエトリー・リーディングのショウに多くの観客がつめかけ、自費出版の詩集が飛ぶように売れるようになったのは73年の秋ごろからだったようだ。パティはその成果を音として残そうと、ジミ・ヘンドリクスのヴァージョンで知られるティム・ローズの「ヘイ・ジョー」と、「ピス・ファクトリー」をカップリングしたシングルをレニー・ケイと録音し、74年初頭にリリースした。その素晴らしさがメディアで語られるようになると、彼女とケイはバンドの結成を目指して動き始める。キーボードのリチャード・ソール、ドラムのジェイ・ディー・ドーハティ、ベースのアイヴァン・クラールが集まったのは74年晩秋のことで、約3ヶ月のリハーサルを経て75年2月14日にCBGBでステージ・デビューを果たすのだ。

シンプルにパティ・スミス・グループと名乗ったバンドはいくつものレコード会社から誘いを受けたが、ロック・ビジネスに人生を狂わされるのを嫌って、首を縦には振らなかった。唯一アリスタだけ、トップのクライヴ・デイヴィスが直接交渉に来て、長期の保証とルーティン・ワークにならないアーティスト本位の活動が約束されたため、パティは契約書にサインしたのだった。

『ホーシズ』で〝パンク・ロックの女王〟と評され、『レディオ・エチオピア』でバンドの音を固めたパティは、「ビコーズ・ザ・ナイト」のシングル・ヒットを放った『イースター』と、トッド・ラングレンにプロデュースを任せた『ウェイヴ』で、パンクやニュー・ウェイヴの域には収まらない〝ニュー・スタンダード〟なロックを確立した。それは後続のバンドに大きな影響を与えたが、『ウェイヴ』のリリース直後に元ＭＣ５のフレッド〝ソニック〟スミスと初めて公式に結婚したため、音楽活動を休止して結婚生活に没頭するのだ。82年にはのちにギタリストとなるジャクソン（ザ・ホワイト・ストライプスのメグ・ホワイトと結婚）、87年にはピアニストとなる娘ジェシーが生まれ家庭生活も落ち着いたため、88年にフレッドと唯一のコラボ作品となった『ドリーム・オブ・ライフ』を発表して復帰するのである。

その後は子育てのために再び活動を停止したが、94年11月４日にフレッドが46歳で他界。パティ・スミス・グループを再編した彼女は、96年の『ゴーン・アゲイン』から２０１２年の『バンガ』までは定期的に新作を発表した。

２０１６年にボブ・ディランがノーベル文学賞に輝いたときには、12月10日にストックホルムで開催された授賞式を欠席したディランに代わって「はげしい雨が降る」を歌った。途中で歌詞につまり、歌うのをやめたパティは、簡単に謝罪してなにごともなかったかのように歌に戻った。動じない姿勢で、ノーベル賞にふさわしいディランの傑作を歌いきったパティは世界に感動を与えたが、ディランがかつてのように歌わないことを知っている人たちは、〝パティがいてくれてよかった〟と絶賛したものである。

もともと音楽は彼女の表現活動の一部でしかないから、10年ぐらい新作が出なくても〝やっていない〟とか〝鈍った〟とは思わないけれど（実際、本は出ているし）、22年末に76歳になることを考えると、どう人生を終わらせるんだろう？と考えてしまう。詩人でバリバリのロック・シンガーなんて女性は、ほかにいない。前例がないわけだ。だから簡単には想像できないし、都市生活者として理想の生き方をしてきた人だから、どんな決着のつけ方も〝あり〟とも思えてくる。〝普通〟を考えられる存在ではない、というところに〝パンク〟が屹立している気がするのだ。

ジュデイ・リンの写真集 “Patti Smith 1969-1976” (Abrama Image) から

Patti Smith
Horses

Arista／AL 4066
発売：1975 年 11 月 10 日
［A］ 1. Gloria: (a) In Excelsis Deo (b) Gloria (version) / 2. Redondo Beach / 3. Birdland / 4. Free Money
［B］ 1. Kimberly / 2. Break It Up / 3. Land: (a) Land (b) Horses (c) Land, Of A Thousand Dances / 4. Elegie
プロデューサー：John Cale
演　奏：Patti Smith (vo)
Jay Dee Daugherty (ds)
Lenny Kaye (g)
Ivan Král (b,g)
Richard Sohl (p)
ゲスト：Allen Lanier (g)
Tom Verlaine (g)

2005 Remaster CD "Horses / Horses"
Arista/Columbia/Legacy／82876711982
Bonus Tracks: ［1］ 9. My Generation (Live at the Agora, Cleveland, Ohio, January 26, 1976)
［2］ Live at Royal Festival Hall, London, England, June 25, 2005: 1. Gloria: (a) In Excelsis Deo (b) Gloria (version) / 2. Redondo Beach / 3. Birdland / 4. Free Money / 5. Kimberly / 6. Break It Up / 7. Land: (a) Land (b) Horses (c) Land, Of A Thousand Dances / 8. Elegie / 9. My Generation

67年から73年までコロンビア・レコーズの社長を務めていたクライヴ・デイヴィス（32年ニューヨーク・ブルックリン生まれ。ユダヤ系家庭に育つ）が、CBS傘下にあったベル・レーベルを再生する形でアリスタ・レコーズが発足されたのは74年だった。彼は〝歌う女性ビート詩人〟としてニューヨークのアンダーグラウンド・シーンを席巻していたパティ・スミスに心酔していたひとりで、彼女こそ新レーベルの象徴にふさわしいと考えた。パティが74年に自主制作したシングル「ヘイ・ジョー／ピス・ファクトリー」で歴史が動き始めたのが直接のきっかけだったはずだが、デイヴィスはパティと長期契約し、〝パンク・ロック・アルバム第一号〟となる歴史的な本作を75年11月10日にリリースしたのだった。

長年の相棒となるレニー・ケイを参謀に結成されたバンドを、ジョン・ケイルがプロデュース。レニーはプロフェッショナルなギタリストではなかったが、72年にエレクトラがリリースした60年代ガレージ・バンドのコンピレイション『ナゲッツ』の編者として名を馳せていたから、かつてのブリティッシュ・ビート・バンドを思い出させるギター中心のワイルドなバンド・サウンドも、ヴェルヴェット・アンダーグラウンドの要だったケイルによるプロデュースも納得だったし、何よりシンガーとしてのパティの予想以上の実力にシビれる。ゼムのヒット曲に新たな詩をつけた「グロリア」の、たたみかける言葉、それに呼応してヒートアップしていくバンドの勢いは、産業化しつつあったロックに鉄槌を打ち下ろすものだったし、「バードランド」や「ランド」の歌詞はアレン・ギンズバーグやディランのそれに匹敵する〝詩〟だった。ロバート・メイプルソープによる静かなジャケットも革命的な美しさだ。

和久井

Patti Smith Group
Radio Ethiopia

Arista／AL 4097
発売：1976年10月
［A］1. Ask The Angels / 2. Ain't It Strange / 3. Poppies / 4. Pissing In A River
［B］1. Pumping (My Heart) / 2. Distant Fingers / 3. Radio Ethiopia: (a) Radio Ethiopia (b) Abyssinia
プロデューサー：Jack Douglas
演　奏：Patti Smith (vo, g)
Jay Dee Daugherty (ds, per)
Lenny Kaye (g, b, vo)
Ivan Král (b, g)
Richard Sohl (kbd)

1996 Remaster CD
Arista／07822-18825-2
Bonus Track: 9. Chiklets

ニューヨークで話題の〝パフォーマンスする詩人〟に興味を持ってアルバムを手にする人たちに、〝パンク・ロック〟をプロパガンダする意識もあったはずの前作が全米47位まで上がったのは大成功だったと思う。76年4月23日にリリースされ、多くのメディアで絶賛されたラモーンズのファースト・アルバムが111位までしか上がらなかったのだから、『牝馬』は音楽ファン以外にも注目されたということだろう。

ならば次は〝バンドのアルバム〟だ。個性的な女性シンガーが率いる〝ロック・バンド〟として普通に聴いてほしいという想いは、リスナーに〝音楽表現としての成否を問う〟戦闘的な姿勢となって現れていると思う。メンバーは前作と同じだが、今度のプロデューサー、ジャック・ダグラスはジョン・ケイルのようにバンドと一緒になって〝意味〟を考えてくれる人ではない。実際このアルバムは、〝バンド〟が〝音楽でコミュニケイトしようとする姿〟を伝えているが、一般的にはその方が当たり前だから、一流のロック・アルバムと並べられてしまうと〝ニューヨークのローカル・バンド〟にしか見えなかったのも事実なのだ。ロックで一旗上げようなんて意識はなかった（いつもない）パティにとってそれは自然なことで、この地点の成果として納得していたはずだが、パンク・ロックの大爆発を期待していたキッズにとっては不満が残る一枚だった。

どこも悪くない。タイトル曲の〝らしさ〟と、ほかのシャープな曲たちのバランスも、ダグラスのサウンドも、リン・ゴールドスミスが撮ったポートレイトもいい。

もっと強烈な革命？　それを他者に求めちゃダメだろ。Do It YourSelf――自分でやれよ、だって。5年後になったけれど俺は自分で立ち上がったんだ。

和久井

Patti Smith Group
Easter

Arista／AB 4171
発売：1978年3月3日
［A］1. Till Victory / 2. Space Monkey / 3. Because The Night / 4. Ghost Dance / 5. Babelogue / 6. Rock N Roll Nigger
［B］1. Privilege (Set Me Free) / 2. We Three / 3. 25th Floor / 4. High On Rebellion / 5. Easter
プロデューサー：Jimmy Iovine
演　奏：Patti Smith (vo,g)
Lenny Kaye (g, b, vo)
Jay Dee Daugherty (ds, per)
Ivan Král (b, vo, g)
Bruce Brody (kbd)

1996 Remaster CD
Arista／07822-18826-2
Bonus Track: 12. Godspeed

いま調べたらアメリカでの発売は78年3月3日だ。私が新宿の輸入盤屋で手に入れたのは10日ごろだったと思う。入荷したてで壁にかかっていた。その数日前に湯川れい子さんの『全米トップ40』で「ビコーズ・ザ・ナイト」を初めて聴いたんじゃなかったかな。ブルース・スプリングスティーンとの共作は話題性充分だったし、これは絶対ヒットする!と思った。いてもたってもいられず、早く入荷しそうな店に行ったのだ。そうしたら前年の夏の終わりから、どこの店でも売り切れ／入荷未定となっていたエルヴィス・コステロの『マイ・エイム・イズ・トゥルー』も入っているではないか。〝湯川さんが次はこれよと言ったから、19の私にパンク記念日〟だった。

　コステロを先に聴き、とんでもない衝撃を受け、繰り返し3回聴いて、ひと呼吸ついてからこのアルバムをターンテーブルに乗せた。いまはお腹いっぱいという気になっていたから、壁にパティの乳首透けジャケを飾っただけで満足しつつ、心に余裕を持ってレコードに針を落としたのだった。

　ところがどうだ。野球で言えば一番・二番打者の「ティル・ヴィクトリー」と「スペース・モンキー」がヒットを出して一・三塁となったところで、「ビコーズ・ザ・ナイト」がホームラン。次の「ゴースト・ダンス」も塁に出て、「ベイブローグ」のバントでワンアウト二塁。そして「ロックンロール・ニガー」が三遊間を抜けるヒットとなる間に二塁走者がホームを駆け抜け、相手のレストが返球に戸惑うのを見逃さなかった三塁コーチはぶんぶん腕を振り回した。「ニガー」はなんとランニング・ホームラン。一回表、ワンナウトで5点という展開じゃ負けようがない。B面はおとなしいが、先手必勝を狙ったジミー・アイオヴアインのプロデュースが光る。

和久井

Patti Smith Group
Wave

Arista／AB 4221
発売：1979年5月17日
［A］1. Frederick / 2. Dancing Barefoot / 3. So You Want To Be (A Rock'N'Roll Star) / 4. Hymn / 5. Revenge
［B］1. Citizen Ship / 2. Seven Ways Of Going / 3. Broken Flag / 4. Wave
プロデューサー：Todd Rundgren
演　奏：Patti Smith (vo,p)
Jay Dee Daugherty (ds)
Lenny Kaye (g, b, vo)
Ivan Kral (b, g, cello, kbd)
Richard Sohl (p)
ゲスト：Andi Ostrowe (per)
Todd Rundgren (b)

1996 Remaster CD
Arista／07822-18829-2
Bonus Tracks: 10. Fire Of Unknown Origin / 11. 54321/Wave

結局「ビコーズ・ザ・ナイト」は英5位／米13位、『イースター』は英13位／米20位まで上がり、パティは役目を果たした感があった。78年になると、パンクだからどう、という感覚はどんどん薄くなっていったから、すでに長老だったパティがオーソドックスなサウンドでニュー・ウェイヴに移行したのは当然という気もしたのだ。

79年になると、新しい音楽をめぐる感覚はさらに進化する。英国ではシンセを混ぜてエレ・ポップ化するバンドやユニットが増えたし、日本ではYMOのテクノ・ポップが革命を起こしたが、米国のニュー・ウェイヴ勢は（シンセを使ったカーズやディーヴォらにしても）主にギター・バンドだった。そのせいで〝ニュー〟は見えにくかったから、アート的な姿勢や、人種やセクシャリティに対する差別への意見が、音楽表現の中でどう表明されているかが〝オールド〟と〝ニュー〟を分けるポイントと目されたのだ。結果、オールド・ウェイヴの中にもあった〝波〟は〝オリジナル・パンク〟と呼ばれるようになり、ヴェルヴェット・アンダーグラウンドや、ストゥージズ、MC5の再評価が進んだのである。

そんなときにプロデューサーにトッド・ラングレンを起用、ザ・バーズの「ロックンロール・スター」をカヴァーし、新しい恋人、（MC5の）フレッド・スミスを歌った「フレデリック」で始まるアルバムがリリースされたのだから、私は〝全部つながった！〟と感動していた。フュージョン・バンドでギターを弾いていた友人にたまたま聴かせたら、「なんだ、普通のロックじゃん」と言うから途端に縁を切ったが、ヤツが音楽で世に出た痕跡はない。

米18位、英41位という成績は〝ニュー〟に対する認識の違いを反映していると思う。ジャケはリン・ゴールドスミス。

和久井

Lenny Kaye Connection
I've Got A Right

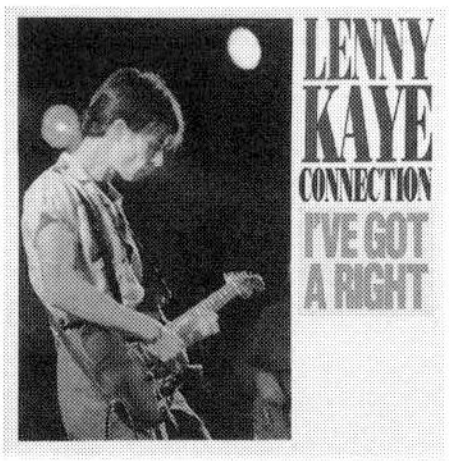

Giorno Poetry Systems／GPS 032：1984年
プロデューサー：Lenny Kaye

パティが表舞台から消えているときだったから、レニー・ケイのこのアルバムからパティ・スミス・グループのその後を探りたいと思った。しかし、どう聴いてもB級な曲を、ポール・ドゥーガン（b）、デイヴィッド・ドーネン（ds）、ジャン・マレイニー（kbd）なんて知らない人たちと演奏しているのだから、こちらの希望はまったく叶えられなかったのだ。その後は、アレン・ギンズバーグとポール・マッカートニーが中心となった朗読アルバム『ザ・バラッド・オブ・スケルトンズ』（96年）でギターを弾き、2011年にはザ・フレッシュトーンズ&レニー・ケイとして『ブルックリン・サウンド・ソリューション』なるアルバムも出している。

和久井

Patti Smith
Dream Of Life

Arista／AL 8453：1988年
［A］1. People Have The Power / 2. Going Under / 3. Up There Down There / 4. Paths That Cross
［B］1. Dream Of Life / 2. Where Duty Calls / 3. Looking For You (I Was) / 4. The Jackson Song
プロデューサー：Fred Smith, Jimmy Iovine
演奏：Patti Smith (vo)
Fred "Sonic" Smith (g)
Jay Dee Daugherty (ds, kbd)
Richard Sohl (kbd)
ゲスト：Andi Ostrowe (cho)
Bob Glaub (b)
Errol "Crusher" Bennett (per)
Gary Rasmussen (b)
Hearn Gadbois (per)
Jesse Levy (cello)
Kasim Sulton (b)
Malcolm West (b)
Margaret Ross (harp)
Robin Nash (cho)
Sammy Figueroa (per)

9年ぶりのアルバムは、夫フレッド〝ソニック〟を実質的な共作者とした唯一のアルバムである。プロデュースは、フレッドとジミー・アイオヴァイン。ジェイ・ディー・ドーハティがドラムとキーボード、リチャード・ソールがキーボードを担当し、ベーシストは複数。「ザ・ジャクソン・ソング」にはチェロとハープが入っているが、フレッドのギターを中心にしたバンド然とした演奏で貫かれている。

とにかく「ピープル・ハヴ・ザ・パワー」に尽きるのだ。ほかにもいい曲はあるし、ふたりの生活が充実していることを伝えるアルバムだから細かいことは言いたくない。だから余計に「ピープル・ハヴ・ザ・パワー」を絶賛して終了、ということにしたいのである。フレッドはおそらく、〝1曲ぐらいストレートな曲があってもよくないか?〟と言ったのだろうし、パティは普遍的なメッセージで答えた。ステージ映えする曲が、これしかないと思えるアレンジで、竹を割ったような明快さで録音されているのだから、森次郎なら「どうにもならない」と書くだろう。

米65位、英70位に終わり、マトモすぎて言うことがない、とも評されたが、いつまでトガったことを歌われても困ったはずだ。世界中を安心させたアルバムだった、と言っておくのがいちばんだと思う。しかし、「ピープル〜」がビルボードのメインストリーム・ロック・チャートで19位、全英では97位というのは解せない。

和久井

Patti Smith
Gone Again

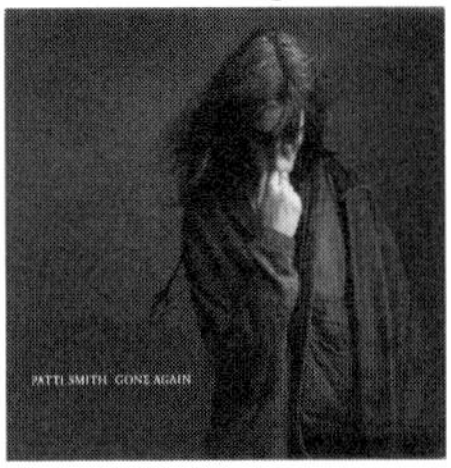

Arista／07822-18747-2［CD］1996年
プロデューサー：Lenny Kaye, Malcolm Burn

前作が発売されたあと、ロバート・メイプルソープが亡くなり、94年にはパティの夫、フレッド・スミスが急死する。さらに弟のトッド、パティ・スミス・グループのリチャード・ソールもこの世を去った。

パティとフレッドは、環境問題などをとり上げた作品を構想していたという。期せずして死と向かい合うことになった彼女は、当然のようにテーマを変える。CDのブックレットにフレッドの写真を掲げ、カート・コベインに捧げた詩を紡ぎ、彼らへの追悼の意を表した作品に仕上げたのだ。

しかし、陰鬱さは感じられない。悲しみは癒えてはいないだろう。それでも親しい者たちの死を受け入れ、その存在を身近に感じながら歌うパティは美しい。

森

Patti Smith
Peace And Noise

Arista／07822-18986-2［CD］1997年
プロデューサー：Patti Smith

久しぶりに行われたワールド・ツアーの流れを汲み、バンドのメンバーだけでレコーディングされている。

詰め込みすぎないバンド・サウンドと、パティのストレートな歌が自然と交わり合う曲が多いのが特徴だ。アレン・ギンズバーグの詩を朗読した「スペル」、ハードな「デッド・シティ」「デス・シンギング」で振り幅を持たせて、「メメント・モリ」へと突入していく。タイトな演奏が次第に熱を帯び、パティも叫びを上げていく10分半は、一瞬たりとも聴き逃がせない。

最後の「ラスト・コール」のみ、R.E.M.のマイケル・スタイプがコーラスで参加。アナログ・レコードは、表と裏のジャケット写真が入れ替えられている。

森

Patti Smith
Gung Ho

Arista／07822-14618-2［CD］2000年
プロデューサー：Gil Norton

前々作、前作に続いてバンドの音を中心に据えているが、プロデュースはピクシーズやフー・ファイターズ、フィーダーなどを手がけたギル・ノートンに委ねられている。そのせいか、シンプルなグルーヴがグイグイと引っ張っていく曲が多い。多彩なゲストが招かれているものの、適材適所に徹した采配で、目立ち過ぎることがない。常連のトム・ヴァーレインが「グリッター・イン・ゼア・アイズ」で素晴らしいギター・ソロを披露しているように、ここぞ、という起用法なのだ。

『ガン・ホー』は、中国語の〝工和〟に由来する、第二次世界大戦中に米国海兵隊が掲げた標語。ジャケットに映るのはその当時のパティの父、グラントである。

森

Patti Smith
Trampin'

Columbia／CK 90330［CD］
発売：2004 年 4 月 17 日
1. Jubilee / 2. Mother Rose / 3. Stride Of The Mind / 4. Cartwheels / 5. Gandhi / 6. Trespasses / 7. My Blakean Year / 8. Cash / 9. Peaceable Kingdom / 10. Radio Baghdad / 11. Trampin'
プロデューサー：Jay Dee Daugherty, Lenny Kaye, Oliver Ray, Patti Smith, Tony Shanahan
ゲスト：Jesse Smith (p)
Rebecca Wiener (violin)

コロンビア移籍第一弾アルバム。2000年に発売された『ガン・ホー』のクレジットでクライヴ・デイヴィスへの謝意が示されていたが、彼はその年にアリスタの社長を退いている。02年のベスト・アルバム『ランド』が同社での最後の仕事になったパティは、新天地で瑞々しい作品を産み落としたのだ。『ゴーン・アゲイン』のツアー以降はバンドに入れ替えがない。ゲストもごくわずかの参加にとどまり、プロデュースもメンバーで賄っている。そうなると、その時点でのバンドの状態が如実に現れるものだが、これが吉と出た。1曲目の「ジュビリー」を聴いて欲しい。タイトなリズム・セクションの上で2本のギターが空間を感じさせながら有機的に絡み合っている。パティの歌もリキむことはないが、確信に満ちた力強さだ。

締めのタイトル曲はスピリチュアル。9・11の同時多発テロを身近に経験したパティだが、作品に消化したのは怒りでも憎しみでもなく、ひとりの生活者としての生き方だった。

森

Patti Smith
Twelve

Columbia／82876 87251 2［CD］
発売：2007 年 4 月 24 日
1. Are You Experienced? / 2. Everybody Wants To Rule The World / 3. Helpless / 4. Gimme Shelter / 5. Within You Without You / 6. White Rabbit / 7. Changing Of The Guards / 8. The Boy In The Bubble / 9. Soul Kitchen / 10. Smells Like Teen Spirit / 11. Midnight Rider / 12. Pastime Paradise
プロデューサー：Patti Smith, Jay Dee Daugherty, Lenny Kaye, Tony Shanahan
ゲスト：Tom Verlaine (g)
Jackson Smith (g)
Jesse Smith (cho)
Giovanni Sollima (cello)
Peter Stampfel (fiddle) etc.

初のカヴァー・アルバム。ジミ・ヘンドリクスの「アー・ユー・エクスペリエント?」で始まるのは、最初のシングルが「ヘイ・ジョー」だったからか。

意外な選曲は、ティアーズ・フォー・フィアーズの「エヴリバディ・ウォンツ・トゥ・ルール・ザ・ワールド」。シンセ・ポップのヒット曲を、アコースティックな響きを取り入れながら、見事にバンドの音として再構築してみせたのである。

ボブ・ディランの「チェンジング・オブ・ザ・ガード」も出色の出来。パティの娘、ジェシーがハーモニーをつけた歌を全面に押し出すように、シンプルなアレンジが施されている。

『ゴーン・アゲイン』でカート・コベインに「アバウト・ア・ボーイ」を捧げたパティは、本作でもニルヴァーナの「スメルズ・ライク・ティーン・スピリット」を歌っている。この曲のような、アコースティックを基調としたサウンドを獲得したパティとバンドは、5年後に『バンガ』という果実を手に入れることになる。

森

Patti Smith
Banga

Columbia／88697 22217 2［CD］
発売：2012 年 6 月 1 日
1. Amerigo / 2. April Fool / 3. Fuji-San / 4. This Is The Girl / 5. Banga / 6. Maria / 7. Mosaic / 8. Tarkovsky (The Second Stop Is Jupiter) / 9. Nine / 10. Seneca / 11. Constantine's Dream / 12. After The Gold Rush / 13. Just Kids (Special Edition Bonus Track)
プロデューサー：Patti Smith, Lenny Kaye, Tony Shanahan, Jay Dee Daugherty
ゲスト：Jack Petruzzelli (g, org)
Jackson Smith (g)
Jesse Smith (p)
Johnny Depp (g, ds)
Louie Appel (ds)
Rob Morsberger (p)
Maxim Moston (violin)
Entcho Todorov (violin)
Hiroko Taguchi (violin)
Dave Eggar (cello)
Luca Lanzi (g)
Riccardo Dellocchio (steel guitar) etc.

Banga - Special Edition

Columbia／88725 41106 2［CD+Book］2012 年
Bonus Track: 13. Just Kids

『バンガ』は、パティ・スミスという表現者の、ひとつの到達点と呼べる作品になった。幕開けは朗読から始まる「アメリゴ」。レニー・ケイらを擁するバンドの演奏は、シンプルで過不足がない。さらに弦のカルテットが絡み、パティのやけに端正なヴォーカルが乗っている。言葉を通じて想いを伝えるには、理想的な手法を獲得したように思えるのだ。

本作の白眉は10分を超える「コンスタンティヌス・ドリーム」。やはりバンドで録音したベーシック・トラックに、カーサ・デル・ヴェントというイタリアのグループがアコーディオンやスティール・ギターなどを加えて、重層的な世界を生み出している。パティの歌も少しずつ熱を帯びていくものの、爆発はせずにエネルギーを溜め込んだままフェイド・アウトするのだ。

そしてクール・ダウンを謀るように、パティのふたりの子どもが参加したニール・ヤングのカヴァー、「アフター・ザ・ゴールド・ラッシュ」で、しなやかに、かつ力強さを湛えたまま『バンガ』の世界に終わりを告げている。

スペシャル・エディションは、パティによる解説や歌詞、写真などが掲載されたブックレットと、ボーナス・トラック1曲が追加されたCDのセット。彼女の表現が音楽にとどまらないことを示している。

本作に続くオリジナル・アルバムのリリースはないが、パティはさまざまな形態でライヴを続けている（彼女のウェブサイトでは、バンド／トリオ／クァルテットなどの名義が確認できる）。並行して、ポエトリー・リーディング（Soundwalk Collective with Patti Smith "Mummer Love"［CD：19年／英 Bella Union/958］ほかリリースあり）や書籍の出版など、多彩な活動を繰り広げている。

森

Patti Smith
Horses (Live At Electric Lady Studios)

Electric Lady／EL 001
発売：2016年4月16日
［A］1. Liner Notes / 2. Gloria / 3. Redondo Beach
［B］1. Birdland / 2. Free Money
［C］1. Kimberly / 2. Break It Up / 3. Johnny
［D］1. Land / 2. Elegie
プロデューサー：Lee Foster
演　奏：Patti Smith (vo)
Jay Dee Daugherty (ds)
Lenny Kaye (g)
Jack Petruzzelli (kbd, g, b)
Tony Shanahan (p, b)

『ホーシズ』の録音から40年を記念してニューヨークのエレクトリック・レディ・スタジオで行われたスタジオ・ライヴを収録した2枚組のアナログ盤。少数のファンを集めての録音は2015年8月26日に行われ、16年4月16日に春のレコード・ストア・デイ限定商品としてリリースされた。当然の如くすぐに売れ切れて入手困難になっているが、公式には初めてのライヴ盤であり、40年後の『ホーシズ』再現にパティも気合が入っている様子だ。おなじみのレニー・ケイとジェイ・ディー・ドーハティに、キーボード／ギター／ベースのジャック・ペトルッツェリ、ピアノとベースを弾いてミックスも担当したトニー・シャナハンというのがここでのメンバー。

ビート詩とロックが一体となった〝パンク・ロック第一号アルバム〟の価値を改めて突きつける秀作だから、これはレギュラー商品として流通されて然るべきだろう。メジャー・カンパニーにはもはや文化的視点などないということか。　和久井

Patti Smith
Curated By Record Store Day

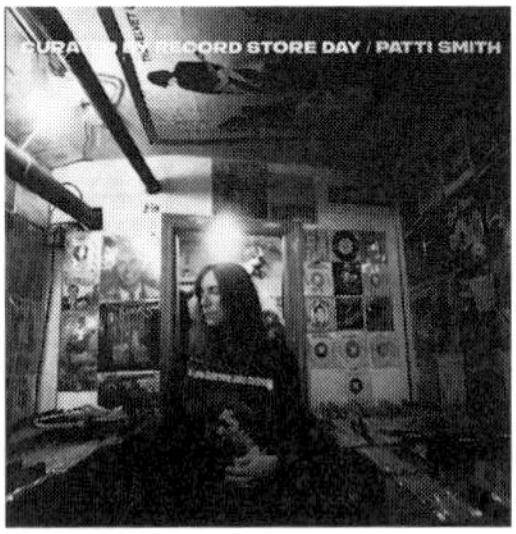

Arista/Legacy／19439944231
発売：2022年4月23日
［A］1. People Have The Power / 2. Birdland / 3. Ask The Angels
［B］1. Dancing Barefoot / 2. Poppies / 3. Because The Night / 4. Pumping (My Heart)
［C］1. Frederick / 2. About A Boy / 3. Free Money / 4. Piss Factory
［D］1. Gloria / 2. Till Victory / 3. Paths That Cross / 4. Land

2022年春のレコード・ストア・デイにリリースされた新編集のオールタイム・ベスト盤で、アナログの2枚組。

これしかないと言える15曲が選ばれているから曲目を見ると新鮮味に欠ける印象だが、ダニー・クリンチによるジャケの写真が抜群だし、グレッグ・カルビによるアナログ・リマスタリングも素晴らしい。近年のレコード・ストア・デイはリリースが多すぎて、こういういいものが埋もれてしまうのが残念だが、おかげでまだ新品が流通している。簡単に手に入るうちに買っておいた方がいいだろう。

驚くのは曲の新旧の差がまったく感じられないことで、パティの創作姿勢の一貫ぶりには舌を巻くばかり。シンガーとしての力量にも改めて感動させられるのは、こちらが詩の内容やバンドでの表現に耳を傾けてきたということかもしれない。

長い歴史の中で見過ごされてきた部分が意外に多いことに反省もさせるが、それがわかるだけでもありがたいはずだ。価値あるベスト盤である。　和久井

闇夜の月と地獄の星の半世紀

和久井光司

リチャード・ヘルことリチャード・レスター・マイヤーズは49年10月2日にケンタッキー州レキシントンで生まれた。その後デラウェアに移住し、サンフォード高校でトム・ヴァーレインことトーマス・ミラーと出会う。

ヴァーレインは49年12月13日、ニュージャージーのモリス・タウン生まれ。高校時代から行動を共にしていたふたりはもうひとりの同級生、50年2月15日デラウェア生まれのビリー・フィッカを誘って70年年代初頭にニューヨークに出て、72年にネオン・ボーイズを結成した。平凡な名前を嫌ってフランスの詩人ヴェルレーヌの名前を英語読みにした芸名に変えたヴァーレインがギター、楽器を初めて弾くヘルがベース、フィッカがドラムだ。グループは72年末から73年3月11日にかけてデモ録音を行ったが、翌日もうひとりのギタリスト、リチャード・ロイド（50年10月25日、ペンシルヴェニア州ピッツバーグ生まれ）を加えることにしたため、テレヴィジョンと改名するのだ。

彼らのファースト・ギグは74年3月2日にタウンハウス・シアターで開かれ、マネージャーのテリー・オークはCBGBやマクシズ・カンザス・シティに彼らをブッキングする。しだいに注目されていったテレヴィジョンだが、75年初頭にヘルが脱退したため、ブロンディの前身であるエンジェル＆ザ・スネイクやバンザイ・ベイビーズでプレイしていたフレッド・スミス（48年4月10日、ニューヨーク生まれ）が新ベーシストとなった。

一方ヘルは、解散したニューヨーク・ドールズのジョニー・サンダース、ジェリー・ノーランとザ・ハートブイカーズを結成するのだが、約1ヶ月で辞め、自身のバンド、リチャード・ヘル＆ザ・ヴァイドイズの活動を始めた。ギターはロバート・クワインとアイヴァン・ジュリアン、ドラムはのちにラモーンズに入ってマーキー・ラモーンとなるマーク・ベルだった。

75年末にオーク・レコーズから7インチ・シングル「リトル・ジョニー・ジュウェル／同・パート2」をリリースしたテレヴィジョンは、CBGBのレギュラー・バンドとしてライヴを続けながら、じっくりと音固めをしていった。76年9月に録音され、77年2月8日にリリースされた『マーキー・ムーン』はメディアに絶賛され、全英チャートでは28位まで上がっている。

サイアーと契約を決めたリチャード・ヘル＆ザ・ヴァイドイズは、77年9月に『ブランク・ジェネレイション』を発表。〝セックス・ピストルズに影響を与えた男〟としてパンクのアイコンとなり、ニューヨークのアンダーグラウンド・シーンを代表する存在と認められたヘルだったが、バンドは続かず、波に乗れなかったため、カルト・スターの位置に成り下がっていくのだ。

テレヴィジョンも78年4月にセカンド・アルバム『アドヴェンチャー』をリリースしたあとあっさり解散してしてしまうが、ヴァーレインは2枚、ロイドも1枚、エレクトラにソロ・アルバムを残し、ヴァーレインは移籍したヴァージンでも質の高いアルバムを発表した。

ヴァーレインとヘルのヴォーカルの特徴は、妙なヴィブラートで痙攣することだが、ルー・リードのような低音ではなく、ヘルにいたってはけっこう高い声だからヒステリックに聴こえるのだ。それでもある種のスタイリッシュさがギター・プレイからも感じさせるヴァーレインは、テレヴィジョンの緻密さは早くからニュー・ウェイヴ的な志向だったことの証として歴史を補強していくのだが、パンク然としていたヘルが芸風を変えて蘇ることはなかった。

84年のコンピレーションに〝R.I.P.〟と題して自らを葬り去ったヘルは、その後は文筆活動中心の生活に転じている。しかしドラッグ癖が抜けないこともあって、復活できないのだ。92年には彼をリスペクトするソニック・ユースの連中にひっぱり出され、ディム・スターズを名乗ったアルバムを残したが、それも一枚で終わっている。

ドサまわり的に続いているテレヴィジョンもどうかと思うけれど、もともとは詩人志望だったヘルが作家としても中途半端なままなのは寂しい。和訳が出ている長編小説『GO NOW』は買って読んだけど、いかにもな内容に〝文学性〟は感じなかったな。近年はリチャード・ロイドが元気なことがこのファミリー唯一の救いだと思う。

80年にリリースされたリチャード・ヘルのEPから

最初期のテレヴィジョン

Television
Marquee Moon

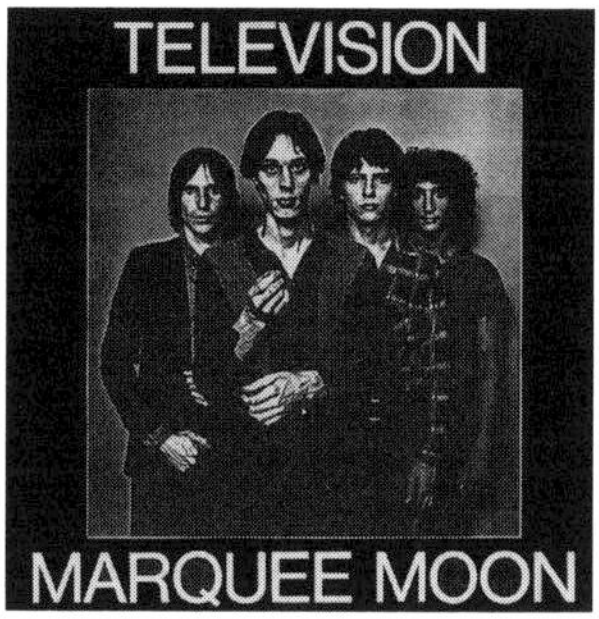

Elektra／7E-1098
発売：1977年2月8日
［A］1. See No Evil / 2. Venus / 3. Friction / 4. Marquee Moon
［B］1. Elevation / 2. Guiding Light / 3. Prove It / 4. Torn Curtain
プロデューサー：Andy Johns, Tom Verlaine
演　奏：Tom Verlaine (vo, g, kbd)
Richard Lloyd (g, vo)
Fred Smith (b, vo)
Billy Ficca (ds)

2003 Remaster CD
Elektra/Rhino／R2 73920
Bonus Tracks: 9. Little Johnny Jewel (Parts 1 & 2) / 10. See No Evil (Alternate Version) / 11. Friction (Alternate Version) / 12. Marquee Moon (Alternate Version) / 13. Untitled Instrumental

録音は76年9月。プロデューサーはエンジニアのアンディ・ジョンズ（有名なグリンの弟）とテレヴィジョン、アメリカでのリリースは77年2月8日である。

トム・ヴァーレイン、リチャード・ヘル、ビリー・フィッカによるザ・ネオン・ボーイズにリチャード・ロイドが加わったのは75年初頭、すぐに改名して10月にはウィリアム・テリー・オークのインディー・レーベルから「リトル・ジョニー・ジュウェル」が発売された。〝ニューヨークの次代を担うバンド〟と注目されたものの、ヘルの脱退でベースがフレッド・スミスに交代。エレクトラと契約を決めるまでに時間がかかってしまったのだ。

アメリカでは100位以内に入らなかったアルバムが英国では28位まで上がり、12インチ・シングルとなった「マーキー・ムーン」が30位、「プローヴ・イット」は25位まで上がった。英国で人気が爆発したのは、セックス・ピストルズを売ったマルコム・マクラレンが〝ジョニー・ロットンはリチャード・ヘルの真似〟とメディアに明かしていたからだろう。ヘル＆ザ・ヴォイドイズのレコードはまだ届かなかったから、〝まずはテレヴィジョンを〟ということだったはずだが、知的な曲づくりと緻密なアレンジはプログレ・バンドのようでもあるから、英国で受けたのも納得がいく。

けれども、〝痙攣〟するヴァーレインのヴォーカルとギターはそれまでのロックにはなかったもので、強いて言えばルー・リードの〝逡巡〟を肉体化しているかのようだった。どーだ！というマッチョイズムのない文系ロッカーが、ヴェルヴェット・アンダーグラウンドのスティーム・パンクを新発明のSFX使用でサイバー・パンク化するのを夢見ているような（しかしまだ人力の）〝進化〟がここにはある。

和久井

Television
Adventure

Elektra／6E-133
発売：1978年4月
［A］1. Glory / 2. Days / 3. Foxhole / 4. Careful / 5. Carried Away
［B］1. The Fire / 2. Ain't That Nothin' / 3. The Dream's Dream
プロデューサー：John Jansen, Tom Verlaine
演　奏：Tom Verlaine (vo, g, kbd)
Richard Lloyd (g, vo)
Fred Smith (b, vo)
Billy Ficca (ds)

2003 Remaster CD
Elektra/Rhino／R2 73921
Bonus Tracks: 9. Adventure / 10. Ain't That Nothin' (Single Version) / 11. Glory (Early Version) / 12. Ain't That Nothin' (Instrumental)

77年9月〜11月に録音、78年4月にリリースされた。アメリカでは相変わらず全国区にはなれなかったが、全英チャートでは7位まで上がり、前作同様パンク／ニュー・ウェイヴ・バンドに多大な影響を与えることになった。ジャケットに合わせたレッド・カラー盤が発売されたのも英国では話題で、12インチも出たシングル「フォックスホール」は最高36位を記録した。

しかし7月、テレヴィジョンはあっさり空中分解してしまう。ヴァーレインがメディアに、〝モビー・グレイプに倣って満月の夜に解散した〟と語ったと報じられたが、のちに〝俺はそんなことを言った憶えはない〟と否定している（カッコいいからそのままにしておけばよかったのに）。

『マーキー・ムーン』は半年遅れで買ったが、これは発売直後に手に入れ、繰り返し聴いた。そのせいか当時はこのアルバムの方がしっくりきたもので、そういう話をすると同世代からは思わぬ賛同の声が上がるのだ。それはおそらく、『マーキー・ムーン』の〝痙攣〟の意味をリアルタイムでは摑みかねていたからで、より〝音楽的にまとめようとした〟本作の方が当時はわかりやすかったのだと思う。当時はパンク・バンドの映像を観られる機会は稀で、今野雄二さんが『11PM』や『NOK』で紹介したニュース映像みたいなものがほぼすべてだった。ゆえにテレヴィジョンの評価が固まったのは、〝こっちはオリジナル・パンクからの流れ〟と、ピストルズ以降との差別化がなされてからだったと思う。

そうなると圧倒的に『マーキー・ムーン』なのだが、本作の穏やかさには〝潔く終わりにしないと墓穴を掘るだろう〟というヴァーレインの悟りも重なってくるのだ。多くの人に、〝そうか、冒険だったんだね〟という理解を促したい。

和久井

ここでテレヴィジョンの3枚目（再結成）に行かずに、分派の同時代の動きを追うのが私のやり方だ。縦割り行政みたいなことをしてるといつまで経っても本質は見えてこないって、音楽ライターは悟れよ。

トム・ヴァーレインと袂を分かったリチャード・ヘルが、ジョニー・サンダースのハートブレイカーズに半年余り在籍したあと結成したのがザ・ヴォイドイズだった。のちにルー・リードのバンドで活躍するロバート・クワインはヘルが本屋で働いているときの同僚、アイヴァン・ジュリアンは『ザ・ヴィレッジ・ヴォイス』の営業マン、ドラムのマーク・ベルはウェイン・カウンティのバンドに在籍、のちにマーキー・ラモーンと名を変えて活躍した。

とにかくタイトル曲のカッコよさだ。アーネスト・ヘミングウェイ、スコット・フィッツジェラルドらが〝ロスト・ジェネレイション〟、ジャック・ケルアック、ウィリアム・バロウズ、アレン・ギングバーグらが〝ビート・ジェネレイション〟と呼ばれたのに則って、自身の世代意識を〝ブランク・ジェネレイション〟と表明したのがヘルの文学的なところ。〝ゆえに俺たちはパンク〟という表現スタイルが導き出されてくるのは圧倒的にリアルだ。「アナザー・ワールド」の後半の咽せる演技は、ザ・フーの「マイ・ジェネレイション」における吃音へのリスペクトだろう。

ヘルのヴォーカルは完全に〝味で勝負〟というタイプで、やっぱり〝痙攣〟が得意ワザだが、ソングライターとしての力量は充分。曲自体が持つガレージ感をみごとにアンプリファイドしてみせるクワインのギターは、ロック史上でもトップ・クラスの破壊力と言っていい。ヴェルヴェット・アンダーグラウンドの追っかけだっただけのことはある理解度である。

和久井

Richard Hell & The Voidoids
Blank Generation

Sire／SR 6037
発売：1977年9月
［A］1. Love Comes In Spurts / 2. Liars Beware / 3. New Pleasure / 4. Betrayal Takes Two / 5. Down At The Rock And Roll Club / 6. Who Says?
［B］1. Blank Generation / 2. Walking On The Water / 3. The Plan / 4. Another World
プロデューサー：Richard Gottehrer, Richard Hell
演　奏：Richard Hell (vo, b)
Robert Quine (g, cho)
Ivan Julian (g, cho)
Marc Bell (ds)

1990 Reissue CD
Sire/Warner Bros.／9 26137-2
Bonus Tracks: 11. I'm Your Man / 12. All The Way

2017 40th Anniversary Deluxe Edition CD
Sire／R2 563390
Bonus Tracks:［2］1. Love Comes In Spurts (Electric Lady Studios Alternate Version) / 2. Blank Generation (同) / 3. You Gotta Lose (同) / 4. Who Says? (Plaza Sound Studios Alternate Version) / 5. Love Comes In Spurts (Live At CBGB November 19, 1976) / 6. Blank Generation (同) / 7. Liars Beware (Live At CBGB April 14, 1977) / 8. New Pleasure (同) / 9. Walking On The Water (同) / 10. Another World (Ork Records Version, 1976) / 11. Oh (Original 2000 Release) / 12. 1977 Sire Records Radio Ad

Richard Hell & The Voidoids
Destiny Street

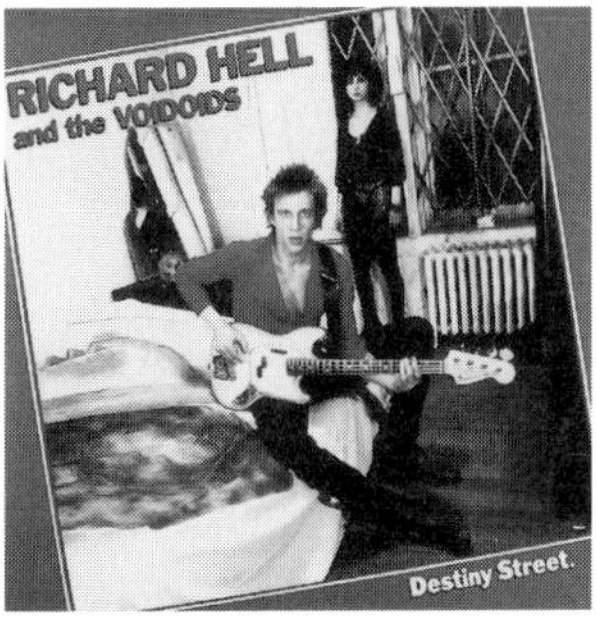

Red Star／RED 801
発売：1982年
［A］1. The Kid With The Replaceable Head / 2. You Gotta Move / 3. Going Going Gone / 4. Lowest Common Dominator / 5. Downtown At Dawn
［B］1. Time / 2. I Can Only Give You Everything / 3. Ignore That Door / 4. Staring In Her Eyes / 5. Destiny Street
プロデューサー：Alan Betrock
演　奏：Richard Hell (vo, b)
Robert Quine (g)
Naux (g)
Fred Maher (ds)

Destiny Street Complete

Omnivore Recordings／OVCD-410［CD］2021年
［1］1-10. Destiny Street (Original) / 11-20. Destiny Street Repaired (2009)
［2］1-10. Destiny Street Remixed (2021) / 11. Don't Die (Bonus Track) / Destiny Street Demos (1978-1980): 12. The Kid With The Replaceable Head (Single Version) / 13. I'm Your Man (同) / 14. Crack Of Dawn (Demo Version) / 15. Going Going Gone (同) / 16. Funhunt (同) / 17. I Lived My Life (同) / 18. Ignore That Door (同) / 19. Smitten (同) / 20. Staring In Her Eyes (同) / 21. Time (Single Version) / 22. Don't Die (同) / 23. Time (Live; Bonus Track)

たらればは言いたくないが、この人のことは別だろう。『ブランク・ジェネレイション』のあと、2年ぐらいのうちにこのアルバムが出ていれば、もっと楽に音楽で食っていけたんじゃないかと思うからだ。

82年じゃ遅かった。ニュー・ウェイヴ以後のバンドもMTVに乗って次々と売れるようになり、ニューヨーク・パンクは遠い昔になっていた。だってクラッシュが「ロック・ザ・カスバ」をヒットさせた年だよ。本作も出てすぐ買ったけれど、当時のイケイケな空気感の中では〝突き抜けるパワー〟が欠けているような印象だった。

ところが、2021年1月にリリースされたCD2枚組『デスティニー・ストリート（コンプリート）』を聴いて、このアルバムに収録された10曲の普遍性に愕然としたのだ。〝82年オリジナル・ヴァージョン〟の渋味があんがい胸に刺さったし、マーク・リボーやビル・フリゼールのギターを加えるなどした09年の〝リペアード〟で曲の魅力が増幅していたのは知らなかった。〝21年リミックスド〟はその両方を混ぜて編集〜リマスターしたもので、棺桶から出てきたドラキュラがお肌ツヤツヤ・犬歯ピカピカだったぐらいの蘇り方なのである。加えて78年から80年のあいだに録音された〝デモズ〟を収録しているのだから、まさしく〝コンプリート〟だ。

納得のいく形で音楽表現ができないならやらなくてもいい、という姿勢なのだろうが、日本でも出版された長篇小説『ゴー・ナウ』（滝澤千陽・訳／太田出版）を読むかぎりは、ミュージシャンとして音楽に向かう方が本来の才能に見合っていると思う。まぁバンドはひとりではできないし、レコードを売るのも大変だから、音楽に労力を傾ける気にならないのかもしれないが、ヘルさん、もったいないって。

和久井

Tom Verlaine
Tom Verlaine

Elektra／6E-216
発売：1979年9月
[A] 1. The Grip Of Love / 2. Souvenir From A Dream / 3. Kingdom Come / 4. Mr. Bingo / 5. Yonki Time
[B] 1. Flash Lightning / 2. Red Leaves / 3. Last Night / 4. Breakin' My Heart
プロデューサー：Tom Verlaine
演　奏：Tom Verlaine (g, vo, organ)
Fred Smith (b, g, per, vo)
Jay Dee Daugherty (ds, per, vo)
Allan Schwartzberg (ds, per)
Tom Thompson (ds)
Deerfrance (vo)
Mark Abel (g)
Bruce Brody (p) etc.

テレヴィジョンが解散したあと、ヴァーレインはフレッド・スミス、マーク・エイベル、トミー・トンプソンと短期間バンドを組んでいた。4人を中心に録音した「ラスト・ナイト」が残されたが、オーソドックスなロックに接近した良いテイクだ。

ヴァーレインはフレッドを残してレコーディングを続行。パティ・スミス・グループのジェイ・ディー・ドーハティらの手を借りながら初のソロ・アルバムを完成させた。

以前からのレパートリーである「ザ・グリップ・オブ・ラヴ」で始まり、「ブレイキン・マイ・ハート」で終わっているが、いずれもツイン・ギターなので、テレヴィジョン時代とソロの違いを見せようとしたのかと勘ぐってしまう。

「キングダム・カム」はデイヴィッド・ボウイが『スケアリー・モンスターズ』でカヴァーした。ヴァーレインのヴァージョンの方がボウイらしく聴こえてしまうが。「ヨンキー・タイム」のトボけた味わいは、ソロならではのもの。

森

Tom Verlaine
Dreamtime

Warner Bros.／BSK 3539
発売：1981年7月
[A] 1. There's A Reason / 2. Penetration / 3. Always / 4. The Blue Robe / 5. Without A Word
[B] 1. Mr Blur / 2. Fragile / 3. A Future In Noise / 4. Down On The Farm / 5. Mary Marie
プロデューサー：Tom Verlaine
演　奏：Tom Verlaine (g, vo, b)
Ritchie Fliegler (g)
Fred Smith (b)
Donnie Nossov (b)
Jay Dee Daugherty (ds)
Rich Teeter (ds)
Bruce Brody (kbd)

ジョン・ケイルのEP『アニマル・ジャスティス』でギターを弾いている、リッチー・フリーグラーを迎えて制作されたセカンド・ソロ・アルバム。アレンジにひねりが加えられ、ヴァーレインの多彩なギター・プレイを聴くことができる。また、前作に引き続きフレッドとジェイ・ディーが参加、ドニー・ノソフとリッチ・ティナーによるリズム隊も5曲を担当した。

テレヴィジョンの〝ファン〟は、ヴァーレインの引き攣ったようなギターが戻ってきたことを喜んだことだろう。しかし、ソロになってからの方がもう一本のギターといかに有機的に音を絡ませるか、という点に意識的になっているところが面白い。距離感が近いのだ。

そんなわけでリッチーが参加した大半の曲は〝バンド的〟になっている。ほかの2曲、自分でベースを弾き、レゲエに接近した「ペネトレイション」と、ドラマティックな展開の「メアリー・マリー」は変化球。後者はヴァーレインにとっての新機軸になっている。

森

Tom Verlaine
Words From The Front

Warner Bros.／BSK 3685
発売：1982 年 6 月
［A］1. Present Arrived / 2. Postcard From Waterloo / 3. True Story / 4. Clear It Away
［B］1. Words From The Front / 2. Coming Apart / 3. Days On The Mountain
プロデューサー：Tom Verlaine
演　奏：Tom Verlaine (g, vo)
Thommy Price (ds)
Jimmy Ripp (g)
Joe Vasta (b)
Fred Smith (b)
Jay Dee Daugherty (ds)
Allan Schwartzberg (ds)
Lene Lovich (sax, vo)

このあともヴァーレインのサポートを続け、リチャード・ロイドが抜けた穴を埋めるかたちでテレヴィジョンに加わるジミー・リップが参加した、3枚目のソロ・アルバム。リズム隊はミンク・デヴィルのジョー・ヴァスタとトミー・プライスだ。テレヴィジョン〜ソロとキャリアを重ねる中で、曲づくりとギター・プレイの新たな個性が確立された一枚になっている。

タイトル曲はギターのリフから始まって、シンプルなリズムが刻まれる。歌詞の冒頭は語りになり、メロディがつけられても淡々と進んでいく。それが、ギター・ソロになるとインプロヴィゼイションのように自由度が高く、かつイマジネイション豊かなフレーズが連発されるのだ。6分半を超えているが、飽きることはない。むしろ、そのくらいの時間をかけてこそ表現できる世界が繰り広げられているのである。

B面ラストの「デイズ・オン・ザ・マウンテン」もほぼ9分という長尺の曲。アレン・シュウォーツバーグが叩く単調なドラムが延々と続く、サンプリング感覚溢れるアレンジで、ヴァーレインのヴォーカルも短く切り刻まれているように配置され、しかも言葉の繰り返しが多い。もはや人力テクノの様相を呈しているが、ヴァーレインのギターだけを追いかけていると、それだけで1曲のインストゥルメンタルのようにも聴こえるのだ。なかなか終わらないことも納得。なにせ、B面は3曲しかないのだ。

英国でシングル・カットされた「ポストカード・フロム・ウォータールー」のようにキャッチーなメロディの曲もあるが、ヴァーレインの個性的なヴォーカルが台無しにしてしまっているところが実に痛快。それでもにじみ出るポップ・センスが実にいとおしく感じられるのだから、これが正解と言うほかにない。

森

Tom Verlaine
Cover

Warner Bros.／1-25144
発売：1984年
［A］1. Five Miles Of You / 2. Travelling / 3. O Foolish Heart / 4. Lindi-Lu / 5. Let Go The Mansion
［B］1. Dissolve/Reveal / 2. Miss Emily / 3. Rotation / 4. Swim
プロデューサー：Tom Verlaine
演　奏：Tom Verlaine (g, vo, syn)
Jimmy Ripp (g, b)
Fred Smith (b)
Bill Laswell (b)
Jay Dee Daugherty (ds)
Allan Schwartzberg (ds)

引き続きジミー・リップを参謀に据え、フレッド・スミス、アレン・シュウォーツバーグ、ジェイ・ディー・ドーハティといった旧知のメンバーとつくり上げたソロ第4作。前作で確立した方法論をさらに推し進め、ポップな面も開花させている。

さらに時代の風を取り込むようにドラムにはエコーがかけられ、ヴァーレインが自らドラム・マシンを駆使したトラックもある。冒頭の「ファイヴ・マイルズ・オブ・ユー」など、これまでにない馴染みやすさと、血が滾るようなギター・ソロが同居しているのだ。

ヴァラエティに富んだ内容からもわかるとおり、同じ時期に録音されながらアルバムから漏れた曲がある。「ファイヴ・マイルズ〜」のシングルB面はアルバム未収録の「ユア・ファイネスト・アワー」、「レット・ゴー・ザ・マンション」のB面は同曲のインストゥルメンタル・ヴァージョンだ。現在、「ユア・ファイネスト〜」は本作のCDにボーナス・トラックとして収録されている。 森

Tom Verlaine
Flash Light

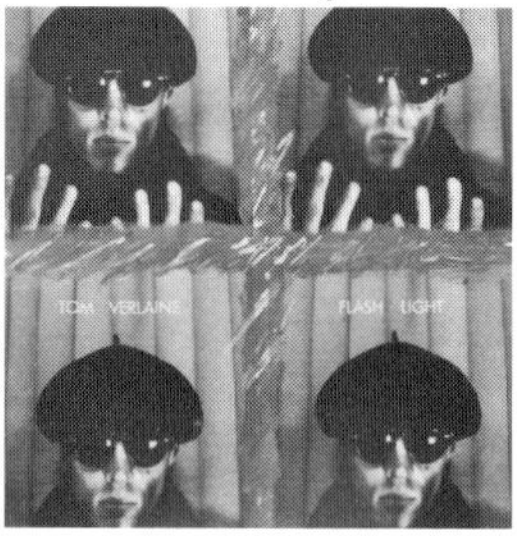

I.R.S.／IRS-42050
発売：1987年
［A］1. Cry Mercy, Judge / 2. Say A Prayer / 3. A Town Called Walker / 4. Song / 5. The Scientist Writes A Letter
［B］1. Bomb / 2. At 4 A.M. / 3. The Funniest Thing / 4. Annie's Telling Me / 5. One Time At Sundown
プロデューサー：Fred Smith, Tom Verlaine, David Bascombe
演　奏：Tom Verlaine (g, vo)
Jimmy Ripp (g)
Fred Smith (b)
Allan Schwartzberg (ds)
Andy Newmark (ds)

3年ぶりのアルバムは、お馴染みのメンバーが顔を揃えているが、シングルとして制作された「ザ・サイエンティスト・ライツ・ア・レター」のみデイヴィッド・バスコムと共同でプロデュースしている。バスコムは、ティアーズ・フォー・フィアーズの『ソングス・フロム・ザ・ビッグ・チェア』で名を上げたプロデューサー。「ザ・サイエンティスト〜」は、エレクトロなトラックにヴァーレインがギターとヴォーカルを乗せている。ドラムはこの曲のみアンディ・ニューマークだ。

しかし、この曲が浮いていないところが当時のヴァーレインの足腰の強さ。ギターの音色と多彩なフレーズ、テレヴィジョン時代から変わらないようでいて表現豊かになったヴォーカルが全編に貫かれているのだから、手に負えない。

「アット・4A.M.」ではトム・ウェイツみたいに、演劇的で語りのような歌を披露、「アニーズ・テリン・ミー」では速弾きのリフが繰り返される。パンクから遠く離れて。 森

Tom Verlaine
The Wonder

英・Fontana／842 420-2［CD］
発売：1990年
1. Kaleidoscopin' / 2. August / 3. Ancient Egypt / 4. Shimmer / 5. Stalingrad / 6. Pillow / 7. Storm / 8. 5 Hours From Calais / 9. Cooleridge / 10. Prayer
プロデューサー：Tom Verlaine, Fred Smith, John Jansen
演　奏：Tom Verlaine (g, vo)
Jimmy Ripp (g)
Fred Smith (b)
Andy Newmark (ds)
Bruce Brody (kbd)

共同プロデュースはフレッド・スミス。タイトル曲と「オーガスト」のみジョン・ジャンセンが手がけているが、あまり面白いものではない。鋳型にハマるニンゲンではないのだな、ヴァーレインは。

　その点、「スターリングラード」や「ピロウ」など、きちんとポップでギターの自由度が高ければ、一定のクオリティが保たれることが示されている。

　デジタルの音色も違和感なく取り込んでいるし、ソロ3作目以降展開されてきた、もはや旧来のロックでも、ましてやパンクでもないヴァーレインの個性がさらに増幅されていると言っていいだろう。

　ただ、ミックスにまで手を出し始めたことで、サウンドの統一感がとれた反面、金太郎飴的になってきたことが引っかかる。元々バンドマンだからか、自分のやりたいようにやっているつもりでも、例えばジミー・リップのような、もうひとりのギタリストの存在がないと、バランスを欠いてしまうのだよ。悪くはないんだけどね。　森

Tom Verlaine
Warm And Cool

Rykodisc／RCD 10216［CD］
発売：1992年
1. Those Harbor Lights / 2. Sleepwalkin' / 3. The Deep Dark Clouds / 4. Saucer Crash / 5. Depot (1951) / 6. Boulevard / 7. Harley Quinn / 8. Sor Juanna / 9. Depot (1957) / 10. Spiritual / 11. Little Dance / 12. Ore / 13. Depot (1958) / 14. Lore
プロデューサー：Tom Verlaine
演　奏：Tom Verlaine (g)
Patrick A. Derivaz (b)
Billy Ficca (ds)
Fred Smith (b)
Jay Dee Daugherty (ds)

初のインストゥルメンタル作品集。本人によると、このアルバムが紹介されるときによく使われる〝架空のサウンド・トラック〟ではないそうだ。しかし、聴いていると映像を喚起させられることは確か。

　ドラマーのクレジットに、テレヴィションのビリー・フィッカの名前がある。どういった経緯でレコーディングに参加することになったのかはわからないが、これが吉と出た。ベースのパトリック・A・デリヴァズとの相性もよく、どんな曲にも対応してその世界を拡げている。

　しかし、ロックともジャズとも言い難く、もちろんイージー・リスニングにもなってはいない。一連のヴァーレインのソロ・アルバムと並べても遜色はないが、真っ直ぐな延長線上にあるわけでもない。そんな不思議な感触なのだ。

　05年にスリル・ジョッキーから再発されたCD（Thrill Jockey/162）では、ボーナス・トラック8曲が追加されている。興味がある方はチェックしてみてください。　森

Richard Lloyd
Alchemy

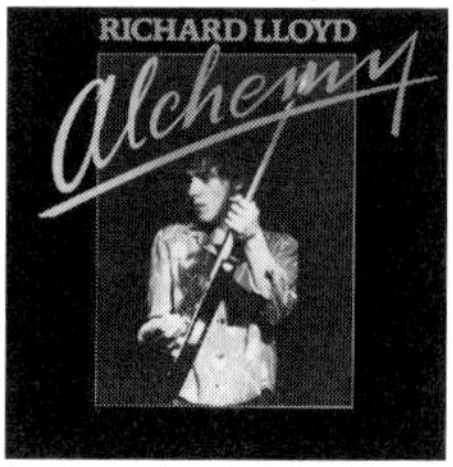

Elektra／ELK 52 196：1979 年
プロデューサー：Michael Young

リチャード・ロイドのファースト・ソロ。トム・ヴァーレインの後を追うように、同じくエレクトラからリリースされた。ちなみにテレヴィジョンのフレッド・スミスは、本作とヴァーレインの初ソロの両方でベースを弾いている。

全曲をロイドが書いているが（共作を含む）、どれもほどよくポップ。ギターはソロが多いわけではなくリフが中心だし、ヴォーカルにもクセがない。そのうえプロデューサーのマイケル・ヤングがシンセサイザーをダビングしているので、とてもニューヨーク・パンクのど真ん中にいた人が作ったとは思えない仕上がりだ。

聴いていて心地よいが、決め手に欠けるのも事実。どれも似たりよったりだし。 森

Richard Lloyd
Field Of Fire

瑞・Mistlur／MLR 48：1985 年
プロデューサー：Richard Lloyd, Stefan Glaumann

スウェーデンの独立系レーベルからのオファーで制作された、セカンド・ソロ。ストックホルムのスタジオでレコーディングが行われ、現地のミュージシャンと共演している。

ドラムが単調でアレンジがかなり大味だし、ドラッグの影響からか曲によっては声が掠れているが、ロイドが思い切りギターを弾いているので前作よりも聴き応えがある。8分半におよぶタイトル曲など、ひねりのないギター・ソロの連続が潔さ過ぎる。

06年には本作の権利をロイドが獲得し、大幅なリミックスと部分的な再録音が行われた。オリジナルと新ヴァージョンを収録した2枚組のCD（Reaction/REACTCD 005）で聴き比べてみてください。 森

Richard Lloyd
Real Time

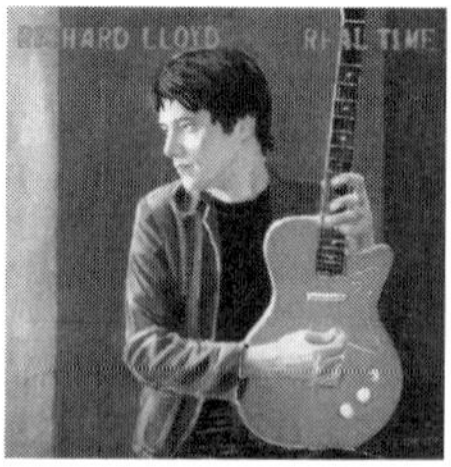

Celluloid／CELL 6135：1987 年
プロデューサー：Steve Katz

87年4月21日と22日に、CBGBでライヴ・レコーディングされたアルバム。プロデューサーはスティーヴ・カッツだ。

前作のプロモーション・ツアーでアイドリングを終えていたようで、アンサンブルは固まっているし、ロイドのヴォーカルやギターも伸び伸びとしている。ライヴ録音だけに、ナチュラルなドラムの音色が前2作との違いを明確にしているようだ。『リアル・タイム』というタイトルの通り、オーヴァー・ダビングはされていないが、ポスト・プロダクションの段階でギターの音などに手が加えられたらしい。確かに、かなりクリアな音になっている。

このあとロイドはマシュー・スウィートの録音に参加。再び注目を浴びた。 森

Television
Television

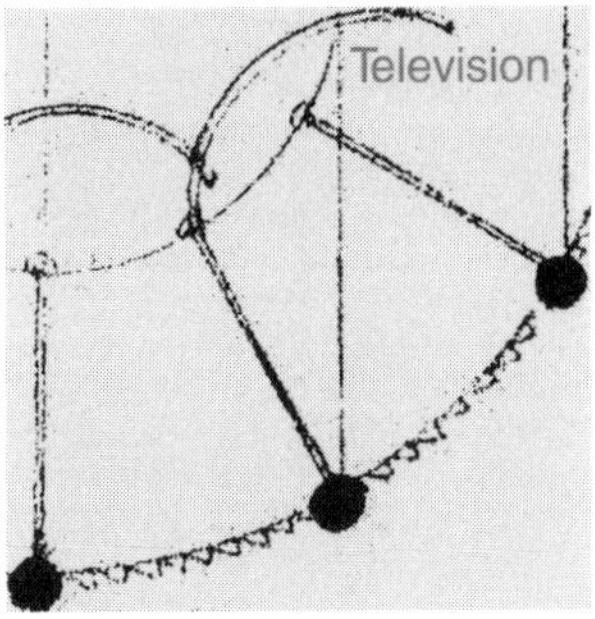

Capitol／P 0777 7 98396 2 9［CD］
発売：1992年9月
1. 1880 Or So / 2. Shane, She Wrote This / 3. In World / 4. Call Mr. Lee / 5. Rhyme / 6. No Glamour For Willi / 7. Beauty Trip / 8. The Rocket / 9. This Tune / 10. Mars
プロデューサー：Television
演　奏：Tom Verlaine (vo, g)
Richard Lloyd (g)
Fred Smith (b, vo)
Billy Ficca (ds)

テレヴィジョンが91年に再結成され、翌年にこの新作が届いたのは大きなニュースだった。しかもワールド・ツアーの一環で初来日。ヴァーレイン、ロイド、フィッカ、スミスというエレクトラ時代のメンバーがステージに揃うのをこの目で見られる日が来るなんて、夢のようだった。

けれども、期待して買ったアルバムには心が動かされなかったのだ。曲は悪くないし、演奏には現役感がある。ヴァーレインとロイドのギターの絡みは聴きどころだし、スミスとフィッカのリズム・セクションは燻銀の味だ。中年の中堅アメリカン・バンドとしてはまったく文句がないのだけれど、新曲は〝パンク〟ではなかった。

はたして、ステージで古い曲を演奏すると、どうなるか。不安半分で出かけた新宿厚生年金で、私は〝作品の強さ〟を痛感させられた。「マーキー・ムーン」のイントロで、リズムが合わずにズッコケてみせるというギャグまで繰り出し、かつての名曲群をきっちりと聴かせるバンド力には脱帽だったが、だからと言って本作を繰り返し聴く気にはならなかったのである。

93年に再び活動停止となるが、２００１年に再々結成され、翌年はフジ・ロックに出演した。07年にロイドが抜け、ヴァーレインのソロ作に参加していたジミー・リップに交代。その後もテレヴィジョンとしての活動は続き、13年、14年、16年とジャパン・ツアーを行っているが、昔の名前で稼ぎに来ているだけ、という印象だ。そうなると伝説はガタガタだし、リチャード・ヘルの株は上がるよね。

私は14年に初台のドアーズで観たのが最後だが、偶然一緒になったＪＯＪＯ広重と〝30年ぶりに会って並んでテレヴィジョンを観ているなんてね〜〟と笑いあったことの方が印象に残っている。

和久井

Dim Stars
Dim Stars

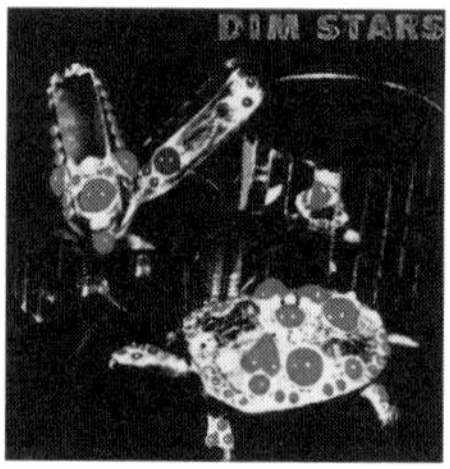

Caroline／CAROL 1724-2［CD］1992年
プロデューサー：Dim Stars

リチャード・ヘル、ソニック・ユースのサーストン・ムーアとスティーヴ・シェリー、ガムボールのドン・フレミングによって結成されたオルタナティヴ・ユニットの唯一のアルバム。ロバート・クワインも5曲でギターを弾いている。当初、カヴァー・シングルをつくることを目的にスタートしたプロジェクトがオリジナルの制作へと発展し、ヘルのソロ名義となる『3ニュー・ソング』、『ディム・スターE.P.』の発表を経て、およそ3週間で完成させたもの。ムーアが〝究極のパンク・ロッカー〟を担いでつくったという構図の作品で、音は90年代のオルタナ・サウンド。ヘルの当時のガールフレンドから湾岸戦争まで、曲のテーマは幅広いものになっている。　山田

Richard Lloyd
The Cover Doesn't Matter

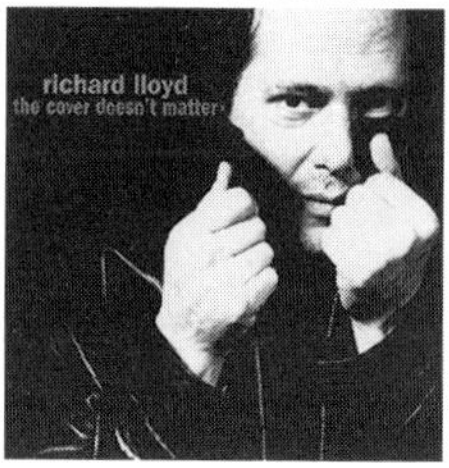

Upsetter Music／UP 4001［CD］2001年
プロデューサー：Richard Lloyd

本作を録音する1～2年前に新しいバンドを組んだロイドは手応えを感じ、自前のリハーサル場所にレコーディング機材を導入して、小さなスタジオに仕立て上げた。試行錯誤を繰り返したため、ベーシックの録音に3週間、ヴォーカルとギターのダビングに2か月を要したという。

その結果、ポップなアメリカン・ハード・ロックとも言うべきヌケの良い充実作が生まれている。そのうえ「アイ・ソウト」など、ラモーンズ的なメロディと歌がハマっていて、とても面白く聴けるのだ。

ところでこのタイトルは、ヴァーレインが『カヴァー』というアルバムを出していることを知った上での狼藉なんでしょうか。ご存じの方、教えて下さい。　森

Richard Lloyd
The Radiant Monkey

Parasol/SufiMonkey／Par-CD-107
［CD］2007年
プロデューサー：Richard Lloyd

いかにもパンク・バンドっぽいイラストのジャケットには無理があるが、なかなかの充実作である。ドラム以外の楽器（ギターとベースくらいだが）をすべてロイドが演奏しているせいか、とても潔い。「ウィキッド・サン」など、テンポは速くないが、ノイジーなギターや吐き出すような歌い方が、ロイド史上最高にパンクだ。

本当にスタジオ・ワークが好きなんだろうね、この人は。前作をちまちま時間をかけて完成させたことが拍車をかけたのかも知れないが、そのときのノウハウが本盤にも活かされているのだろう。

なお「カルパ・トゥリー」のみビリー・フィッカがドラムを叩いているが、これがいちばんパンクっぽくない。　森

Tom Verlaine
Songs And Other Things

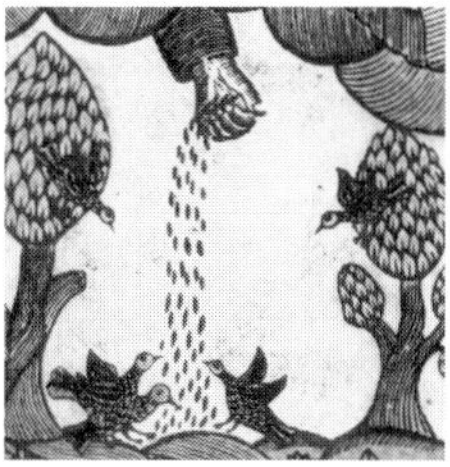

Thrill Jockey／thrill 173［CD］2006年
プロデューサー：クレジットなし

14年ぶりのソロ・アルバムは、なんと2枚同時発売。『ソングス・アンド・アザー・シングス』は、歌ものの通常運転仕様。参加メンバーは以前とあまり変わらないが、8曲のドラムにヴァーレインのソロ・ライヴでも叩いている、ルー・アペルがクレジットされている。

作風も『ザ・ワンダー』までの路線なのだが、いちばん変わったのは歌い方だ。語りは今までもあったし、『ザ・ワンダー』の頃にはトーキング・ブルース的な曲もあったが、本作に至ってはディランかトム・ウェイツみたいなボソボソ呟いてるうちに鼻歌になった、みたいな曲が多い。レコーディング時点でアラ還に差しかかっていたので、声が出づらくなっていたのかも。

森

Tom Verlaine
Around

Thrill Jockey／thrill 174［CD］2006年
プロデューサー：Tom Verlaine

同時発売の『アラウンド』は、前作『ウォーム・アンド・クール』に続くインストゥルメンタル・アルバム。今回もビリー・フィッカとパトリック・A・デリヴァズがクレジットされているが、ヴァーレインひとりで仕上げた曲も多いみたい。どの曲も、RECボタンを押したままスタジオでギターを爪弾いていたら自然と出来上がっていた、みたいなナチュラルな佇まいだ。

筆者は14年のテレヴィジョン来日公演を観ているが、ストレートなロック・バンドと化したステージは、本章で紹介しているどのアルバムにも当てはまらない。インタヴューアー泣かせとも言われるトム・ヴァーレインの実像が、ますますわからなくなってきたというのが正直なところ。

森

Richard Lloyd
The Jamie Neverts Story

Parasol/SufiMonkey／PAR-113［CD］2009年
プロデューサー：Richard Lloyd

ジャケ買いされそうもないジャケットは、ヴェルヴァート・ターナー・グループへのオマージュ。ジミ・ヘンドリクスの弟子筋にあたるターナーの友人だったロイドは、彼からジミヘンの奏法を教わったという。

このアルバムは、2000年に亡くなったターナーを追悼した、ジミのカヴァー集。トリオ・バンドで、アンプ直結のストラトキャスターを弾き、どのトラックもギターを3本以上重ねない、という制約を設けているが、ジミヘンはワウ・ペダルくらいは使ってたんじゃ…というツッコミもなんのその、またもや清々しいまでに潔い仕上がりになっている。決め手には欠けるけど、これを作らないと次に進めないと思ったんでしょうね。ロイドの原点だし。

森

リチャード・ヘル、ジョニー・サンダース関係の編集／発掘盤

山田順一

カセットテープ専門レーベルのロアール（リーチ・アウト・インターナショナル・レコーズ）から出たリチャード・ヘルのソロ名義の『R.I.P.』は、75年から84年までの未発表曲集。ジョニー・サンダースとのオリジナル・ザ・ハートブレイカーズの75年のデモ音源3曲、ヴォイドイズの77年デモ、79年と83年のライヴ音源に加え、84年にニューオリンズでロバート・クワイン、ジギー・モデリストらと行なった4曲のセッションが収められている。現在は『タイム』ですべてを聴くことができるが、当時は貴重な音源集だった。

ヴォイドイズの『ファンハント』もロアールから。78年6月と8月のマクシズ・カンザス・シティ、79年6月のCBGB、85年のマブヘイ・ガーデンズにおけるライヴ音源を収録。オリジナルのほかにザ・ローリング・ストーンズ、ジミ・ヘンドリクス、ストゥージズ、フランク・シナトラのカヴァーも披露している。音質は決してよくはないが、当時の空気感が詰まっていて刺激的だ。

続く2枚は、ヘルとサンダースの双頭体制だったザ・ハートブレイカーズの発掘音源。ニューヨーク・ドールズを脱けたサンダースとジェリー・ノーランが、テレヴィジョンを辞めたヘルと合流して始まったバンドだが、互いのエゴがぶつかり、この体制が長続きしなかったことを思えば、これらもまた貴重な音源だと言える。フランスのファン・クラブが出した『ライヴ・アット・マザーズ』はタイトル通り76年のニューヨーク、マザーズでのライヴ。アメリカのボム！がリリースした『ホワット・ゴーズ・アラウンド…』は、75年7月のCBGBと同年11月のマザーズでのライヴから。それぞれ自分でつくった曲は自分が歌うというステージングで、のちにヴォイドイズやサンダースのソロで発表される曲が、この時点ですでに披露されている。どちらがイニシアティヴをとるかで揉めて2トップが崩れたわけだが、このころはまだギリギ

The Heartbreakers
What Goes Around ...
BOMP!／BCD 4039［CD］
1991年

The Heartbreakers
Live At Mothers
Fan Club／FC 95［CD］
1991年

Richard Hell & The Voidoids
Funhunt: Live At CBGB's & Max's 1978 & 1979
ROIR／A-172［Cass］
1990年

Richard Hell
R.I.P.
ROIR／A-134［Cass］
1984年

リのバランスを保っていたことがわかる。

2枚組の『タイム』は『R.I.P.』の拡張版。アイヴァン・ジュリアンがリマスターしている。ディスク1には『R.I.P.』が丸々収められ、ザ・ハートブレイカーズの「チャイニーズ・ロックス」のデモとヴォイドイズの「タイム」、「ファンハント」を追加。ディスク2にはヴォイドイズが77年11月14日にロンドンのミュージック・マシンで行なったライヴと、同じくヴォイドイズによる78年10月18日のCBGB公演の様子が収録されている。ロンドン公演にはジョン・ライドンが訪れていて、「ヴァカンシー」では彼がオーディエンスに語りかけているのを聴くことができる。また、CBGBにはエルヴィス・コステロがゲストとして招かれ、「ユー・ガッタ・ルーズ」とザ・ローリング・ストーンズのカヴァー「シャッタード」でヴォーカルとギターを披露している。『R.I.P.』が入手困難な今、こちらを入手することをお薦めする。

『スパーツ』はライノらしく、オーソドックスでレア・トラックにも目が行き届いた正統派アンソロジー。テレヴィジョンの前身、ネオン・ボーズからディム・スターズまでのヘルのキャリアを俯瞰できる、最適のコンピレーションと言える。目玉は、ヘル在籍時のテレヴィジョンが74年3月にCBGBに出演した際に録音された「ブランク・ジェネレーション」だ。

ヴォイドイズの『ゴーン・トゥ・ヘル』は、78年12月24日のロンドン、ドミニオン・シアター公演の音源を中心に77年1月27日のマクシズ・カンザス・シティ、同年10月6日のCBGBでのライヴをまとめたもの。もともとブートレグとして出回っていた音源を、日本のレーベルがヘルに許可をもらって発売した。音はそれなりだが、ロンドンでのヴォイドイズは貴重。

最後の2枚組『ヨンカーズ・デモ+ライヴ 1975/1976』は、オリジナル・ザ・ハートブレイカーズの音源集としては決定版。ニューヨーク州ヨンカーズのSBSスタジオで録音したデモ音源13曲のほか、先に紹介したライヴ音源がすべて網羅されている。

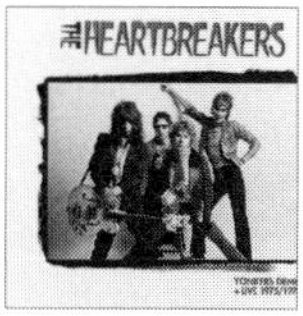

The Heartbreakers
Yonkers Demo + Live 1975/1976
Cleopatra／CLO1428［CD］
2019年

Richard Hell & The Voidoids
Gone To Hell
Vinyl Japan／JASKCD211［CD］2008年

Richard Hell
Spurts: The Richard Hell Story
Rhino/Sire／R2 74723［CD］
2005年

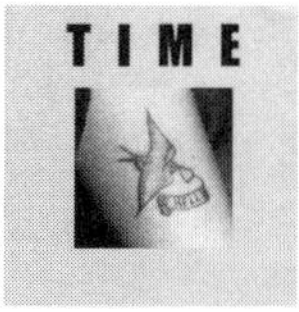

Richard Hell
Time
Matador／OLE 530-2［CD］
2002年

テレヴィジョン関係の編集／発掘盤

山田順一

オムニバス盤の『シェイク・トゥ・デイト』は、ニューヨークのローカル・レーベル、シェイクから発売された音源をまとめたUK編集盤。テレヴィジョンの前身であるネオン・ボーイズとリチャード・ヘル&ザ・ヴォイドイズとのスプリットEP収録の4曲が収められている。トム・ヴァーレイン、ビリー・フィッカ、ヘルことリチャード・メイヤーズのトリオだったネオン・ボーイズは、「ザッツ・オール・アイ・ノウ（ライト・ナウ）」と「ラヴ・カムズ・イン・スパーツ」の2曲。ヴォイドイズは「タイム」と「ドント・ダイ」を収録。いずれもEPが発売されるまでは未発表だった。

『ザ・ブロウ・アップ』は、ロアールがカセットでリリースしたテレヴィジョンのライヴ・アルバム。トム・ヴァーレイン自身がコンパイルしている。これが出たとき、テレヴィジョンはとっくに解散していたが、ファンの間では結構な話題になった。2作目の『アドヴェンチャー』を発表する直前にあたる、78年3月20日にニューヨークのマイ・ファーザーズ・プレイスで行なわれたライヴを収録。音質はラフだが、14分を超える「マーキー・ムーン」など聴きどころも多く、スタジオ盤にはない熱気が伝わってくる。タイトル曲は13thフロア・エレベーターズの「ファイア・エンジン」を改題したもの。ボブ・ディランの「ノッキン・オン・ヘヴンズ・ドア」やザ・ローリング・ストーンズの「サティスファクション」の解釈も興味深い。

2枚組の『ザ・ミラーズ・テイル』はヴァーレインのアンソロジー。ちなみにタイトルは、ヴァーレインの本名であるトーマス・ミラーから付けられている。単なる編集盤ではなく、ディスク1は、82年6月3日にロンドンのザ・ヴェニューで行なわれたライヴ。ディスク2は第1期テレヴィジョンからソロ、再結成テレヴィジョンまでの音源を網羅しつつ、87年のソロ『フラッシュ・ライト』の前

Television, Tom Verlaine
The Best of Television & Tom Verlaine
日・EastWest Japan／AMCY-2562［CD］1998年

Tom Verlaine
The Miller's Tale
(A Tom Verlaine Anthology)
Virgin／CDVDM 9034［CD］
1996年

Television
The Blow-Up
ROIR／A-114［Cass］
1982年

Various
Shake To Date
Albion/ Shake／SHAKE 1
1981年

に制作されながらお蔵入りとなった〝幻のアルバム〟に収録予定だった未発表曲が含まれている。ライヴでのヴァーレインのヴォーカルは、スタジオ作に増してヘロヘロなのだが、13分におよぶ「マーキー・ムーン」や「デイズ・オン・ザ・マウンテン」での幽玄な雰囲気は彼にしか出せないものだ。ディスク2で初商品化となった、再結成テレヴィジョンの「ザ・レヴォリューション」も貴重。かたや日本企画盤『ザ・ベスト・オブ・テレヴィジョン&トム・ヴァーレイン』は、テレヴィジョンとヴァーレインのエレクトラ〜ワーナー時代のソロからセレクトされたベスト盤で、レア・トラックなどは収録されていないのだが、おいしいところを集めたベスト・アルバム（世界初のベストというのが売り文句だった）として紹介しておこう。

『ザ・ブロウ・アップ』以来の衝撃のリリースだったのは、03年にライノ・ハンドメイトから5000枚限定で発売された『ライヴ・アット・ザ・ウォールドーフ』だ。テレヴィジョンのラスト・ツアーにおける78年6月29日にサンフランシスコのオールド・ウォルドーフで収録されたもので、元のソースはKSAN-FMのラジオ音源。ブートレグとしてはお馴染みだったが、晴れて公式盤リリースと相成った（17年にはアナログ盤も発売されている）。音質も良いのでぜひチェックしていただきたい。ラスト・ツアーの次に紹介するのは再結成時のライヴを収めた『ライヴ・アット・アカデミーNYC12・4・92』。再々結成したあとの03年のツアー会場で販売されていたもので、今ではデジタルで購入することができる。3作目の『テレヴィジョン』収録曲がライヴ・ヴァージョンで聴けるのがミソ。どうしても初期テレヴィジョンに人気が集まりがちだが、軽視すべきではない。

テレヴィジョン初のレコード「リトル・ジョニー・ジュエル」をリリースしたオーク音源を集めたのが『オーク・レコーズ：ニューヨーク、ニューヨーク』。テレヴィジョンのみならず、USパンク／パワー・ポップの歴史を知る上では聴いておいて損のない、秀逸なコンピレーションである。

Television
Live At The Old Waldorf - San Francisco, 6/29/78
Rhino Handmade／RHM2 7846
［CD］2003年

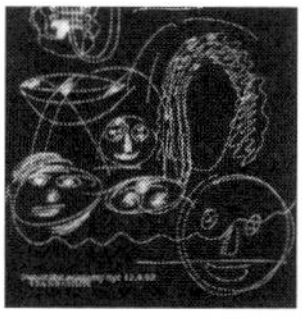

Television
Live At The Academy NYC 12.4.92
Ohoo Music／no number［CD］
2003年

Various
Ork Records: New York, New York
Numero Group／NUM060
［CD+7"］2015年

Richard Hell, Robert Quine
Quine/Hell

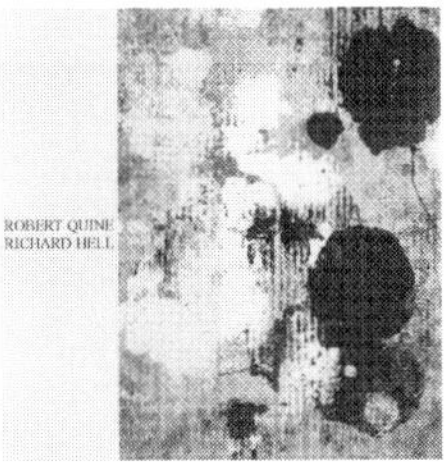

White Columns／WCR014［12″］2016年
プロデューサー：クレジットなし

68ページのカラー・ブックとのセットとしてニューヨークのアート・ギャラリー、ホワイト・コラムズで販売されたアルバム。限定400部のうち250部にはナンバリングが打たれ、26部にA~Zまでの文字とリチャード・ヘルの直筆サインが入っていた（残りの124部は非売品）。04年のロバート・クワインの追悼式でヘルがアイヴァン・ジュリアンとともに歌った「タイム」や、96年に出版したヘルの小説『ゴー・ナウ』の朗読のために用意されたクワインによる7曲のシーケンス、クワインが亡くなった2日後の04年6月9日と、6日後の13日にヘルが記した日記の朗読が収められている。ヘルのクワインに対する想いが込められたアート作品だ。　山田

Richard Lloyd
The Countdown

Plowboy／PLO-CD-46［CD］2018年
プロデューサー：Ben Ewing, Richard Lloyd

一般流通がなかった"Rosedale"（16年）を挟んでリリースされたのが『ザ・カウントダウン』だ。タイトルが何を指しているのかはっきりとしないが、60代の半ばを過ぎたロイドが自分の音楽人生と重ね合わせたことは間違いないだろう。声には少し衰えが感じられるが、相変わらずギター中心の小気味良いバンド・サウンドを聴かせてくれる。ルー・リード『セット・ザ・トワイライト・リーリング』みたいな肌触りもあったりして。アコギから始まる「サムシング・リメインズ」が新機軸。鍵盤奏者がクレジットされているが、キーボードが目立つ曲はほとんどない。

ちなみに、ジャケットに使われたアートワークはロイド自身の筆によるものだ。　森

Richard Lloyd
Lodestones

ORG／ORGM-1029：2018年
プロデューサー：Richard Lloyd

ロイド自身も忘れていた音源が録音された、ラベルに何も書かれていないカセットテープが見つかり、10年にCD化したもの。ここでは18年のレコード・ストア・デイでアナログ・リイシューされた際のジャケットを紹介しておく。こちらのほうがデザインが良いのでね。

内容は、どの時代のレコーディングかなんて関係ないと言わんばかりの、いつものロイドである。徹頭徹尾、ドラムとベースとギターでつくり出される、いつもの"あの"感じなのだ。

まったくもって金太郎飴。過剰な演出もヒネリもない。これがリチャード・ロイドという人なのだ。彼の中での普遍が見える、この盤で本項を締めさせていただく。　森

#3
RAMONES

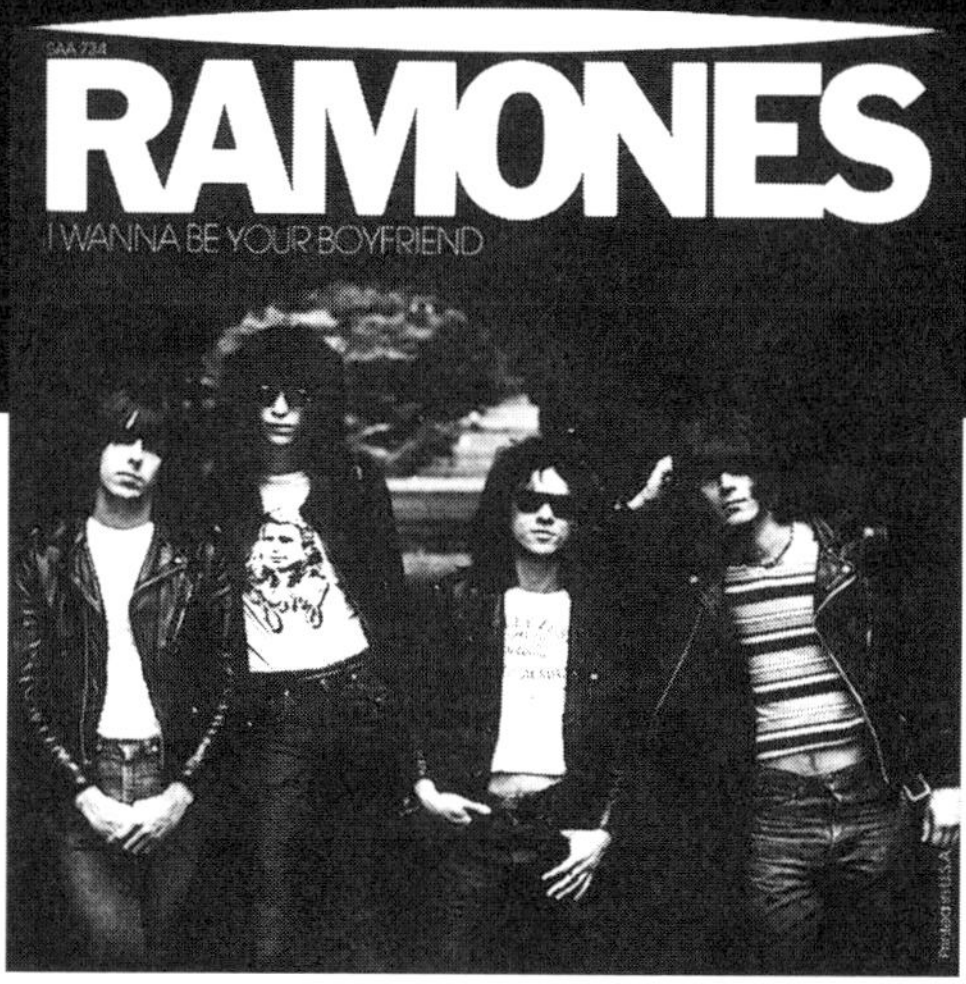

ISAO INUBUSHI
JUNICHI YAMADA

圧倒的な速さで駆け抜けていった史上初の〝パンク・バンド〟ラモーンズ

犬伏功

のちにジョニー・ラモーン、ディー・ディー・ラモーンを名乗ることになるふたりが始めたバンドに、長身のドラマー、ジョーイが加入したのが74年のこと。そこにジョニーの旧友でスタジオ・エンジニアのトミー・アーデリーが加わり、バンドは少しずつ形づくられていった。当初トミーは裏方に徹するつもりだったが、ジョーイがヴォーカルに転向したことで、空いたドラムの席を埋める役割を受け入れる。シルヴァー・ビートルズ時代のポール・マッカートニーの芸名、ポール・ラモーンから姓を拝借するアイディアはディー・ディーが持ち込んだものだ。それがほかのメンバーにもウケたことで、４人のラモーンによるバンド、ラモーンズは誕生した。

彼らは当初、ニューヨーク・ドールズに感化されて派手な衣装を纏っていたが、ライダーズ・ジャケットにデニム・パンツという〝揃い〟のスタイルはトミーの発案によるものだった。このようにバンドのイメージがしっかり固まっていった74年8月に、ラモーンズはＣＢＧＢのステージに立つ。マンハッタンのブリッカー通りにあったライヴ・ハウス、ＣＢＧＢは本来、カントリーや詩の朗読で賑わうはずだった。そもそも店名は〝Country, Blue Grass, and Blues〟の頭文字を並べたものだったのだ。しかし、客入りを増やすためにロック・バンドを出演させるようになると、強烈な個性を放つミュージシャンが集う場所となる。ラモーンズはすでにレギュラー・バンドとなっていたテレヴィジョンの前座という役回りで出演したが、とにかく速く、そして短い曲を間髪入れず演奏するスタイルは絶大なインパクトを与えた。オーナーのヒリー・クリスタルからすっかり気に入られたラモーンズは、CBGBのレギュラーに昇格。テレヴィジョンやブロンディ、トーキング・ヘッズと、強烈な才能が揃う当時のCBGBにおいて、ラモーンズは誰よりも先にレコーディング契約をモノにするのである。

たった10時間で録音されたデビュー・アルバム『ラモーンズ』は、76年4月23日にリリースされた。パティ・スミスの『ホーシズ』が初のパンク・アルバムなら、『ラモーンズ』は初のパンク・バンドによるアルバムと呼ぶべきだろう。以降、ステージでは解散するまで一切のブレがないスタイルを貫き通したが、スタジオではアルバム・セールスの伸び悩み、方向性の模索、プロデューサーとの確執など、さまざまな問題と対峙しなければならなかった。78年にはストレスに耐えられなくなったトミーが脱退、新ドラマーにマーキー・ラモーンを迎えるも、今度はガールフレンドを取り合ったジョニーとジョーイの対立が表面化。ジョーイとマーキーは強度のアルコール依存症に陥り、83年にはマーキーを解雇。同年、後任のドラマーとしてリッチー・ラモーンが加入、87年にはギャラの安さに不満をもったリッチーが脱退してマーキーが復帰するも、今度はオリジナル・メンバーで重要なソングライターだったディー・ディーが、ドラッグ問題を抱えながらバンドを離れるのである。

89年には結成メンバーとふた回り近くの年齢差があるCJ・ラモーンが加入、アンサンブルの若返りとともにバンドは完全に勢いを取り戻したが、ジョニーとジョーイの確執が解消することはなかった。そしてデビューから20年を経た96年、突如の解散発表。ジョニーは「もう必要がないから」と、愛器モズライトとジャケットを売却して引退した。01年、すでに闘病中だったジョーイが死去。02年には〝ロックの殿堂〟入りを果たして久々にメンバーが集ったが、2か月後にディー・ディーがヘロインの過剰摂取により急逝。04年、今度はジョニーが前立腺がんで死去し、唯一存命だった結成メンバー、トミーも14年に胆管がんで亡くなった。高い文学性をロックに持ち込んだパティ・スミスが〝パンク〟なら、ガレージ・ロックやバブルガム・ポップのようなティーンエイジャーが愛した音楽を雑多に吸収し、世間にぶつけたラモーンズもまた〝パンク〟だった。

誰よりも速く、そして短い曲で勝負した彼らはその速さのまま消えていったが、我々の記憶から彼らの音楽や姿が消え去ることは決してないのだ。

Ramones
Ramones

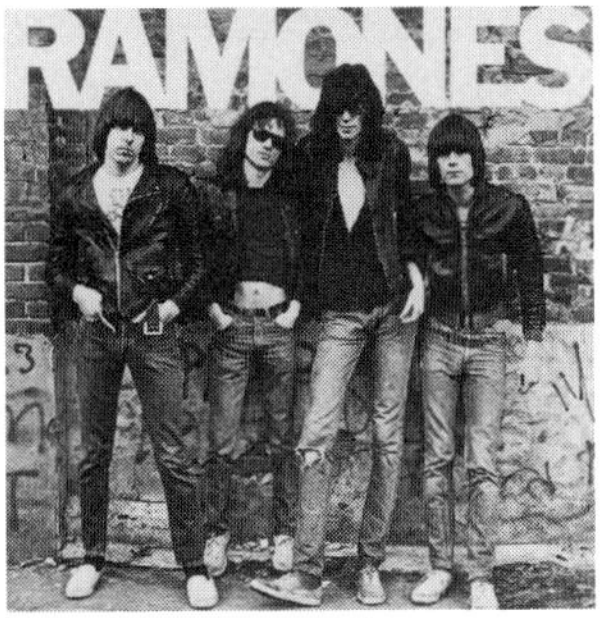

Sire／SASD-7520
発売：1976 年 4 月 23 日
［A］1. Blitzkrieg Bop / 2. Beat On The Brat / 3. Judy Is A Punk / 4. I Wanna Be Your Boyfriend / 5. Chain Saw / 6. Now I Wanna Sniff Some Glue / 7. I Don't Wanna Go Down To The Basement
［B］1. Loudmouth / 2. Havana Affair / 3. Listen To My Heart / 4. 53rd & 3rd / 5. Let's Dance / 6. I Don't Wanna Walk Around With You / 7. Today Your Love, Tomorrow The World
プロデューサー：Craig Leon
演　奏：Johnny Ramone (g)
Joey Ramone (vo)
Dee Dee Ramone (b)
Tommy Ramone (ds)

2016 40th Anniversary Deluxe Edition
Rhino/Sire／R2 555356［CD+LP］
［1］1-14: Original Album - Stereo Version / 15-28: Original Album - 40th Anniversary Mono Mix
［2］Single Mixes, Outtakes And Demos: 1. Blitzkrieg Bop (Original Stereo Single Version) / 2. Blitzkrieg Bop (Original Mono Single Version) / 3. I Wanna Be Your Boyfriend (Original Stereo Single Version) / 4. I Wanna Be Your Boyfriend (Original Mono Single Version) / 5. Today Your Love, Tomorrow The World (Original Uncensored Vocals) / 6. I Don't Care (Demo) / 7. 53rd & 3rd (Demo) / 8. Loudmouth (Demo) / 9. Chain Saw (Demo) / 10. You Should Never Have Opened That Door (Demo) / 11. I Wanna Be Your Boyfriend (Demo) / 12. I Can't Be (Demo) / 13. Today Your Love, Tomorrow The World (Demo) / 14. I Don't Wanna Walk Around With You (Demo) / 15. Now I Wanna Sniff Some Glue (Demo) / 16. I Don't Wanna Be Learned/I Don't Wanna Be Tamed (Demo) / 17. You're Gonna Kill That Girl (Demo) / 18. What's Your Name (Demo)
［3］Live At The Roxy, Hollywood, CA (8/12/76)
［LP］Original Album - 40th Anniversary Mono Mix

これぞパンクの〝発火点〟。もちろんパンクの精神を体現した作品は数多く存在し、ストゥージズやニューヨーク・ドールズのようにラモーンズの誕生に直接影響を与えたバンドもあるが、本作がなければ世界中にパンクの大きな波が及ぶことはなかっただろう。フロント・カヴァーに並ぶ4人はレザーのジャケット、スリムなデニム・パンツ、モップ・ヘアという当時の感覚からすると〝時代遅れ〟なものだったが、やがてパンクを象徴する〝最先端〟のスタイルとなった。ポール・マッカートニーがデビュー前に思いついた芸名を拝借、全員がラモーン姓を名乗るのもユニークだった。シンプルな曲構成とコード、ひたすらかき鳴らされるジョニーのギター、ジョーイが歌うことになったため急遽未経験ながらドラムを担当したトミーの独特なリズム感、ディー・ディーのうなるベース、そしてジョーイの突き放したようなヴォーカル。このスタイルはそもそも、彼らの演奏力に起因するものだったが、たった10時間の集中作業で完成したアルバムが英国パンクへ絶大な影響をおよぼし、数多くの模倣を生み出したことは痛快だ。しかし、米国でのチャートは最高で111位、海外での人気が上がる一方で、本国でのセールスは2枚目以降も厳しい状況が続くことになる。

アルバム冒頭を飾る「ブリッツクリーグ・バップ」は当時大ヒットしたベイ・シティ・ローラーズの「サタデイ・ナイト」に影響を受けたもので、キッズ達がステージに押し寄せてくるようすを、かつて独軍が欧州侵攻に用いた戦術の名称と重ね合わせるという大胆なものだった。この曲は彼らの狙い通りバンド最高のアンセムとなり、〝ヘイ・ホー・レッツ・ゴー!〟のかけ声は全キャリアを通じて彼らを象徴するフレーズとなったのだ。

犬伏

Ramones
Leave Home

Sire／SA-7528：1977年
プロデューサー：T. Erdelyi, Tony Bongiovi
メンバー：Johnny, Joey, Dee Dee, Tommy

前作から9か月、77年1月に早くも登場した第2作。前作とスタイルこそ同じだが演奏力が明らかに向上し、メロディやフックも明確になり、完成度は劇的にアップしたが、米国では１４８位止まりで前作を超えられなかった。プロデューサーのトミー・アーデリーはトミー・ラモーンの本名で、トニー・ボンジョヴィはジョン・ボン・ジョヴィの又従兄弟。自作曲はバンド名義だが、反社会的テーマを好むディー・ディー・ラモーン、バブルガムなセンスのジョーイ、ストイックなジョニーと歌詞に早くも個性が現れている。「カーボナ・ノット・グルー」は商標侵害の恐れからセカンド・プレス以降カットされたが、現行盤CDで聴くことができるようになった。 犬伏

Ramones
Rocket To Russia

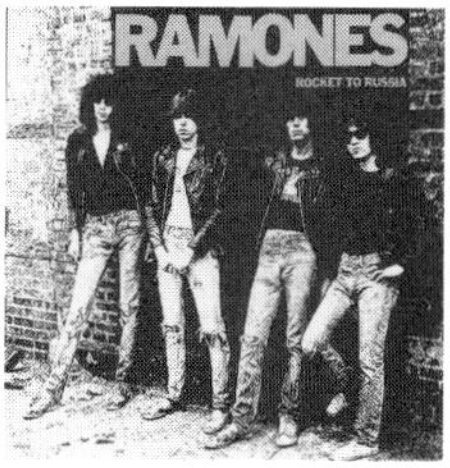

Sire／SR 6042：1977年
プロデューサー：T. Erdelyi, Tony Bongiovi
メンバー：Johnny, Joey, Dee Dee, Tommy

過激なタイトルは、まだ東西冷戦が続いていたあの時代だからこそ。「ロッカウェイ・ビーチ」やビーチ・ボーイズもカヴァーした「ドゥ・ユー・ウォナ・ダンス」、トラッシュメンの「サーフィン・バード」が入っているおかげで〝パンクのサーフ・アルバム〟と称される本作、初のスロー曲あり、ステージではおなじみのディー・ディー・ラモーンによる曲と繋がらないカウント入りの曲ありと、展開や起伏が随所にあるアルバムとなった。前作と同月発売のシングル「シーナ・イズ・ア・パンク・ロッカー」の好セールスを受け、サイアーが破格の3万ドルの制作費を出した充実作だが、セックス・ピストルズのアルバム発売に食われて米49位に終わっている。 犬伏

Ramones
Road To Ruin

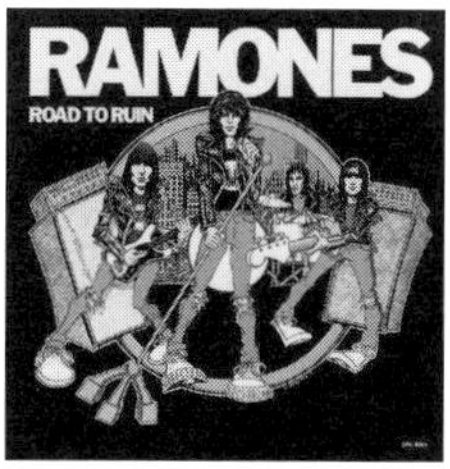

Sire／SRK 6063：1978年
プロデューサー：T. Erdelyi, Tony Bongiovi
メンバー：Johnny, Joey, Dee Dee, Marky

英国ツアーが大盛況に終わるも、ストレスに耐えきれなかったトミー・ラモーンが脱退してプロデューサーに専念、リチャード・ヘル＆ザ・ヴォイドイズのマーク・ベルをマーキー・ラモーンの名で迎えた第4作。本作ではパンクのイメージが抑えられ、「アイ・ジャスト・ウォント・トゥ・ハヴ・サムシング・ドゥ」ではヘヴィ・メタルからの影響を露わにし、「ニードルズ＆ピンズ」では60年代的サウンドを体現、「クエスチョニングリー」では生ギターとギターソロという、それまでには考えられないスタイルを披露した。大定番曲「アイ・ウォナ・ビー・シディテッド」も収められ、英国での人気も高かったが、全米１０３位とセールスは振るわなかった。 犬伏

Ramones
It's Alive

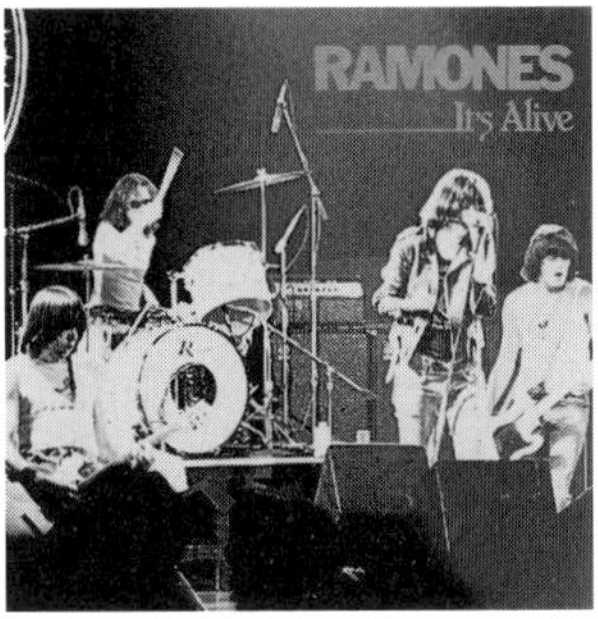

英・Sire／SRK2 6074
発売：1979年4月
［A］1. Rockaway Beach / 2. Teenage Lobotomy / 3. Blitzkrieg Bop / 4. I Wanna Be Well / 5. Glad To See You Go / 6. Gimme Gimme Shock Treatment / 7. You're Gonna Kill That Girl
［B］1. I Don't Care / 2. Sheena Is A Punk Rocker / 3. Havana Affair / 4. Commando / 5. Here Today, Gone Tomorrow / 6. Surfin' Bird / 7. Cretin Hop
［C］1. Listen To My Heart / 2. California Sun / 3. I Don't Wanna Walk Around With You / 4. Pinhead / 5. Do You Wanna Dance / 6. Chainsaw / 7. Today Your Love, Tomorrow The World
［D］1. Now I Wanna Be A Good Boy / 2. Judy Is A Punk / 3. Suzy Is A Headbanger / 4. Let's Dance / 5. Oh Oh I Love Her So / 6. Now I Wanna Sniff Some Glue / 7. We're A Happy Family
プロデューサー：Ed Stasium, T. Erdelyi
演　奏：Johnny Ramone (g)
Joey Ramone (vo)
Dee Dee Ramone (b, cho)
Tommy Ramone (ds)

2019 40th Anniversary Deluxe Edition
英・Sire/Rhino/Ramones Productions／R2 596530
［1］Original Album Remastered - Recorded Live At The Rainbow Theatre, London, December 31, 1977
［2］Previously Unissued - Recorded Live At Top Rank, Birmingham, Warwickshire, December 28, 1977
［3］Previously Unissued - Recorded Live At Victoria Hall, Stoke-On-Trent, Staffordshire, December 29, 1977
［4］Previously Unissued - Recorded Live At Friars, Aylesbury, Buckinghamshire, December 30, 1977
［LP1］［LP2］Original Album Remastered

ロンドンのパンク・シーンに火をつけた76年7月のツアー以来となる77年の英国公演から、大晦日にレインボー・シアターで行われたショウの28曲を収めたラモーンズ初のライヴ・アルバム。

まず78年に日本コロムビアから20曲入り1枚ものアルバムとして先行発売され、続いて2枚組28曲入りの英国版が登場。その後、欧州各国や南米、オセアニアなど、ラモーンズ人気が高い地域でリリースされたが、米国では95年に28曲版がCD化されるまで未発売のままだった。一方で、彼らの南米での人気を示すように、アルゼンチンでは93年にゴールド・ディスクを獲得している。

本作はこの時点でのラモーンズの集大成的アルバムだ。〝初期3部作〟と称される『ラモーンズ』『リーヴ・ホーム』『ロケット・トゥ・ロシア』の主要曲が、ディー・ディー・ラモーンの強引な〝ワン、トゥー、スリー、フォー!〟の合図とともに一気に演奏される。この3枚に収録された4曲のカヴァー、クリス・モンテスの「レッツ・ダンス」、リヴィエラズの「カリフォルニア・サン」、ボビー・フリーマンの「ドゥー・ユー・ウォナ・ダンス」、トラッシュメンの「サーフィン・バード」もすべて披露、オリジナル曲との相性も抜群だ。録音状態はもちろん、観客のノリも良く、英国における彼らの人気の高さが見事に捉えられている。

さすがに人気の高いアルバムだけあり、発売40周年を迎えた19年にはレインボー・シアター公演に加え、28日のバーミンガム、29日のストーク・オン・トレント、30日のアリスバーリー公演を収めたCD4枚に、オリジナルのアナログ2枚組を加えた800セット限定のボックス・セットがリリースされている。

犬伏

Ramones
End Of The Century

Sire／SRK 6077
発売：1980 年 2 月 4 日
［A］1. Do You Remember Rock 'N' Roll Radio? / 2. I'm Affected / 3. Danny Says / 4. Chinese Rock / 5. The Return Of Jackie And Judy / 6. Let's Go
［B］1. Baby, I Love You / 2. I Can't Make It On Time / 3. This Ain't Havana / 4. Rock 'N' Roll High School / 5. All The Way / 6. High Risk Insurance
プロデューサー：Phil Spector
演　奏：Johnny Ramone (g)
Joey Ramone (vo)
Dee Dee Ramone (b)
Marky Ramone (ds)
ゲスト：Barry Goldberg (kbd) etc.

『イッツ・アライヴ』の国外ヒットはあったものの、米国で今ひとつセールスが伸びないことから、トミー・ラモーンはレーベルからプロデューサーを外され、次に白羽の矢を立てられたのがフィル・スペクターだった。彼は『ロケット・トゥ・ロシア』の頃からジョーイへプロデュースを申し出ており、それを受ける形となったのだ。少年時代からスペクターの音楽を愛してやまないジョーイに対し、ジョニーは〝過去のひと〟が加わることに対し懐疑的だったようだ。実際にスペクターはスタジオに酔って現れ、執拗に同じ曲のテイクを重ね続けた。そしてミックスには半年を費やし、総制作費は20万ドルにもおよんだという。しかし、それがバンドの望んだカタチではなかったとしても、アルバムはスペクターしか作り得ない仕上がりで「ドゥ・ユー・リメンバー・ロックンロール・レディオ?」は彼らの代表曲のひとつとなった。アメリカでは44位と振るわなかったが、英国ではキャリア最高の14位を記録したのである。

犬伏

Ramones
Pleasant Dreams

Sire／SRK 3571
発売：1981 年 7 月 20 日
［A］1. We Want The Airwaves / 2. All's Quiet On The Eastern Front / 3. The KKK Took My Baby Away / 4. Don't Go / 5. You Sound Like You're Sick / 6. It's Not My Place
［B］1. She's A Sensation / 2. 7–11 / 3. You Didn't Mean Anything To Me / 4. Come On Now / 5. This Business Is Killing Me / 6. Sitting In My Room
プロデューサー：Graham Gouldman
演　奏：Johnny Ramone (g, cho)
Joey Ramone (vo)
Dee Dee Ramone (b, cho)
Marky Ramone (ds, cho)

前作に続きサイアーはラモーンズ作品の〝テコ入れ〟を進めた。フィル・スペクターの次に呼ばれたのはグレアム・グールドマン。バンドは当初、スティーヴ・リリーホワイトにプロデュースを依頼するつもりだったようだが、レーベルは60年代の音楽を愛するバンドにとって、かつてのヒット・メイカーであるグールドマンが適任だと考えたのだろう。紳士的なグールドマンはスペクターとは違いスタジオをうまく仕切ったようだが、ジョーイのガールフレンドであるリンダ・ダニエルをジョニーが奪ったことでふたりが断絶、ディー・ディーのドラッグ問題も重なり、バンドの内情は最悪となった。そんな中でもグールドマンは極めて高いサウンド・プロダクションを実現、パンク〝らしさ〟のなさに賛否は別れたものの、ジョニーのハードロック嗜好とジョーイのバブルガム的ポップ・センスが融合した画期的な作品となった。しかし、セールスは全米58位と振るわず、前作に続いてサイアーの思惑通りとはならなかった。

犬伏

Ramones
Subterranean Jungle

Sire／1-23800：1983年
プロデューサー：Glen Kolotkin, Ritchie Cordell
メンバー：Johnny, Joey, Dee Dee, Marky

本作でプロデューサーの席に着いたのは、業界のベテラン、リッチー・コーデルとグレン・コロトキン。ジョーン・ジェットを手がけたことで知られるコーデルはかつて、1910フルーツガム・カンパニーなどを手がけ、バブルガム・ミュージックの黄金期を支えた人物だ。この人選は本作を一気にポップなテイストへと向かわせた。バンド内は混沌としたままだったが、〝原点回帰〟と世間の評判は上々だった。カヴァーが3曲もある一方で、ディー・ディー・ラモーンは6曲を書き下ろし、ジョニーとの共作「サイコ・セラピー」は代表曲となった。しかし、本作制作中にアルコール依存症の治療が必要だったマーキーを解雇、米83位とセールスも苦戦した。

犬伏

Ramones
Too Tough To Die

Sire／1-25187：1984年
プロデューサー：Ed Stasium, T. Erdelyi, David A. Stewart
メンバー：Johnny, Joey, Dee Dee, Richie

新メンバー、リッチー・ラモーンが参加した最初のアルバムで、元メンバーのトミー・アーデリーがプロデューサーに復帰、一気に録って仕上げる初期の手法に立ち返るも、音自体はパンクよりむしろハード・ロックやメタルのそれに近い仕上がりとなった。前作同様、ディー・ディーの活躍は顕著で、8曲の作曲に関わり2曲でヴォーカルを披露している。ライヴのオープニングの定番となる「デュランゴ95」は彼ら唯一のインスト曲だが、尺は1分に満たない最短のトラック。そんな中でもデイヴ・スチュアートが手がけた「ハウリング・アット・ザ・ムーン」は異彩を放っている。世間からは高く評価されたアルバムだが、セールスは米171位と苦戦した。

犬伏

Ramones
Animal Boy

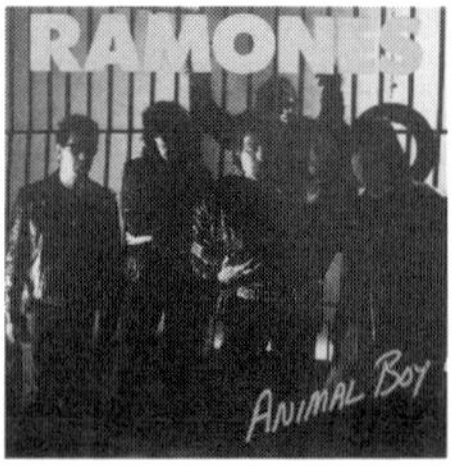

Sire／1-25433：1986年
プロデューサー：Jean Beauvoir
メンバー：Johnny, Joey, Dee Dee, Richie

ディー・ディー・ラモーンが過去最多、12曲中9曲の作曲に携わったアルバムで、彼が当時大いに影響を受けたハードコアの匂いがアルバム全編に漂っている。アルバム冒頭で〝オレの飲みものに何か入れやがった〟という一節を繰り返す「サムバディ・プット・サムシング・イン・マイ・ドリンク」は前作から加わったリッチーが書いたナンバー。「マイ・ブレイン・イズ・ハンギング・アップサイド・ダウン」では、独軍人墓地を訪れたロナルド・レーガン大統領をこき下ろしている。「サムシング・トゥ・ビリーヴ・イン」のPVではベネフィット・コンサートを風刺するなど、実は強い批評性を内包したアルバムで、米143位、英では38位と善戦した。

犬伏

Ramones
Halfway To Sanity

Sire／1-25641：1987年
プロデューサー：Ramones, Daniel Rey
メンバー：Johnny, Joey, Dee Dee, Richie

前作でのハードコア的嗜好はそのままに、『トゥ・タフ・トゥ・ダイ』で聴かれたハード／ヘヴィ・ロックのテイストも散りばめたスタジオ第10作。リッチー・ラモーンのドラムは見事なほどにハマり、アンサンブルに一部の隙もない。ディー・ディーはソングライターとして活躍するも、ベース・パートはすべてプロデューサーのダニエル・レイによるもので、これも演奏の質が上がった要因の一つだろう。サーフ／ホット・ロッド感溢れる「ゴー・リトル・カマロ・ゴー」は実にラモーンズらしい1曲で、ＣＢＧＢ時代の盟友、デボラ・ハリーがゲスト参加している。米１７２位。ギャラの安さに業を煮やしたリッチーは本作を最後に脱退、バンドの苦難は続く。

犬伏

Ramones
Brain Drain

Sire／W2 25905［CD］1989年
プロデューサー：Bill Laswell
メンバー：Johnny, Joey, Dee Dee, Richie

前作でのリッチー・ラモーン脱退を受け、アルコール依存症の治療を終えたマーキーが6年ぶりに復帰を果たしたアルバム。プロデュースを務めたビル・ラズウェルはジョニーに執拗なオーヴァー・ダビングを要求、完成した本盤は最も緻密かつ重厚な仕上がりとなる一方で、かつての〝パンク〟バンドの面影は完全に失われてしまっている。ラズウェルとの最初の仕事となったのが、本盤にも収録されたスティーヴン・キング原作の映画『ペット・セメタリー』の主題歌で、米オルタナ・チャート4位の大ヒットを記録、本作も完全に〝オルタナ〟化したアルバムとなっている。米１２２位は84年以来の最高位だが、本作を最後にディー・ディーはバンドを去った。

犬伏

Ramones
Loco Live

英・Chrysalis／CCD 1901［CD］1991年 (11th March 1991)
Sire／W2 26650［CD］1992年 (12th March 1991)
プロデューサー：Ramones, Adam Yellin
メンバー：Johnny, Joey, C. J., Marky

オーディションで新ベーシスト、ＣＪ・ラモーンが加入、89年末の英国ツアーと３度目の来日公演を経て、翌91年３月11〜12日にスペイン、バルセロナのサラ・ゼラステで行われたショウを収めた、２作目のライヴ・アルバム。オリジナルは91年発売の英クリサリス盤で、幕前の「続・夕陽のガンマン」のテーマを含む33曲（米サイアー盤は収録曲が異なる）を収録、臨場感よりもバンドの音そのものに焦点を当てたミックスで、それはまるでコンソールから直接抜き出したような生々しさだ。リズム隊が若返ったことで全ての曲がとにかく速く、ＣＪによる曲前のカウントも見事に決まっている。ライヴで鍛えられたバンドの強さが溢れた傑作だ。

犬伏

Ramones
Mondo Bizarro

Radioactive／RARD-10615［CD］1992年
プロデューサー：Ed Stasium
メンバー：Johnny, Joey, C. J., Marky

ＣＪ・ラモーン加入や新レーベルへの移籍などが重なり、前作『ブレイン・ドレイン』から3年ものブランクを経てリリースされたアルバム。ＣＪにとって初のスタジオ作品となった。安定感のあるアンサンブルながら、メタルやオルタナの香りは一蹴され、かつてのバンドのムードが見事に蘇っている。ディー・ディーの3曲は彼が脱退に伴いバンドに売却したもので、彼はそれをドラッグ事件の訴訟費用に充てている。ジョニーは本作が気に入らない理由にディー・ディーの曲が少ないことを挙げているが、半数以上の曲を書いたジョーイとの確執も原因のひとつだろう。米国では１９０位と伸び悩んだが、ブラジルではゴールド・ディスクを獲得している。

犬伏

Ramones
Acid Eaters

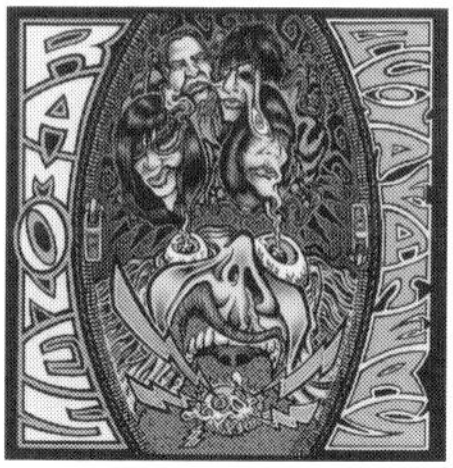

Radioactive／RARD-10913［CD］1993年
プロデューサー：Scott Hackwith
メンバー：Johnny, Joey, C. J., Marky

常にオリジナル曲で勝負してきたラモーンズだが、アルバムで披露されるカヴァー曲には相当のこだわりと愛情を持っていた。レーベルからのプレッシャーやメンバー間のトラブルがなければ、彼らはもっと早い段階でカヴァー・アルバムを作っていたかもしれない。本作の〝捻り〟が効いた選曲はさすがラモーンズで、ストレートなアレンジもあれば、完全なラモーンズ・スタイルの曲もあり、ザ・フーの「サブスティチュート」にはピート・タウンゼントがコーラスで参加というビッグなオマケもついている。「雨を見たかい」や「マイ・バック・ペイジズ」の暴走ぶりも実にラモーンズらしい。なにより、演っている本人たちが楽しそうなところがたまらない。

犬伏

Ramones
¡Adios Amigos !

Radioactive／RARD-11273［CD］1995年
プロデューサー：Daniel Rey
メンバー：Johnny, Joey, C. J., Marky

スペイン語の〝さらば友よ〟のタイトル通り、ラモーンズ最後のスタジオ・アルバム。95年6月の活動休止宣言の翌月にリリースされた。『モンド・ビザーロ』でのディー・ディー・ラモーンの曲が足りないというジョーイの意見を受け、本作には6曲が収められたが、うち4曲は彼のソロ作を取り上げたものだった。冒頭を飾るトム・ウェイツのナンバーが解散を受け止めた聴き手の心に突き刺さるが、アルバム全体は意外にもカラッとした印象だ。ＣＪが4曲を歌うあたりに後身への配慮が窺えるが、すでに病状が進行していたジョーイの体調への配慮もあったのだろう。米１４８位、なんともあっけない終焉だが、これも彼らしい終わり方だった。

犬伏

Ramones
Greatest Hits Live

Radioactive／RARD-11459［CD］1996年
プロデューサー：Daniel Rey, Ed Stasium
メンバー：Johnny, Joey, C. J., Marky

ラモーンズ活動休止後の96年6月にリリースされたライヴ・アルバム。最後のツアーから、96年2月29日に地元ニューヨークで行われたショウを収めたものだ。演奏にはまったく問題がないものの、バッサリ編集されたおかげで演奏曲が半分しか収められなかった。サイアー期の録音の権利を持たないレーベルが〝解散需要〟に乗っかるべく出したような印象は否めず、実に中途半端な作品と言わざるを得ない。そんな本盤の聴きどころはアルバムの最後を飾るスタジオ録音2曲で、モーターヘッドのカヴァー「R.A.M.O.N.E.S.」はCJが歌う既発テイクとは異なるジョーイ版、デイヴ・クラーク・ファイヴのカヴァー「エニイ・ウェイ・ユー・ウォント・イット」だ。 犬伏

Ramones
We're Outta Here!

Radioactive／RARD-11555［CD］1997年
プロデューサー：Daniel Rey
メンバー：Johnny, Joey, C. J., Marky

96年8月6日にロスのザ・パラスで行われた通算2263回目のショウを全編収録したアルバム。ラモーンズにとって正真正銘の〝ラスト・ライヴ〟だ。本作がリリースされたおかげで、中途半端な『グレイテスト・ヒッツ・ライヴ』はさらに影が薄くなった。エディ・ヴェダー、ランシドのラーズ・フレデリクセンとティム・アームストロング、サウンドガーデンのベン・シェパードがゲストで登場、レミーは自身の曲「R.A.M.O.N.E.S.」でヴォーカルをとっている。常に全力疾走する彼らだけに最後の瞬間まで勢いは変わらず、感傷的なムードは微塵もない。そこにあるのはいつもの風景だが、こうやって最後の瞬間が残されたことを心から感謝したい。 犬伏

Ramones
Live At The Roxy August 12, 1976

Sire/Rhino／R1 555357：2016年11月25日
プロデューサー：Craig Leon
メンバー：Johnny, Joey, Dee Dee, Tommy

バンド結成40年のタイミングで発掘されたライヴ録音で、ハリウッドのザ・ロキシーで76年8月12日に行われた2回のショウが収められている。ラジオ放送用に収録され、長らくブートレグの定番となっていたもので、デビュー・アルバム『ラモーンズ』の40周年記念デラックス・エディションでCD化されたあとに1万セット限定、アナログのみの単体のライヴ・アルバムとして発売されている。前半のセットは当時のミックスをリマスターしたものだが、後半のセットは16トラックからリミックスされており音は最高。何より驚かされるのが、デビュー直後ながら早くもスタイルが完成していること。スタジオでは苦労しながらも、ライヴは一切のブレがなかったのだ。 犬伏

Ramones
Live In Glasgow December 19, 1977

Sire/Rhino／R1 573114：2018年11月23日
[A] 1. Rockaway Beach / 2. Teenage Lobotomy / 3. Blitzkrieg Bop / 4. I Wanna Be Well / 5. Glad To See You Go / 6. Gimme Gimme Shock Treatment / 7. You're Gonna Kill That Girl / 8. I Don't Care
[B] 1. Sheena Is A Punk Rocker / 2. Carbona Not Glue / 3. Commando / 4. Here Today, Gone Tomorrow / 5. Surfin' Bird / 6. Cretin Hop / 7. Listen To My Heart / 8. California Sun / 9. I Don't Wanna Walk Around With You / 10. Pinhead
[C] 1. Do You Wanna Dance? / 2. Chain Saw / 3. Today Your Love, Tomorrow The World / 4. Now I Wanna Be A Good Boy / 5. Judy Is A Punk / 6. Now I Wanna Sniff Some Glue / 7. We're A Happy Family
[D] (features etched Ramones eagle)
プロデューサー：Ed Stasium
演 奏：Johnny Ramone (g)
Joey Ramone (vo)
Dee Dee Ramone (b)
Tommy Ramone (ds)

77年暮れの英国ツアーから12月19日のグラスゴー、アポロ・センター公演を全編収録したアルバム。ラモーンズ初のライヴ作品となった『イッツ・アライヴ』用に、フランク・オーウェインによりベイシング・ストリート・モービルで録音されていたもので、長年埋もれていたマルチ・トラックを発掘、新たなミックスが施された。まずは77年のアルバム『ロケット・トゥ・ロシア』の40周年記念デラックス・エディション（17年11月発売）に収められ、翌年11月の〈レコード・ストア・ディ〉限定商品として単独でのアナログ化が実現している。同じツアーでの収録だけに、先の『イッツ〜』とほぼ同様のセットが収められているものの、ボトムが効いたミックスはまるで別のツアーかと錯覚するほどで、収録されたハコのサイズや臨場感が生々しく伝わってくる。これを聴いてしまうと、『イッツ〜』が当時の音の嗜好を反映し、かなり意図的にハイを持ち上げたミックスで仕上げられていたのがよくわかるのだ。商法侵害を恐れ、アルバム『リーヴ・ホーム』のセカンド・プレス以降収録されなくなった「カーボナ・ノット・グルー」のライヴ・ヴァージョンが聴けるのもいい。英国で人気絶大だっただけに、会場の盛り上がりや演奏のノリの良さは最高だ。ナンバリング入りの6500枚限定、LP2枚組3面仕様で4面には音溝の代わりにアートゥロ・ベガによるおなじみの〈ラモーンズ・イーグル〉がエッチング処理されている。犬伏

Ramones
Live At The Palladium, New York, NY (12/31/79)

Sire/ Rhino／R1 585498：2019年
プロデューサー：Ed Stasium
メンバー：Johnny, Joey, Dee Dee, Marky

79年の大晦日にニューヨークのパラディアムで行われたショウを全編収録したもの。当時、地元のラジオ局WNEW-FMで生中継されたことからファンの間では昔から有名な音源だが、トミー・ラモーン所有のコンソールからダイレクトに録音されたカセットが本作のソースとなっている。19年発売のアルバム『ロード・トゥ・ルーイン』の40周年記念デラックス・エディションに収められていたもので、19年の〈レコード・ストア・デイ〉限定商品としてアナログのみ8500枚限定の単体アルバム化が実現している。音は卓からダイレクトに抜かれたものだけにラフで、さながら公式海賊盤という印象だが、演奏ミスも含めた生々しさが本作の聴きどころだ。犬伏

Ramones
It's Alive II

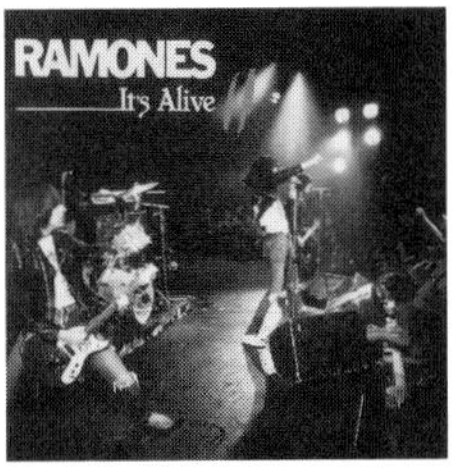

Sire/Rhino／R1 625139：2020 年
［A］1. Rockaway Beach / 2. Teenage Lobotomy / 3. Blitzkrieg Bop / 4. I Wanna Be Well / 5. Glad To See You Go / 6. Gimme Gimme Shock Treatment / 7. You're Gonna Kill That Girl / 8. I Don't Care / 9. Sheena Is A Punk Rocker / 10. I Can't Give You Anything / 11. Commando
［B］1. Here Today, Gone Tomorrow / 2. Surfin' Bird / 3. Cretin Hop / 4. Listen To My Heart / 5. California Sun / 6. I Don't Wanna Walk Around With You / 7. Pinhead
［C］1. Do You Wanna Dance / 2. Chainsaw / 3. Today Your Love, Tomorrow The World / 4. Now I Wanna Be A Good Boy / 5. Suzy Is A Headbanger / 6. Let's Dance / 7. Oh Oh I Love Her So / 8. Now I Wanna Sniff Some Glue / 9. We're A Happy Family
［D］（"Gabba Gabba Hey" etching）
プロデューサー：T. Erdelyi, Ed Stasium
演　奏：Johnny Ramone (g)
Joey Ramone (vo)
Dee Dee Ramone (b)
Tommy Ramone (ds)

本作は英国での熱狂ぶりを捉えたラモーンズ初の傑作ライヴ・アルバム『イッツ・アライヴ』の続編としてパッケージされたもの。収録された77年12月29日のストーク・オン・トレント、ヴィクトリア・ホール公演は、19年9月にリリースされた『イッツ・アライヴ』の40周年記念デラックス・エディションに収められていた。このボックス・セットは28〜30日に行われた3回のショウを発掘した文字通りの〝集大成盤〟だったが、その中から抜き出され、単独でアルバムとしてリリースされたのが本作で、近年リリースが続く発掘音源と同様に、〈レコード・ストア・デイ〉限定商品として2000年9月に8000枚限定でリリースされたものだ。

ミックスとマスタリングは『イッツ〜』のプロデューサー、エド・ステイシアムによるもの。近年の音の傾向を反映したためか、『イッツ〜』よりボトムに厚みを持たせたミックスに仕上がっている。おかげで『イッツ〜』本作の方が聴きやすい印象だ。また、『イッツ〜』には未収だった『ロケット・トゥ・ロシア』収録曲、「アイ・キャント・ギヴ・ユー・エニシング」が聴けるのもいい。ストレートで勢い勝負の演奏ゆえ、ラモーンズはショウごとのムラが少ないバンドだが、本作もお蔵入りした録音という印象は皆無で『II』を名乗る資格は充分にある。本作はLP2枚組3面仕様で4面には音溝の代わりに〈GABBA GABBA HEY〉の文字が刻まれている。　犬伏

Ramones
Triple J Live At The Wireless - Capitol Theatre, Sydney, Australia, July 8, 1980

プロデューサー：Bill Inglot, Ed Stasium
メンバー：Johnny, Joey, Dee Dee, Marky

アルバム『エンド・オブ・ザ・センチュリー』発売後の80年7月8日にシドニーのキャピトル・シアターで収録されたライヴを収めたアルバム。当時現地でラジオ放送されていた音源を公式リリースしたものだ。本作は〈レコード・ストア・デイ〉限定商品だが、同内容のデジタル・リリースはなく、アンコールを含む4曲がカットされているものの、これが初の公式リリースである。音は公式海賊盤という雰囲気だが、スタジオでの鬱憤を晴らすかのような強烈に熱い演奏を堪能できる。すでに収録曲がリークされた『エンド〜』の40周年記念デラックス・エディションには、カットされた4曲を含めた全曲の収録が予定されていたが、未だ発売は実現していない。　犬伏

ラモーンズ・メンバーのソロ／参加アルバム

山田順一

この項ではラモーンズの歴代メンバーのソロ・ワークスを紹介する。ラモーンズ一筋だったジョニー・ラモーンはほとんどソロ活動を行なっていないが、元ストレイ・キャッツのスリム・ジム・ファントムが立ち上げたスウィング・キャッツによるエルヴィス・プレスリーのトリビュート・アルバム『ア・スペシャル・トリビュート・トゥ・エルヴィス』に参加。「グッド・ロッキン・トゥナイト」と「ヴィヴァ・ラス・ヴェガス」でギターを弾いている。〝ダウン・ストロークの鬼〟であるジョニーのプレイは、エルヴィスの曲でも輝いているので一聴の価値あり。

ラモーンズ脱退後、ヒップホッパーへと転身して驚かせたのがベーシストのディー・ディー・ラモーン。ディー・ディー・キング名義の『スタンディング・イン・ザ・スポットライト』は、オールド・スクールのヒップホップやドゥー・ワップを披露しつつ、ラモーンズ的なサウンドも取り入れたミクスチャーな作品。デボラ・ハリーをゲストに迎えるなど、それなりの話題もつくったのだが、結局はどこにも刺さらなかった。収録曲の「クラッシャー」はラモーンズが89年の『アディオス・アミーゴス！』で取り上げるくらいなので、個々の曲は決して悪くないのだけれど。

ヒップホップ路線が大失敗したディー・ディーは、パンク・ロック・スタイルへと回帰し、チャイニーズ・ドラゴンでの短い活動を終えたあとでディー・ディー・ラモーンI.C.L.C.（インターセレスティアル・ライト・コミューン）を結成。『アイ・ヘイト・フリークス・ライク・ユー』をリリースした。アムステルダムでレコーディングし、ニナ・ハーゲンも参加したこのアルバムは、活気溢れるパンク・ロックを披露しているのでラモーンズ・ファンも安心して聴くことができる。さらにディー・ディーはソロに転じ、97年にジョーイやマーキーらの強力も得て『ゾンクド！』を発表。続いて翌98年にレコーディン

Dee Dee Ramone
Hop Around
Other Peoples／OPM 1234
［CD］2000 年

Dee Dee Ramone I.C.L.C.
I Hate Freaks Like You
World Service／RTD 157.1757.2［CD］1994 年

Dee Dee King
Standing In The Spotlight
Sire／9 25884-1：1989 年

Swing Cats
Danny B Harvey And Slim Jim Phantom Present A Special Tribute To Elvis
E.S.P.／ESP 995 2［CD］
2000 年

グされたのが『ホップ・アラウンド』。ディー・ディーがギター&ヴォーカル、妻のバーバラがベース、ジョニー・サンダース・バンドのビリー・ロジャースがドラムを担当し、プロデュースとギターにクリス・スペディングを迎えている。ディー・ディーの良さが出た好作だが、市場に出たのは録音から2年後のことで、タイミングを逃した感があった。同年にはラモーンズの曲をセルフ・カヴァーした『グレイテスト&レイテスト』も出たが、彼にとっては『ホップ・アラウンド』が最後のオリジナル作となった。

オリジナル・ドラマーのトミーによる唯一のソロ・プロジェクトがアンクル・モンク。元シンプリスティックスのクラウディア・ティエナンとのブルー・グラス・デュオで、ユニット名を冠したアルバムを1枚残している。トミーはマンドリン、バンジョー、フィドルを弾きながら歌っていて、ラモーンズとはまったく違う音楽性を発揮している。

2代目ドラマーのマーキーは、ラモーンズ加入前に元祖ヘヴィ・メタル・バンドのダストで活動。リチャード・ヘル&ヴォイドイズの一員としても活躍し、ラモーンズ解散後に結成したのがリーダー・バンドのマーキー&イントルーダーズである。セルフ・タイトルのアルバムはラモーンズ寄りのロックンロール・サウンド。このあと『ジ・アンサー・トゥ・ユア・プロブレム?』を出したのち、ガレージ・パンクのマーキー・ラモーン&ザ・スピード・キングスを率いて2枚のアルバムを発表した。

『エンタイトルド』は3代目ドラマー、リッチーのソロ。ヴォーカルもソングライティングもできるリッチーだけに収録曲もヴァラエティに富んでいる。「サムバディ・プット・サムシング・イン・マイ・ドリンク」と「アイム・ノット・ジーザス」はラモーンズ時代のセルフ・カヴァー。

2代目ベーシスト、C・J・ラモーンの『レコンキスタ』はソロ・デビュー作。ラモーンズ・サウンドを継承した作品で、現在のC・Jがラモーンズの伝承者として活動を続けていることを考えれば、納得の内容だ。

Uncle Monk
Uncle Monk
Airday／ADR-1002［CD］
2006年

Marky Ramone & The Intruders
Marky Ramone & The Intruders
Blackout!／BLK5005E［CD］
1996年

Richie Ramone
Entitled
DC-Jam／DCJ-0061［CD］
2013年

CJ Ramone
Reconquista
No label／No number
［CD+DVD］2013年

Joey Ramone
Don't Worry About Me

Sanctuary／06076-84542-2［CD］
発売：2002年2月19日
1. What A Wonderful World / 2. Stop Thinking About It / 3. Mr. Punchy / 4. Maria Bartiromo / 5. Spirit In My House / 6. Venting (It's A Different World Today) / 7. Like A Drug I Never Did Before / 8. Searching For Something / 9. I Got Knocked Down (But I'll Get Up) / 10. 1969 / 11. Don't Worry About Me
プロデューサー：Daniel Rey
演 奏：Joey Ramone (vo)
Daniel Rey (g, cho)
Marky Ramone (ds)
Andy Shernoff (b, cho)
Frank Funaro (ds) etc.

ラモーンズ活動休止直後からこの世を去る3か月前までのおよそ5年に亘ってレコーディングしていた、ファースト・ソロ。ジョーイが亡くなった10か月後にリリースされた。プロデュースは後期ラモーンズを手がけていたダニエル・レイ（ギターも演奏）。ラモーンズの同僚だったマーキーをはじめ、弟のミッキー、ダムドのキャプテン・センシブル、ディクテイターズのアンディ・シャーノフ、ミスフィッツのジェリー・オンリー、クラッカーのフランク・フラーノらが参加してジョーイをサポートしている。軽快なロックンロールへと生まれ変わったルイ・アームストロングの「ホワット・ア・ワンダフル・ワールド」と、敬愛するストゥージズのカヴァーとなる「1969」以外はすべてオリジナル。その出来がよく、ジョーイのソングライターとしての才能が発揮された作品になった。ラモーンズが持っていたポップでキャッチーなセンスは彼が握っていたことをあらためて気づかせてくれるアルバムでもある。 山田

Joey Ramone
"... Ya Know?"

BMG／83100301-2［CD］
発売：2012年5月22日
1. Rock 'N Roll Is The Answer / 2. Going Nowhere Fast / 3. New York City / 4. Waiting For That Railroad / 5. I Couldn't Sleep / 6. What Did I Do To Deserve You? / 7. Seven Days Of Gloom / 8. Eyes Of Green / 9. Party Line / 10. Merry Christmas (I Don't Want To Fight Tonight) / 11. 21st Century Girl / 12. There's Got To Be More To Life / 13. Make Me Tremble / 14. Cabin Fever / 15. Life's A Gas
プロデューサー：Ed Stasium, Jean Beauvoir, Mickey Leigh, Joe Blaney, Daniel Rey

『ドント・ウォーリー・アバウト・ミー』から10年後に発表されたソロ2作目。ダニエル・レイが持っていたデモ音源にジョーイの友人たちが手を加え、アルバムとして完成させたもの。当初はディー・ディー・ラモーンと共作した2曲も収められる予定だったが、ディー・ディーのマネージメントの反対によって最終的にオミットされている。ジョーン・ジェット、スティーヴン・ヴァン・ザント、リッチー・ラモーン、ジュニア・レイヴン、チープ・トリックのバン・E・カルロスらがオーヴァー・ダビングに参加。「メリー・クリスマス（アイ・ドント・ウォント・トゥ・ファイト・トゥナイト）」と「ライフズ・ア・ガス」は、ラモーンズ時代の曲のセルフ・カヴァーだ。後づけのサウンドがしっくりこない部分もあるが、致し方ないところ。関係者のインタヴューを収めたDVDと「メリー・クリスマス」の7インチが付いたデラックス・エディションや、Tシャツ付きのリミテッド・エディションも発売された。 山田

#4
TALKING HEADS, DAVID BYRNE

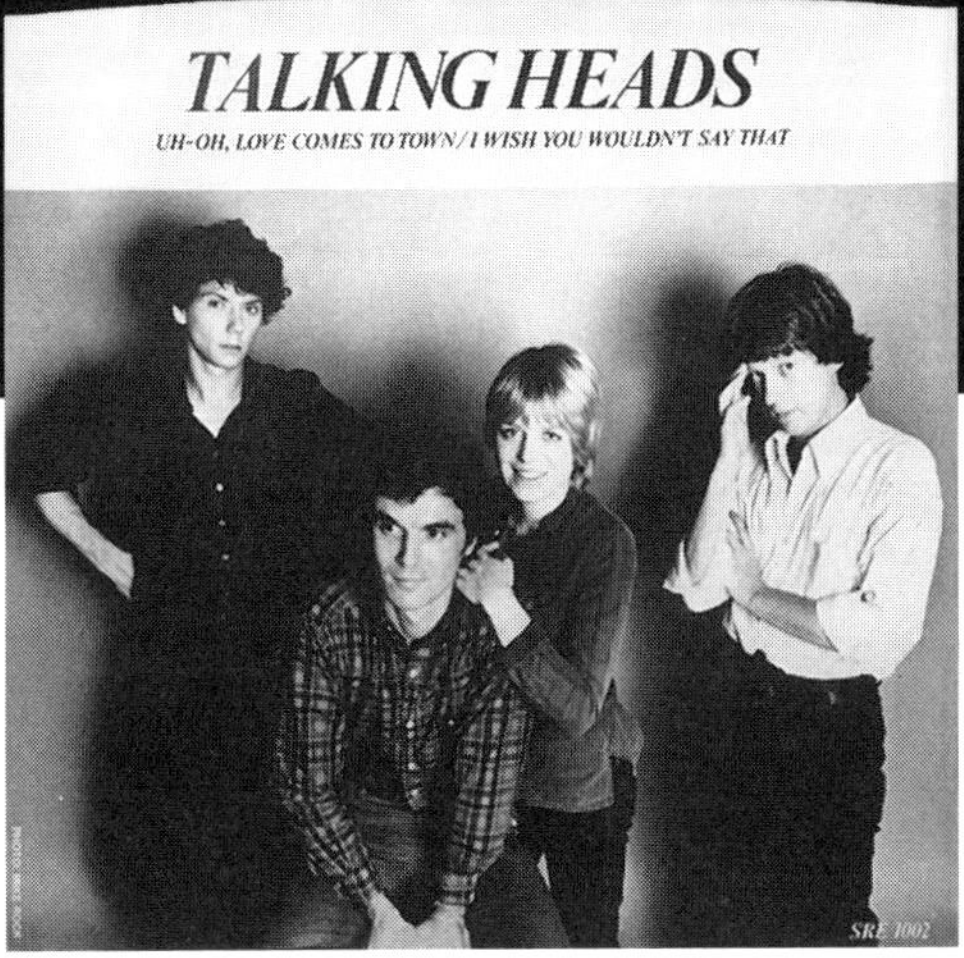

JIRO MORI
ROKURO MAKABE
KOJI WAKUI
SHOJI UMEMURA

四つの頭が揃うまで

森次郎

デイヴィッド・バーン（1952年5月14日〜）は、スコットランドで生まれた。家族は彼が2歳の頃にカナダのオンタリオ州ハミルトンに移住する。さらにバーンが8歳か9歳になると米国へ渡り、メリーランド州アビュータスに居を構えることになる。彼の地で父親は電子技術者として働き、母親は教職に就いていた。

バーンは幼い頃から音楽に興味をもち、両親によると3歳から蓄音機を操作していたという。5歳でハーモニカを吹くようになった彼を見て、父親はオープンリール・デッキをマルチ録音ができるように改造したらしい。やがてギターやヴァイオリン、アコーディオンを弾くようになったバーンだが、中学校の合唱団からは音程が悪いし、引っ込み思案な性格だからと、入団を断られている。

ボルチモアのランズダウン高校に通うようになったバーンは、レヴェレイション（新発見や啓示、暴露という意味がある）というバンドを組んでいた。高校を卒業すると、ロード・アイランド・スクール・オブ・デザイン（RISD）やメリーランド・インスティチュート・カレッジ・オブ・アートといったアート・スクールに籍を置く。71年から72年にかけてマーク・キーホーとビザディというデュオを組んだバーンは、フランク・シナトラのレパートリーや「エイプリル・シャワーズ」、「ダンシング・オン・ザ・シーリング」といった20〜30年代のヒット曲、さらには「96ティアーズ」などの60年代ガレージ・ロックをレパートリーとしていたという。アコースティック・デュオでどのようにカヴァーしていたのか、想像がつかないところだが、当時流行していたロック・バンドやシンガー・ソングライターの楽曲に向かわなかったことが、バーンの一筋縄ではいかない性格を表していると思う。もちろん、アート・スクールの学生だったので〝普通〟じゃいけない、という感覚も強かったのだろう。

クリス・フランスこと、チャートン・クリストファー・フランツ（51年5月8日〜）は、ケンタッキー州フォートキャンベルで生まれた。ピッツバーグのシェイディ・サイド・アカデミーを卒業した彼は、ＲＩＳＤで学ぶ傍ら、ザ・ビーンズというバンドでドラムを叩いていた。

ティナ・ウェイマスことマルティナ・ミシェル・ウェイマス（50年11月22日〜）はカリフォルニア州コロナドで生まれ。母親は〝ブルターニュの吟遊詩人〟と呼ばれたアナトール・ル・ブラズのひ孫にあたる。彼女もまたハンド・ベルを演奏したり、独学でギターを始めるなど、音楽に関心を寄せる10代を過ごしたのち、ＲＩＳＤへ進学した。

バーンとクリスが知り合い、73年にアーティスティックスを結成する。カヴァーを中心に、オリジナルも演奏する5人編成のバンドだったらしい。同じ頃、クリスとティナが交際するようになったが、彼女はメンバーにはならず、ドライヴァーとしてバンドを支えるようになる。

しかし、バーンがＲＩＳＤを辞めたため、アーティスティックスはあえなく解散。バーンは74年5月にニューヨークへ向かい、アルバイト生活を送っていた。同年9月にクリスとティナも同市に移り住み、ほどなく再会を果たす。バーンとクリスはトリオ・バンドで活動することを考え始めたが、ベーシストが見つからず、結局はティナが加わることになった。バーンが奏法を教え、クリスはスージー・クアトロのレコードをティナに聴かせたのだという。74年いっぱいは各々が仕事をしながら楽器を練習し、バンドの構想を練る時期になった。

75年1月に、トーキング・ヘッズは3人のメンバーで始動する。共同でロフトを借り、曲づくりとリハーサルを重ねる日々を続けていた。数か月のうちにライヴ・ハウス、ＣＢＧＢのオーディションに合格した彼らは、同年6月5日に初ステージを踏む。その日のメイン・アクトはラモーンズだった。同年の終わりにはＣＢＳでデモを録音したが、契約には至らず。

76年に入るとバーンは仕事を辞めてバンドに専念、11月にはサイアーと契約を結ぶことになる。ラモーンズのマネージャーだったダニー・フィールズが、当時所属していたサイアーの社長、シーモア・スタインをＣＢＧＢに誘ったことがきっかけになったというから、やはりこの店が音楽文化のクロスロードになっていたことは間違いない。トリオ編成のヘッズは、77年2月にシングル「ラヴ・ゴーズ・トゥ・ビルディング・オン・ファイア」でレコード・デビューを飾ったのだ。ギターとキーボードを担当する、ジェリー・ハリスンが加入したのは、翌3月のことになる。

ジェリー・ハリスンことジェレマイア・グリフィン・ハリスン（49年2月21日〜）は、ウィスコンシン州のミルウォーキーで生まれた。父親は広告会社に勤める傍らミュージシャンとしても活動し、母親はシカゴ美術館やレイトンの美術学校で教鞭をとっている。ジェリー自身もショアウッド高校からハーバード大学へ進学して視覚環境に関する研究を行いながら、アルバトロスというバンドに参加していた。ハーバード在学中にジョナサン・リッチマンと出会い、アーニー・ブルックスとともにモダン・ラヴァーズへ加入、ジョン・ケイルのプロデュースで行われたレコーディングでも鍵盤を担当している。しかしレコードは（当時は）発売されず、やがてジョナサンの音楽に対する志向が変化してきたことから、74年2月に脱退。アーニーとともにエリオット・マーフィー“Night Lights”（76年：RCA Victor/APL1-1318）のレコーディングにも参加したが、ハーバードへ戻って建築学の修士号を取得することを決めた。

しかし、大学院に通い始めたジェリーの元に、ボストンでのヘッズのギグを見に来ないかという誘いが入る。アーニーがクリスに連絡先を教えたのだ。バンドはレコーディングのオファーを受けるもののスタジオ録音に自信が持てず、4人目のメンバーを探していた。音楽理論に詳しく、複数の楽器を弾きこなすジェリーは、ヘッズの3人にとってはうってつけの人物だったのだ。

ジェリーは興味を示すが、レコード会社と契約を結ぶまではバンドに入ることはない、と告げる。それでもニューヨークへ向かった彼は、ヘッズのロフトでセッションを行ったのだ。サイアーでの初シングルのことを知らされていなかったジェリーだが、発売前の音源を聴くと加入を決断、ファースト・アルバムのレコーディングからバンドに属することになる。

プロデューサーのひとり、トニー・ボンジョヴィとヘッズは噛み合わなかったが、録音の途中、シングルのプロモーションを兼ねてラモーンズのヨーロッパ・ツアーに同行し、オープニング・アクトを務めた彼らは、クァルテットとして進化を遂げた。帰国してすぐに仕上げられたのが、『トーキング・ヘッズ：77』である。

『リトル・クリーチャーズ』発売時の宣伝用ポスター

Talking Heads
Talking Heads: 77

Sire／SR 6036
発売：1977年9月16日
［A］1. Uh-Oh, Love Comes To Town / 2. New Feeling / 3. Tentative Decisions / 4. Happy Day / 5. Who Is It? / 6. No Compassion
［B］1. The Book I Read / 2. Don't Worry About The Government / 3. First Week/Last Week...Carefree / 4. Psycho Killer / 5. Pulled Up
プロデューサー：Tony Bongiovi, Lance Quinn, Talking Heads
演　奏：David Byrne (vo, g)
Chris Frantz (ds)
Jerry Harrison (g, kbd, cho)
Martina Weymouth (b)
ゲスト：Arthur Russell (cello)

2006 Remaster DualDisc
Sire/Warner Bros./Rhino／R2 76449
Bonus Tracks:［CD Side］12. Love → Building On Fire / 13. I Wish You Wouldn't Say That / 14. Psycho Killer (Acoustic) / 15. I Feel It In My Heart / 16. Sugar On My Tongue［DVD Side］12. Psycho Killer (Acoustic) / 13. Uh-Oh, Love Comes To Town (Alternate 5.1 Mix)［DVD-Video］1. Pulled Up (Live At Sproul Plaza, Berkeley, CA 1978) / 2. I Feel It In My Heart (Live At The Kitchen, New York, NY, 1976)

発売当時の邦題は『トーキング・ヘッズ～怒りの誕生』。パンクの時代ならではのタイトルだった。パティ・スミス、ラモーンズ、テレヴィジョンともにCBGBのオリジナル・ビッグ・フォーと呼ばれたなかでレコード・デビューが最後になったのは、ローリング・ストーン誌に「若い共和党員のような服装をしたこのカルテットは、礼儀正しく調子をやわらげた音楽を演奏し、文官、両親、学校を賛美した歌詞を歌っている。トーキング・ヘッズはパンクとは縁遠いバンドで、むしろアイビー・リーグ好みのポップ・ミュージックを演奏している」と誤解に満ちた批評が載ったことからも頷ける。つまり、″非常にわかりにくいバンド″だったのだ。本作は、ジョン・ボン・ジョヴィの叔父トニー・ボンジョヴィ、ランス・クインと、ヘッズの共同プロデュースであるが、グループの本質を的確に表現した音づくりとは思えない。

それでもシングル・カットされた「サイコ・キラー」はチャート100位以内に入り、彼らは一部で注目されることになる。この曲は60年代中期のサザン・ソウル風のリズムを土台としたものだが、デイヴィッド・バーンの神経質に痙攣するヴォーカルと、ささくれ立ったギターが特徴で、ヘッズに加わるまではベースを弾いたことがなかったというティナ・ウェイマスのベースもカッコいい。初期の代表曲といえば、誰もがこれをあげるだろう（のちにボストン出身のフルーズというバンドが「サイコ・チキン」と改題してカヴァーした）。

それにしてもこのジャケはどうだ。同年大ヒットしたフォリナーの第1作と比べると、生まれた天体が違うぐらいセンスの差があるのがわかるはずだ。美術学校出身のバーンらしいデザイン、裏ジャケの写真はミック・ロックが撮っている。

真下部

Talking Heads
More Songs About Buildings And Food

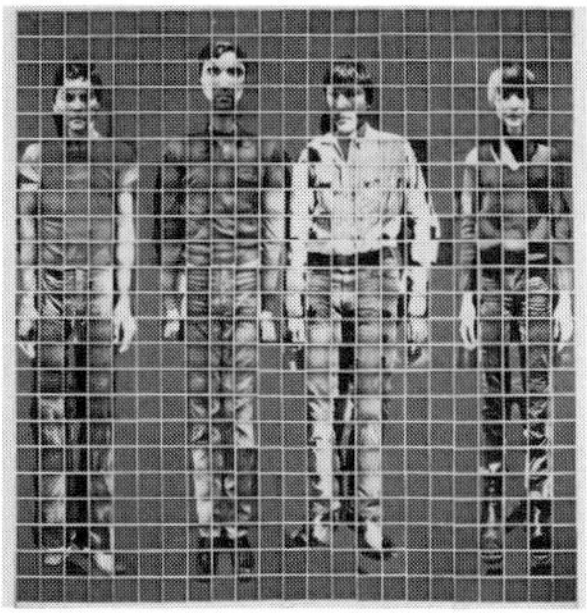

Sire／SRK 6058
発売：1978年7月14日
［A］1. Thank You For Sending Me An Angel / 2. With Our Love / 3. The Good Thing / 4. Warning Sign / 5. The Girls Want To Be With The Girls / 6. Found A Job
［B］1. Artists Only / 2. I'm Not In Love / 3. Stay Hungry / 4. Take Me To The River / 5. The Big Country]
プロデューサー：Brian Eno, Talking Heads
演　奏：David Byrne (vo, g, pre)
Chris Frantz (ds, per)
Jerry Harrison (kbd, g, cho)
Tina Weymouth (b)
ゲスト：Brian Eno (kbd, g, per, cho)
Tina and the Typing Pool (cho)

2006 Remaster DualDisc
Sire/Warner Bros./Rhino／R2 76450
Bonus Tracks:［CD Side］12. Stay Hungry (1977 Version) / 13. I'm Not In Love (Alternate Version)]/ 14. The Big Country (Alternate Version) / 15. Thank You For Sending Me An Angel ("Country Angel" Version)［DVD-Video］1. Found A Job (Live) / 2. Warning Sign (Live)

　楽曲の完成度といい、音の厚みといい、プロデューサーが変わるとここまで進化するのか、と思わずにはいられない。英国ツアー中にブライアン・イーノが楽屋を訪れて彼らを褒めちぎったことから、プロデュースを依頼。現在まで続くバーン／イーノの関係が築かれたのだ。当時イーノがキーマンとして参加したデイヴィッド・ボウイ『ロウ』を聴いていたサイアー幹部は〝冒険〟を感じたらしいが、バーンの熱心さに押し切られる形でゴーを出す。ヘッズを自らスカウトしたサイアーのシーモア・スタインにしてみれば、バンドにとって刺激になるなら、という英断だったはずだが、結果を見ればバーンの判断は正しかったと言えるし、ロック界ではまだ異才という印象だったイーノがプロデューサーとして認められるきっかけにもなった。

　ファースト・アルバムのぼやけた印象と異なるのは、明確な色彩感を持った音だ。ツアーをこなして演奏能力が向上したことはもちろんだが、リズムにより重点を置いているのは明らかで、おかげでサウンドがひきしまっている。それは冒頭の「サンキュー・フォー・センディング・ミー・アン・エンジェル」から明らかで、エネルギーの放出のしかたに圧倒的な〝新しさ〟を感じたものだった。アル・グリーンの代表曲をまったく角度を変えてカヴァーした「テイク・ミー・トゥ・ザ・リヴァー」は全米26位まで上がり、アルバムも米29位、英21位という最高位を記録。彼らなりの〝ソウル〟の解釈は、ボウイやロキシー・ミュージックの〝次〟が感じられた。

　ジャケ表は528枚のポラロイド写真を使ったメンバーのモザイク、裏は『ポートレイト・USA』という写真集から転用した569枚の衛星写真のコラージュ。またしても秀逸なデザインである。

真下部

Talking Heads
Fear Of Music

Sire／SRK 6076
発売：1979年8月3日
［A］1. I Zimbra / 2. Mind / 3. Paper / 4. Cities / 5. Life During Wartime / 6. Memories Can't Wait
［B］1. Air / 2. Heaven / 3. Animals / 4. Electric Guitar / 5. Drugs
プロデューサー：Brian Eno, Talking Heads
演　奏：David Byrne (vo,g)
Jerry Harrison (g, kbd, cho)
Tina Weymouth (b, cho)
Chris Frantz (ds)
ゲスト：Brian Eno (electronic treatments, cho)
The Sweetbreathes (cho)
Julie Last (cho)
Robert Fripp (g)
Ari (per)
Gene Wilder (per)
Hassam Ramzy (per)
Abdou M'Boup (per)
Assane Thiam (per)

2006 Remaster DualDisc
Sire/Warner Bros./Rhino／R2 76451
Bonus Tracks:［CD Side］12. Dancing For Money (Unfinished Outtake) / 13. Life During Wartime (Alternate Version) / 14. Cities (Alternate Version) / 15. Mind (Alternate Version)［DVD-Video］1. Cities / 2. I Zimbra

フィア・オブ・ミュージック、〃音楽が怖い〃は、エリカ・ジョングのベスト・セラー『飛ぶのが怖い（フィア・オブ・フライング）』からとられたものだった。タイトルの候補はいくつかあったというが、バーンの心情がそこに重ねられたかと思うと複雑な背景が見えてくる。

　イーノを共同プロデューサーに迎えたことでサウンドが変化し、グループの芸術性に大いにアピールできるようになったし、その中でジェリー・ハリスンの豊富な音楽知識が新たな推進力となった。おかげでバーンのソングライティングはより自由に、表現の幅を広げたのだが、作詞の面ではスランプに陥ってしまったという。イーノが〃デタラメな言葉を口ずさんでみる〃というアイディアを出し、バーンは窮地を脱したそうだが、シンガー・ソングライターが曲を書くのとは異なる〃スタジオ・ワーク〃の頻度が前作よりもさらに上がっているところが、過渡期らしからぬ強靭さを生んだとも言えそうである。

　コンガがアフリカ的な「ライフ・デュアリング・ウォータイム」、イーノのアンビエント術を活用した「ドラッグズ」など、新たなる方向性を示した曲があるのもいいし、アナログ盤A面をボディ・サイド、B面をヘッド・サイドとしながら、「隣り合ったもの同士があまり異なった印象を与えず、アルバムがスムーズに流れるように選曲した」と語ったバーンの意識も面白い。

　全米チャート21位。彫刻を思わせるエンボスのジャケットはジェリーの発案で、グラミー賞のデザイン部門にノミネートされた（サーモグラフ写真のインナースリーヴもイカしている）。英国の『NME』と『メロディ・メーカー』ではアルバム・オブ・ザ・イヤーに選出され、世界的に前作を上まわるヒットになった。

真下部

Talking Heads
Remain In Light

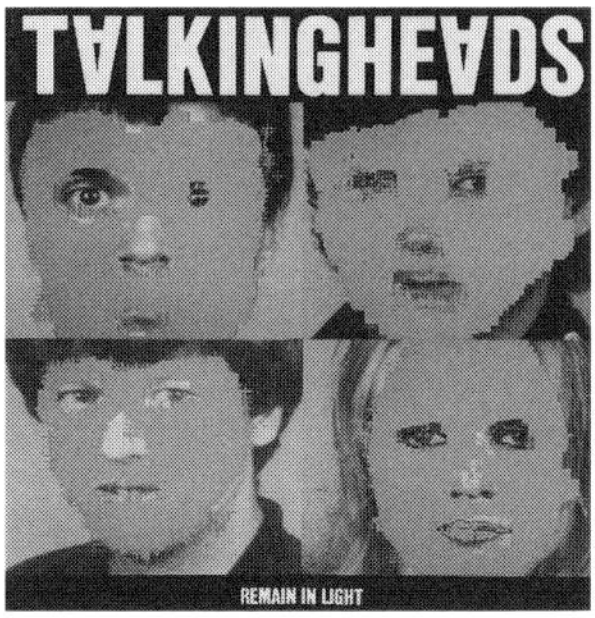

Sire／SRK 6095
発売：1980年10月8日
［A］1. Born Under Punches (The Heat Goes On) / 2. Crosseyed And Painless / 3. The Great Curve
［B］1. Once In A Lifetime / 2. Houses In Motion / 3. Seen And Not Seen / 4. Listening Wind / 5. The Overload
プロデューサー：Brian Eno
演　奏：David Byrne (vo, kbd, g, b, per)
Jerry Harrison (kbd, g, per, cho)
Tina Weymouth (kbd, b, per, cho)
Chris Frantz (kbd, ds, per, cho)
ゲスト：Brian Eno (kbd, g, b, cho)
Adrian Belew (g)
Robert Palmer (per)
José Rossy (per)
Jon Hassell (horns)
Nona Hendryx (cho)

2006 Remaster DualDisc
Sire/Warner Bros./Rhino／R2 76452
Bonus Tracks:［CD Side］9. Fela's Riff (Unfinished Outtake) / 10. Unison (Unfinished Outtake) / 11. Double Groove (Unfinished Outtake) / 12. Right Start (Unfinished Outtake)［DVD-Video］1. Crosseyed And Painless / 2. Once In A Lifetime

　発売当時、針を落とした瞬間に「?」という感覚に陥った。10代半ばの小僧にはそれくらい敷居が高く、意味がわからなかったのだ。ふだん聴いていたポップス、たとえばＡＢＢＡのようなものとはリズムの組み立てが違うのは明らかだったし、わざわざ複合的にすることで音楽を〝難しく〟しているように感じられた。当時バーンがプレスに向けて語った《もはやこれはロックンロールではない》という言葉は、このアルバムの世界観を的確に伝えているし、結果的に、バンドとしての在り方が一般的なロック観とは違うことを明確にしたのだ。80年代を代表するアルバムの上位にくることは間違いないし、歴史を変えた一枚と言ってもいい。

　発売は逆になったが、バーンは本作の前にイーノと『マイ・ライフ・イン・ザ・ブッシュ・オブ・ゴースツ』を制作した。そこで、アフリカ的なポリリズムを、打ち込みもありのファンクと融合させる実験が行われたことが、バーンの言う〝踊れるスピリチュアル・ミュージック〟をバンドで具現化した本作を導き出すのだ。

　バンドの概念を覆すために、従来の担当楽器にこだわらない演奏が試され、バーンとイーノがベース、ティナはシンセ、ジェリーはパーカッションをプレイしたり。バラ録りなのに高揚感があるのは、そういったレコーディングが楽しかったからに違いない。ゲスト・ミュージシャンも多彩で、元ラベルのノーナ・ヘンドリックスや、エイドリアン・ブリュウの貢献度も高い。

　ブリュウのソロに耳が行く「ザ・グレイト・カーヴ」だが、この曲のブラスはシンセとギターとクラヴィネットの合成だったりする。それは〝代用〟ではなく、音色も含めての〝リメイク／リモデル〟なのだ。ニュー・ウェイヴの真骨頂。

真下部

Brian Eno - David Byrne
My Life In The Bush Of Ghosts

Sire／SRK 6093
発売：1981年2月
［A］1. America Is Waiting / 2. Mea Culpa / 3. Regiment / 4. Help Me Somebody / 5. The Jezebel Spirit
［B］1. Qu'ran / 2. Moonlight In Glory / 3. The Carrier / 4. A Secret Life / 5. Come With Us / 6. Mountain Of Needles
プロデューサー：Brian Eno, David Byrne
演　奏：Brian Eno (g, b, syn, ds, per)
David Byrne (g, b, syn, ds, per)
Robert Fripp (g) etc.

　イーノがこのアルバムのもとになったヴィジョンを思いついたのはヘッズの『フィア・オブ・ミュージック』を録音しているころだったらしい。60年代中盤から数年のスピリチュアルでフリーなジャズ（フリー・ジャズには限定されないはずだからこう書いている）に色濃いアフリカ回帰を、アンビエントの手法やのちのDJ的な編集で、新しい地平に引っぱり出せないものかと考えたイーノは、それを理解できるアート・センスとシンガーとしての幅を持ったバーンを共作者に選ぶ。かくして〝サイケデリック・アフリカ〟をテーマにしたこのプロジェクトが動き出したのである。

　録音は79年〜80年、各地のスタジオで断続的に行われた。その間に『リメイン・イン・ライト』が制作されたから、こちらにはそのプロト・タイプや、実験的な〝部分〟が残ることになった。80年代に身を結ぶ旧時代にはなかった音楽表現や録音術の見本として聴いても〝40年前〟という古さは感じない。イーノはそこがスゴイよ。　和久井

Tom Tom Club
Tom Tom Club

Sire／SRK 3628
発売：1981年10月
［A］1. Wordy Rappinghood / 2. Genius Of Love / 3. Tom Tom Theme / 4. L'Éléphant
［B］1. As Above, So Below / 2. Lorelei / 3. On, On, On, On... / 4. Booming And Zooming
プロデューサー：Chris Frantz, Tina Weymouth, Steven Stanley
演　奏：Tina Weymouth (vo, b)
Chris Frantz (ds)
Adrian Belew (g)
Monte Brown (g)
Tyrone Downie (kbd)
Uziah "Sticky" Thompson (per)
Lani Weymouth (vo) etc.

　妻ティナ・ウェイマスをリード・シンガーとするプロジェクトを思いついたクリス・フランツが、ヘッズのレコーディングでコンパス・ポイント・スタジオに集まったエイドリアン・ブリュウらを口説いて始まった、というのが実態だったようだ。

　ポップ・ソングにラップを加えた試みが高く評価された「ワーディ・リッピングフッド（おしゃべり魔女）」と、「ジーニアス・オブ・ラヴ（悪魔のラヴ・ソング）」が続けてビルボードのダンス・チャート1位となり、アルバは全米23位に。クリスはコンパス・ポイントの持ち主であるアイランド・レコードを口説くために、スタジオに併設されたマスタリング施設、通称〝トム・トム・クラブ〟を名乗ったのだが、アイランド／サイアーの共同制作という形もヒットの要因だったのだろう。

『リメイン・イン・ライト』のワールド・ツアーでは、バンド内バンドとして前座を務めたのだが、そのとき渋谷公会堂で観た〝トム・トムのティナ〟はカッコよかったなぁ。　和久井

Jerry Harrison
The Red And The Black

Sire／SRK 3631
発売：1981年
［A］ 1. Things Fall Apart / 2. Slink / 3. The New Adventure / 4. Magic Hymie
［B］ 1. Fast Karma / No Questions / 2. Worlds In Collision / 3. The Red Nights / 4. No More Reruns / 5. No Warning, No Alarm
プロデューサー：Jerry Harrison, Dave Jerden, Nona Hendryx
演　奏：Jerry Harrison (vo, g, b, kbd, per)
Yogi Horton (ds)
John Cooksey (ds)
Steve Scales (per, ds) etc.

トム・トム・クラブに続いてジェリー・ハリスンのソロ作まで登場、来日公演もあったのだから、80〜81年はヘッズ祭りだった。ブリュウ、バーニー・ウォレル、ノーナ・ヘンドリックスら『リメイン〜』のツアー・メンバーが参加し、ノーナは作詞やヴォーカル・アレンジも手掛けている。当時はここまで聴くのがあたり前で、ジェリーは〝ヘッズの支える職人〟と評価されたが、その後あまり聴きかえすことのないアルバムになったのも事実。面白いところは沢山あるのだが〝時代の音〟という色彩が強すぎたのか。

ソロ作では、ザルマン・キング監督の映画『トゥ・ムーン』のサントラ絡みの88年作『カジュアル・ゴッズ』の方が本来の資質を伝えているし、シングル「リヴ・イット・アップ」が全米7位のヒットになったのにつられてこのアルバムは78位まで上がっている（アーサー・ラッセルの参加が見逃せない）。

しかしその後はサントラを主戦場とする、まったくの職業音楽家という印象だ。

和久井

Talking Heads
The Name Of This Band Is Talking Heads

Sire／2SR 3590
発売：1982年3月24日
1977-1979: ［A］ 1. New Feeling / 2. A Clean Break / 3. Don't Worry About The Government / 4. Pulled Up / 5. Psycho Killer ［B］ 1. Artists Only / 2. Stay Hungry / 3.]Air / 4. Building On Fire / 5. Memories (Can't Wait)
1980-1981: ［C］ 1. I Zimbra / 2. Drugs / 3. Houses In Motion / 4. Life During Wartime ［D］ 1. The Great Curve / 2. Crosseyed And Painless / 3. Take Me To The River
プロデューサー：Talking Heads
ゲスト：Adrian Belew (g, cho)
Nona Hendryx (cho) etc.

初のライヴ・アルバムは、77年11月17日にマサチューセッツ州メリーランドのFM局WCOZで収録された5曲以下、79年11月17日ニュージャージー：キャピトル・シアターの5曲、80年11月8〜9日ニュージャージー：エメラルド・シティ・チェリー・ホールの4曲、80年8月27日ニューヨーク：セントラル・パークの3曲という全17曲で編まれたものだ。つまり、ヘッズの歩みをライヴ・テイクで辿ろうというものだが、『リメイン・イン・ライト』のツアーを総括するライヴ盤を待っていた多くのファンにとってはいささか拍子抜けする内容だったのも事実。けれども、米31位、英22位まで上がり、〝ニュー・ウェイヴ以後最も重要なバンド〟の安定した強さを見せつけた。

2004年の完全版CDは、2枚のディスクに大量の初出音源を含む計33曲を収録。77〜81年のライヴ・アンソロジーとなっているので、いま買うならこっちだろう。ボブ・ラドウィグによるリマスタリングで、音もよくなっている。

和久井

Talking Heads
Speaking In Tongues

Sire／1-23883：1983年6月1日
［A］1. Burning Down The House / 2. Making Flippy Floppy / 3. Girlfriend Is Better / 4. Slippery People / 5. I Get Wild / Wild Gravity
［B］1. Swamp / 2. Moon Rocks / 3. Pull Up The Roots / 4. This Must Be The Place (Naive Melody)
プロデューサー：Talking Heads
ゲスト：Wally Badarou (syn)
Bernie Worrell (syn)
L. Shankar (violin) etc.

Sire／1-23771：Limited Edition

こういう本でいちばん厄介なのはページのやりくり。基本的に、高く評価したいアルバムは大枠にしているのだけれど、前後との関係で内容にふさわしい紙幅を割けないこともある。

本書ではこれがそう。プラスティック製の特殊カヴァーに透明のレコードを挟むというアート感満点のスペシャル・エディションも話題で、米15位、英21位、ニュージーランドでは3位、カナダでは7位となったヒット作にしては、扱いが小さいよね。

〝革命的な傑作『リメイン〜』の次〟がどれだけ注目されていたかを物語るチャート成績だが、ツアー・メンバーを分散して使いながらの模索が必ずしもうまくいったとは思えなかった。予想通り〝イーノの不在は大きい〟という声も出て、〝過渡期〟とも評されることになった。

しかし、『リトル・クリーチャーズ』を経て『トゥルー・ストーリーズ』へと繋がっていく展開を体験すると、その、ヘッズ流のルーツ回帰を予感させる「スワンプ」なんて曲がここにあったことに、あとから大きな意味を感じたりしたもので、最初に聴いたころと違うイメージとなったアルバムでもある。何度も録音される名曲「ディス・マスト・ビー・ザ・プレイス」のオリジナル・ヴァージョンを収録していることも注目に値するだろう。

カセットは最初から5分長く、CDはそれを踏襲。現行CDはさらにリマスターされているので要注意。

和久井

Tom Tom Club
Close To The Bone

Sire／1-23916：1983年
プロデューサー：Chris Frantz, Tina Weymouth, Steven Stanley

ティナの妹、ロリック、レニ、ロウラがフロントに並んで歌うのだから、そりゃトム・トム・クラブはかわいかったが、普通にセカンド・アルバムを出すとは思っていなかったから、そうなの？と思った。

ファンクやダブ、ラップやヒップホップへの目線はリズム・セクションの夫婦らしいものだったし、たとえばビル・ラズウェル一派のようなアングラ／オルタナ感はなく、キッド・クリオール＆ザ・ココナッツに近いポップ志向は好ましかった。スターリング・サウンドのマスタリングとか当時は参考になったが、〝80年代らしさ〟がヘッズより強かっただけに、鮮度が保たれた期間は短かったのだ。でも、40年ぶりにあの時代を振り返るにはいいよ。

和久井

Talking Heads
Stop Making Sense

Sire／1-25186
発売：1984年9月12日
［A］1. Psycho Killer / 2. Swamp / 3. Slippery People / 4. Burning Down The House / 5. Girlfriend Is Better
［B］1. Once In A Lifetime / 2. What A Day That Was / 3. Life During Wartime / 4. Take Me To The River
プロデューサー：Talking Heads
演 奏：David Byrne (vo, g)
Jerry Harrison (g, kbd, vo)
Tina Weymouth (b, g, vo)
Chris Frantz (ds, vo)
ゲスト：Bernie Worrell (kbd)
Alex Weir (g, vo)
Steve Scales (per)
Ednah Holt (cho)
Lynn Mabry (cho)

1999 Special New Edition CD
Sire/Warner Bros.／9 47489-2
Bonus Tracks: 2. Heaven / 3. Thank You For Sending Me An Angel / 4. Found A Job / 8. Making Flippy Floppy / 11. This Must Be The Place (Naive Melody) / 13. Genius Of Love (Tom Tom Club) / 16. Crosseyed And Painless

83年12月13～16日のハリウッド、パンテージズ・シアターでの公演を収録したジョナサン・デミ監督による同名映画のサントラ盤として84年9月に発売。オリジナル・ヴァージョンはA4版のカラー・ブックレットのあいだに簡素なジャケットのLPを挟んだ仕様の一枚もので、全9曲。ダイジェスト版と言える内容なのは、VHSやレイザーディスクでのリリースがメインと考えられていたからだろう。それでも米41位、英37位を記録し、オーストラリアでは9位、ニュージーランドでは2位に達した。

19曲を収録した映画は84年4月24日にサンフランシスコ・インターナショナル・フィルム・フェスティヴァルでプレミア上映され、10月19日に全米でロードショウがスタート。85年8月3日に日本でも公開された。映画館で観ないと魅力は半減だが、世界的にVHSがロングセラーとなり、〝ロック・フィルムの最高傑作〟と謳われてきた。99年にはドルビー・デジタル音響のリマスター版が制作され、日本でもリヴァイヴァル公開。現在のDVDやブルーレイは99年版（オリジナル版とは編集が異なり、16曲を収録）をもとにしたものだ。ちなみに〝スペシャル・ニュー・エディション・サウンドトラック〟と題された現行CDも、この16曲ヴァージョンである。

〝スピーキング・イン・ザ・タングス〟のツアーを当時の恋人サンディ・マクロードと観に来たジョナサン・デミの熱意に、〝このステージはフィルムに収めたい〟と思っていたバーンらが乗って撮影が実現したものの、当時はまだ新人監督だったデミは資金を集めることができず、結局ヘッズが自腹を切っての映画化だったという。その純粋さが、画期的なステージを偽りなく残すという姿勢に繋がったのだろうが、何度観ても惚れ惚れする大傑作だ。

和久井

Talking Heads
Little Creatures

Sire／1-25305
発売：1985年6月10日
[A] 1. And She Was / 2. Give Me Back My Name / 3. Creatures Of Love / 4. The Lady Don't Mind / 5. Perfect World
[B] 1. Stay Up Late / 2. Walk It Down / 3. Television Man / 4. Road To Nowhere
プロデューサー：Talking Heads
ゲスト：Wally Badarou (syn)
Bernie Worrell (syn)
Alex Weir (g)
Steve Scales (per)
Raphael Dejesus (per)
David Van Tieghem (per)
L. Shankar (violin)
Richard Landry (sax) etc.

『ストップ・メイキング・センス』で事前学習なしにも楽しめるバンドであることが世界的に知られたからか、ここからのヘッズはアメリカン・ロックの〝ニュー・スタンダード〟として存在したと言っていい。6枚目のスタジオ盤として85年6月10日にリリースされた本作は、米20位、英10位、オーストラリアで2位、ニュージーランドでは1位を記録するヒットとなり、シングル・カットされた「ロード・トゥ・ノーウェア」はビルボード・トップ100の25位、「アンド・シー・ウォズ」は17位まで上がっている。

ジョージアの画家ハワード・フィンスターが描いたフロント・カヴァーと、ゴブランやジャカードといったフランスの織物を模した衣装に身を包んだ裏ジャケの4人が〝伝統的なフォークロアの再発見〟を想わせ、それは音にも出ている。しかし律儀に〝ルーツ〟に向かわないところがバーンのモットーか、80年代中期らしい軽妙さのエンタテインメント・ロックが試されているのだ。

和久井

Talking Heads
True Stories

Sire／1-25512
発売：1986年9月15日
[A] 1. Love For Sale / 2. Puzzlin' Evidence / 3. Hey Now / 4. Papa Legba
[B] 1. Wild Wild Life / 2. Radio Head / 3. Dream Operator / 4. People Like Us / 5. City Of Dreams
プロデューサー：Talking Heads
ゲスト：Bert Cross Choir (vo
Tommy Camfield (fiddle)
Paulinho da Costa (per)
Steve Jordan (accordion)
St. Thomas Aquinas Elementary School Choir (vo)
Tommy Morrell (gl)

前作以上に明快な内容にちょっと引いたファンも日本では多かった第7作は、86年9月15日にアメリカで発売された。バーンが自ら監督した映画『トゥルー・ストリーズ』のヘッズ版であることはリリース時に知らされていたが、シングル「ワイルド・ワイルド・ライフ」のPVがMTVで盛んにオンエアされたのも効いて、米17位、英7位、オーストラリアで2位、ニュージーランドではまたも1位となった。オージー受けがいいのは、バーンのポップ・センスが英連邦からのアイリッシュ移民の心をくすぐるからだろうが、映画うんぬんではなく、ただポップ・ミュージックとして本作がヒットしたのはヘッズにとって大きかったと思う。

バンド・サウンドへの回帰は頼もしかったし、これはこれでよかったが、フォークロアの再発見からアメリカを眺めようという意識が映画にするほど膨らんでいたバーンにとっては、ヘッズが物足りなくなくなっていくのだ。その気持ちが随所に見えるアルバムである。

和久井

David Byrne
Sounds From True Stories

Sire／1-25515
発売：1986 年
［A］1. Cocktail Desperado (Terry Allen And The Panhandle Mystery Band) / 2. Road Song (Meredith Monk) / 3. Freeway Son (David Byrne) / 4. Brownie's Theme (David Byrne) / 5. Mall Muzak (Carl Finch): (a) Building A Highway (b) Puppy Polka (c) Party Girls / 6. Dinner Music (Kronos Quartet)
［B］1. Disco Hits! (David Byrne) / 2. City Of Steel (David Byrne) / 3. Love Theme From True Stories (David Byrne) / 4. Festa Para Um Rei Negro (Banda Eclipse) / 5. Buster's Theme (Carl Finch) / 6. Soy De Tejas (Steve Jordan) / 7. I Love Metal Buildings (David Byrne) / 8. Glass Operator (David Byrne)
プロデューサー：David Byrne
演　奏：David Byrne (g, b)
Greg Barber (b)
Jim Pukey (clarinet)
Charlie McCarthy (flute)
Robin May (oboe)
Rich Girard (b)
Steve Mitchell (ds)
Steve Erquiaga (g) etc.

True Stories: The Complete Soundtrack

Nonesuch/Todomundo／574181-2［CD］
2018 年
Bonus Tracks: 5. Wild Wild Life / 8. Dream Operator / 12. Puzzlin' Evidence / 14. Hey Now / 16. Love For Sale / 20. Radio Head / 21. Papa Legba / 22. People Like Us / 23. City Of Dreams

86年にアメリカで公開されたバーンの初監督映画『トゥルー・ストーリーズ』は、テキサスの架空の町ヴァージルを舞台に繰り広げられるポートレイト・ムーヴィーだ。ロード・ムーヴィーのようには動かず、バーンが旅先で耳にした話や、新聞や雑誌のスクラップ、ケーブル・テレビで観たショウを、ポートレイトとして羅列していくスタイルの作品である。

ロマンティックな結婚を夢見ている大男（ジョン・グッドマン）、ベッドから出ようとせず一日中テレビを観ている怠け者の女（スウォージー・カーツ）とアシスタント（ポップス・ステイプルス）、エルヴィス・プレスリーの大半の曲を書き、ランボーやジョン・F・ケネディと寝たと大ボラを吹く女（ジョー・ハーヴェイ・アラン）、ヴァージルの町に貢献するのが生きがいなのに3年も口を聞いていない夫婦（スポルティング・グレイ、アニー・マッケンロー）と、謎の男バーンが、閉鎖的な社会を切り取っていくのは面白いが、一般に受けるような映画ではなかったのは言うまでもない。

テックス・メックスやケイジャンを意識した音楽は、最初のLPヴァージョンでも〝新たな収穫〟と高く評価されたが、ここでの志向がバーンにさらなる南下を促し、ブラジル音楽に至ったことを考えれば、もっと語られるべきだと思う。

2018年にノンサッチからリリースされたLP2枚組／全23曲の拡大完全版は、ヘッズのアルバムにも、映画や当初のサントラ盤にも収まりきらなかったコンセプトを、残された音楽で再構築したもので、ジャズやカントリーまで無責任に混ざった南西部にこそアメリカの〝トゥルー・ストーリー〟がある、と伝えたかったのがよくわかる。それは『アメリカン・ユートピア』への大きな布石だったのだ。

和久井

Talking Heads
Naked

Sire／1-25654
発売：1988年3月15日
［A］1. Blind / 2. Mr. Jones / 3. Totally Nude / 4. Ruby Dear / 5. (Nothing But) Flowers
［B］1. The Democratic Circus / 2. The Facts Of Life / 3. Mommy Daddy You And I / 4. Big Daddy / 5. Cool Water
プロデューサー：Talking Heads, Steve Lillywhite
ゲスト：Johnny Marr (g)
Brice Wassy (per)
Abdou M'Boup (per)
Yves N'Djock (g)
Eric Weissberg (g)
Mory Kanté (kora) etc.

トーキング・ヘッズとしての最終作は88年3月15日にアメリカでリリースされ、米19位、英3位、オーストラリアで8位、ニュージーランドで7位、イタリアでも4位まで上がった。シングルは「ブラインド」がビルボード39位、「(ナッシング・バット)フラワーズ」は5位。スティーヴ・リリーホワイトをプロデューサーに迎え、前作とは異なるバンド感を出そうとしたのはそこそこ成功していると思うが、何度聴いてもピリッとしない印象は変わらなかった。

メインのフォーマットがCDに変わり、LPでは「ビル」がカットされたのも時代を反映していたが、バンドを捨てても先に行こうとするバーンと、どこまでもバンドでありたいフランツ／ウェイマス夫妻、スタジオ・ワークで生計を立てていきたいハリスンという図式も明らかだった。ニュー・ウェイヴを新しい地平に導きながら、ときにはメンバーを増やしてファンクに対応してきたバンドが、スタジオで裸になっただけで終わったのは寂しかったな。

和久井

David Byrne
Rei Momo

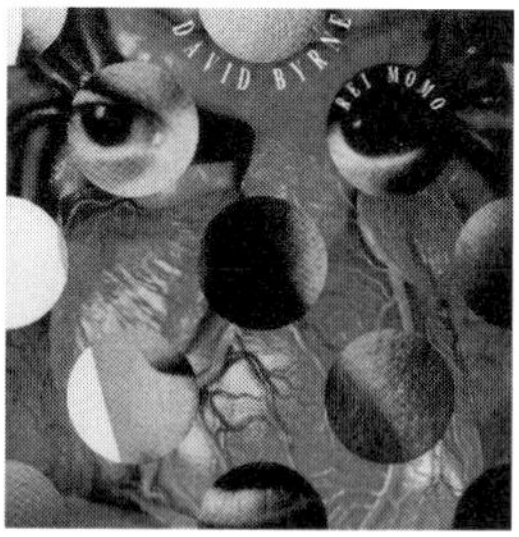

Luaka Bop/Sire／9 25990-2［CD］
発売：1989年10月3日
1. Independence Day / 2. Make Believe Mambo / 3. The Call Of The Wild / 4. Dirty Old Town / 5. The Rose Tattoo / 6. Loco De Amor / 7. The Dream Police / 8. Don't Want To Be Part Of Your World / 9. Marching Through The Wilderness / 10. Good And Evil / 11. Lie To Me / 12. Office Cowboy / 13. Women Vs. Men / 14. Carnival Eyes / 15. I Know Sometimes A Man Is Wrong
プロデューサー：Steve Lillywhite, David Byrne
演奏：David Byrne (vo, g, kbd)
Kirsty MacColl (cho) etc.

88年の『ネイキッド』発表を最後に、トーキング・ヘッズは動きを止める。バーンは自身のレーベル、ルアカ・バップを設立。最初に取り組んだのは、ブラジル音楽を紹介するオムニバス、"Brazil Classics"シリーズと、ソロ・アルバムのリリースだった。

まるでリズムの見本市。歌詞カードには「インディペンデンス・デイ」(クンビア)といった調子で、曲ごとにさまざまな音楽のジャンルやリズムの名が記されている。ヘッズではアフリカン・ミュージックをバンドの音に置き換え、内側へ取り込んでいこうと躍起になっていたバーンが、ここでは自ら既存の(非ロック的な)音楽に身を投じているのだ。

これを後退と見る向きもあっただろう。しかしバーンは意に介さず、自分にとっての新しい武器を次々と試していった。そしてラスト、注釈抜きの「アイ・ノウ・サムタイムズ・ア・マン・イズ・ロング」が、『アメリカン・ユートピア』への道筋を示すことになる。

森

David Byrne
Uh-Oh

Luaka Bop/Sire/Warner Bros.／9 26799-2
［CD］
発売：1992年3月3日
1. Now I'm Your Mom / 2. Girls On My Mind / 3. Something Ain't Right / 4. She's Mad / 5. Hanging Upside Down / 6. A Walk In The Dark / 7. Twistin' In The Wind / 8. The Cowboy Mambo (Hey Lookit Me Now) / 9. Monkey Man / 10. A Million Miles Away / 11. Tiny Town / 12. Somebody
プロデューサー：Nick Launay
演　奏：David Byrne (vo, g, effects)
Angel Fernandez (trumpet)
Tom Zé (per)
George Porter, Jr. (b)
Nona Hendryx (cho) etc.

しりあがり寿的なジャケットに不安になるが、前作で試したラテンを始めとするさまざまなリズムをバーン流のロックと融合することに成功したアルバム。タイトルはさしずめ「えらいこっちゃ！」ってところか。

強烈なビートで始まる「ナウ・アイム・ユア・マム」は、ベースに起用したジョージ・ポーター・ジュニア（ミーターズ）がピタリとハマっている。そのうえ、細かく鳴らし続けられるパーカッションに飛び交うシンセ、いつになくアグレッシヴなバーンのヴォーカルと、最高の幕開けになっている。

人力サンプリングとチンドンが融合したようなイントロの「サムシング・エイント・ライト」、2本のヴァイオリンとガナり立てるバーンが不穏な雰囲気を醸し出すが途中でいつものトボけた味も見せる「シーズ・マッド」、ギターのカッティングが冴える「ツイスティン・イン・ザ・ウィンド」と、よく聴くと情報量が多いが、そうとは感じさせない消化具合だ。チャートは振るわず。

森

David Byrne
David Byrne

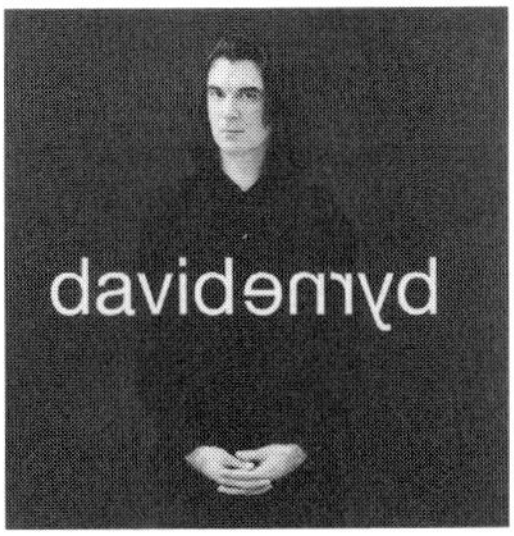

Luaka Bop/Sire/Warner Bros.／9 45558-2
［CD］
発売：1994年5月24日
1. A Long Time Ago / 2. Angels / 3. Crash / 4. A Self-Made Man / 5. Back In The Box / 6. Sad Song / 7. Nothing At All / 8. My Love Is You / 9. Lilies Of The Valley / 10. You & Eye / 11. Strange Ritual / 12. Buck Naked
プロデューサー：Arto Lindsay, David Byrne, Susan Rogers
演　奏：David Byrne (vo, g, kbd, per)
Mark Edwards (reed)
Bebel Gilberto (cho)
Sue Hadjopoulos (per)
Bashiri Johnson (per)
Arto Lindsay (g) etc.

プロデュースはバーンとアート・リンゼイ、そしてエンジニアのスーザン・ロジャース。前2作と比べると、ほぼホーンを使わず、パーカッションの比重を落として削ぎ落としたプロダクトになっている。

リンゼイ自身がギターを弾いたのは2曲のみ。そのうち「バック・イン・ザ・ボックス」は、すき間を活かしたリズム中心のトラックに、ノイジーなリンゼイのギターが絡みつき、次第に熱を帯びていく展開に。ライヴ感たっぷりのエンディングは、このアルバムの白眉だろう。「リリーズ・オブ・ザ・ヴァレイ」は、ギターのリフで引っ張っておいて、アウトロはヴィブラフォンに委ねるというストレンジさだ。

ジャケットは、バーンにしては珍しく普通のポートレイト。が、ブックレットには彼のうなじとか、歯のレントゲンとか、そんな写真ばかり。タイトルどおり、デイヴィッド・バーンその人を表現する、ということだろうか（それにしてはギミックが過ぎるが）。

森

David Byrne
Feelings

Luaka Bop/Warner Bros.／9 46605-2
［CD］
発売：1997年6月17日
1. Fuzzy Freaky / 2. Miss America / 3. A Soft Seduction / 4. Dance On Vaseline / 5. The Gates Of Paradise / 6. Amnesia / 7. You Don't Know Me / 8. Daddy Go Down / 9. Finite=Alright / 10. Wicked Little Doll / 11. Burnt By The Sun / 12. The Civil Wars / 13. Untitled Interlude / 14. They Are In Love
プロデューサー：David Byrne, Black Cat Orchestra, Gerald Casale, Camus Celli, Joe Galdo, Lori Goldston, Andres Levin, Mark Mothersbaugh, Hahn Rowe, Mark Saunders, etc.

バーンのフィギュアを使ったポップなジャケットが象徴するように、どこか突き抜けた感が漂う充実作。ちなみに初回版のCDジャケットは、四隅を丸く型抜きしたものだった。

アルバムのプロデュースは、バーンとモーチーバ・プロダクションズだが、曲ごとにもプロデューサーがついている。パーカッションとホーンが効果的なラテンの「ミス・アメリカ」はドラマーのジョー・ガルド、静謐な「ア・ソフト・セダクション」は元ヒューゴ・ラルゴのハーン・ロウ、エレクトロな「ウィッキド・リトル・ドール」はディーヴォのマーク・マザーズバーとジェラルド・キャセールなど、多種多様な人選だ。

音楽性も多岐にわたり、言うならばバラバラ。しかし、ヘッズ時代にアフリカのリズムとバンドの融合を図り、ソロに転じてからもラテンに乗ってみたりした挙げ句、前作ではシンプルなトラックをメインにしたバーンは、本作で〝なんでもあり〟の域に達したのだ。彼の新たなスタートが刻まれた一枚。

森

David Byrne
Look Into The Eyeball

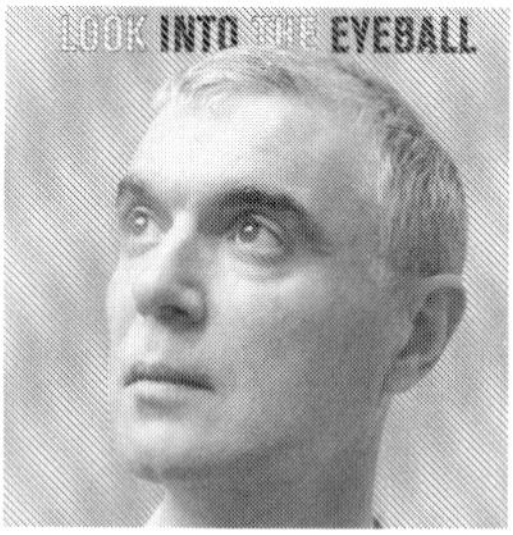

Virgin/Luaka Bop／7243 8 50924 2 8
発売：2001年5月8日
1. U.B. Jesus / 2. The Revolution / 3. The Great Intoxication / 4. Like Humans Do / 5. Broken Things / 6. The Accident / 7. Desconocido Soy / 8. Neighborhood / 9. Smile / 10. The Moment Of Conception / 11. Walk On Water / 12. Everyone's In Love With You
プロデューサー：Michael Mangini
演　奏：David Byrne (vo, g, kbd, per)
Thom Bell (kbd)
Herb Besson (trombone)
Virgil Blackwell (clarinet)
Kysia Bostic (cho)
Paulo Braga (per) etc.

CDには透明のスリーヴ・ケースが付けられ、見る角度によってバーンの眼が開いて見えたり、閉じて見えたりする仕かけになっている。裏ジャケの曲名は消えるし、ブックレットのそれぞれの面をスリーヴ越しに見ると、絵柄が変わってくるのだ。モノにはさまざまな見方があると示しているのだが、そもそも気づかない人もいる、という前提でこれだけの手間暇をかけるところが実にバーンらしい。

前置きが長くなったが、前作から〝なんでもあり〟の傾向が顕著になった彼が改めて発信したステイトメントだと思う。本作ではプロデュースをマイケル・マンジーニに委ね、曲によってアレンジャーを替えている。編成はさまざまだが、パーカッションとホーンを適度に配しながら弦の比重を高め、ヴォーカルを聴かせる点は一貫している。それは、トム・ベルのアレンジで妙なフィラデルフィア・ソウルと化した「ネイバーフッド」でも同じ。しかし、どの曲も聴きやすくて、駄作なし。決め手には欠けるけどね。

森

David Byrne
Grown Backwards

Nonesuch／79826-2［CD］
発売：2004年3月16日
1. Glass, Concrete & Stone / 2. The Man Who Loved Beer / 3. Au Fond Du Temple Saint / 4. Empire / 5. Tiny Apocalypse / 6. She Only Sleeps / 7. Dialog Box / 8. The Other Side Of This Life / 9. Why / 10. Pirates / 11. Civilization / 12. Astronaut / 13. Glad / 14. Un Di Felice, Eterea / 15. Lazy
プロデューサー：David Byrne, Patrick Dillett
演　奏：David Byrne (vo, g, kbd)
Rufus Wainwright (cho)
Paul Frazier (b)
Mauro Refosco (per)
Steve Williams (ds)
Kenny Wollesen (ds)
Mike Maddox (accordion)
John Mills (horn)
Jon Blondell (trombone)
Freddie Mendoza (trombone)
Elaine Barber (harp)
The Tosca Strings - Ames Asbell, Jamie Desautels, Douglas Harvey, Leigh Mahoney, Sara Nelson ,Tracy Seeger (violin, cello)
Pamelia Kurstin (theremin)
Barry Burns (g, kbd)
Patrick Dillett (cho)
Steve Swallow (b)
Una McGlone (b)
Andy Waterworth (b)
John Patitucci (b)
Jon Vercesi (kbd)
Karen Mantler (kbd)
Stephen Barber (kbd)
Ross Godfrey (kbd)
Jon Spurney (kbd)
Mark Nuccio (clarinet)
John Mills (clarinet, flute)
John Linnell (accordion)
Johnny Quinn (ds)
David Hilliard (per)
Joe Cooper (per)
Steve Williams (per) etc.

2019 Reissue LP
Nonesuch／572871-1
Bonus Tracks:［D］1. Strange Enough / 2. 50212 / 3. Ausencia / 4. Dreamworld / 5. Show And Tell / 6. The Bumps

『レイ・モモ』以降のソロ5作は出たときに聴いたし、いつもそれなりに感心していたが、『モア・ソングス』にヤラれてテレビを消し、『リメイン・イン・ライト』を聴いてワン・コードのファンク・ナンバーを書くようになり、『ストップ・メイキング・センス』を観てデッカいスーツを着た（この体に合うそれを探すのは大変だった）者としては、〝それなり〟以上の感心ではなかった。しょうがないよね。

　しかしこのアルバムは久々にキターーーッ！と思ったし、すぐにパクッて曲を書いた。マネしようと思うぐらいじゃないと、オレは〝傑作〟とは呼ばないのだ。

　50を過ぎたバーンが弦と管にこだわって新作をつくったのは、〝非ロック的〟をわかりやすい形でエンタテインメント化したかったからだと思う。この段階では、そういう方法はまだ〝先鋭的なポップ〟の範疇にあったのだが、バンド的な楽器を入れない編成はやがてNHKの『ソングス』程度でも〝スペシャルな演出〟として日常化するぐらいアッと言う間に消費されてしまうのだから、イーノとやったりセイント・ヴィンセントとやったりの変化球のあと、『アメリカン・ユートピア』のプロジェクトが練り出されたのも納得がいく。

　バーンが普通のバンド編成を嫌悪するようになったきっかけは、02年の〝ロックンロール・ホール・オブ・フェイム〟のステージで瞬間的に再結成されたトーキング・ヘッズの演奏が、あまりにボロっちからではなかったろうか。お祭りとはいえ、もう少しちゃんと演奏できないのかと思ったはずだし、あれはやらない方がよかったね。

　本作は18年に初めてアナログ盤（2枚組）になったのだが、CDのみのリリースだった『デイヴィッド・バーン』からの3作も何とかしてほしいものだ。

和久井

David Byrne & Brian Eno
Everything That Happens Will Happen Today

Todomundo／TODO 002［CD］
発売：2008年8月18日
1. Home / 2. My Big Nurse / 3. I Feel My Stuff / 4. Everything That Happens / 5. Life Is Long / 6. The River / 7. Strange Overtones / 8. Wanted For Life / 9. One Fine Day / 10. Poor Boy / 11. The Lighthouse / 12. Poor Boy (Remix; Japan Only)［Bonus CD］1. Never Thought / 2. Walking Along The River / 3. The Eyes / 4. The Painting
プロデューサー：David Byrne, Brian Eno, Leo Abrahams

バーンとイーノの共同名義による27年ぶりの2作目だが、決して前作の続編ではない。

　イーノから完成していないインストゥルメンタルがたくさん溜まっていると聞いたバーンが、歌詞とメロディをつけてみようと提案したことから、このプロジェクトは始まった。最初は本格的な動きではなく、バーンのデモをイーノが気に入らなかったらそこでおしまい、というくらいの軽いものだったらしい。しかし、想像以上にアンビエントではなかったトラックに、フォークやカントリー、ゴスペルの要素を感じとったバーンは、「ワン・ファイン・デイ」を書き上げた。のちにブロードウェイ版『アメリカン・ユートピア』でも使われた曲だ。

　手応えを覚えたふたりはプロジェクトを継続することになる。ニューヨークとロンドンの間でデータのやりとりが行われたが、レオ・エイブラハムズがダビングを仕切り、フィル・マンザネラやロバート・ワイアットも担ぎ出されることになった。そんな1曲目は、「ホーム」だ。

森

David Byrne & St. Vincent
Love This Giant

4AD/Todomundo／CAD3231［CD］
発売：2012年9月10日
1. Who / 2. Weekend In The Dust / 3. Dinner For Two / 4. Ice Age / 5. I Am An Ape / 6. The Forest Awakes / 7. I Should Watch T.V. / 8. Lazarus / 9. Optimist / 10. Lightning / 11. The One Who Broke Your Heart / 12. Outside Of Space And Time
プロデューサー：David Byrne, Annie Clark
演　奏：David Byrne (g, vo)
St. Vincent (g, vo)
Jacquelyn Adams (horn) etc.

セイント・ヴィンセント（アニー・クラーク）とバーンのコラボレイション・アルバム。ふたりは09年に行われたエイズ／HIVのチャリティ・コンサート、《ダーク・ワズ・ザ・ナイト》で共演することになる。当初は一度きりのステージになる予定が、2回目のミーティングで管を使うことを前提にして、ふたりで曲をつくるアイディアが浮かんだという。

　ドラムとパーカッションはプログラミングが基本、4曲でアニーがシンセ・ベースを操るなど、デジタル中心のリズムの上に、ホーン・セクションと主役ふたりが弾くギターが鳴り響く音像は、既視感はあるが新しいものだ。バーンとアニーで歌い分けた曲も違和感がなく、すべてが有機的に連動したアルバムになっている。

　12年9月の発売に合わせて《ラヴ・ディス・ジャイアント・ツアー》が開始され、1年をかけて14か国で74回のショウが行われた。複雑な振り付けが導入され、バーンもヘッドセット・マイクで歌っていた。

森

David Byrne
American Utopia

Nonesuch/Todomundo／565710-2［CD］
発売：2018年3月9日
1. I Dance Like This / 2. Gasoline And Dirty Sheets / 3. Every Day Is A Miracle / 4. Dog's Mind / 5. This Is That / 6. It's Not Dark Up Here / 7. Bullet / 8. Doing The Right Thing / 9. Everybody's Coming To My House / 10. Here［Deluxe Digital Edition］Live From Kings Theatre, September 2018: 11. I Zimbra / 12. Every Day Is a Miracle / 13. Everybody's Coming to My House / 14. This Must Be the Place (Naive Melody) / 15. Dog's Mind / 16. Toe Jam
プロデューサー：David Byrne, Patrick Dillett, Rodaidh McDonald
演　奏：David Byrne (vo, g, kbd)
Airhead (ds)
Ben Anderson (pre)
Isaiah Barr (sax)
Doveman (kbd)
Brian Eno (kbd,cho, horn)
Alex Epton (syn, per)
Ethan P. Flynn (syn)
Happa (syn, ds)
Jam City (syn, g, ds)
Nathan Jenkins (harmonica, vo)
Koreless (ds)
Daniel Lopatin (kbd)
Rodaidh McDonald (kbd, per)
Magnus Bang Olsen (p)
Jack Peñate (kbd, cho, ds, horn, per)
Ariel Rechtshaid (per)
Ben Reed (horn)
Mauro Refosco (per)
Sampha (p)
Jaakko Savolainen (g, b, kbd)
Joey Waronker (per)
Joe Williams (harp)
Brian Wolfe (ds)

『トゥルー・ストーリーズ』の21世紀版であることは間違いなかった。2009年の来日公演で観せたダンサーを加えたパフォーマンスが素晴らしかったから、考えうる編成でのツアーはないだろうと思っていたが、まさかあんなことになろうとは。

11年（日本は12年）に公開されたパオロ・ソレンティーノ監督の映画『きっとここが帰る場所』に重要な役で出演し、タイトルにもなった「ディス・マスト・ビー・ザ・プレイス」のニュー・ヴァージョンを披露したのもバーンらしかった。ショーン・ペンが落ちぶれたロック・スターを熱演（多くの人はキュアのロバート・スミスを思い浮かべるだろうが、モデルはヴァージン・プルーンズのギャヴィン・フライデイだね、舞台はダブリンだし）、『ファーゴ』の婦人警官役で知られるフランシス・マクダーモットがその妻の元気な消防士、U2のボノの娘イヴ・ヒューソンが近所に住むロック少女を演じた快作だ。バーンは主人公の旧友、いまも現役で、ロックを進化させているスター（本人）として登場するのだが、〝そこ〟もパオロ・ソレンティーノとショーン・ペンが意気投合したポイントだったはずである。

バーンはいつも、そういう〝自分にしかできないこと〟を追いかけているのだろう。ボブ・ディランやニール・ヤングにはできない手法で〝アメリカを描く〟という意識は『トゥルー・ストーリーズ』の段階でも感じられたが、ヴィジュアル表現の先輩だったデイヴィッド・ボウイがライヴ活動を停止してからは、ひとりで新たな地平に踏み込んでいく役になった。ここぞというときにイーノを頼って、09年のツアーを大きな収穫とできたときに『アメリカン・ユートピア』は始まったはずで、このアルバムは絵コンテのようなものだ。

和久井

David Byrne
David Byrne's American Utopia On Broadway [Original Cast Recording]

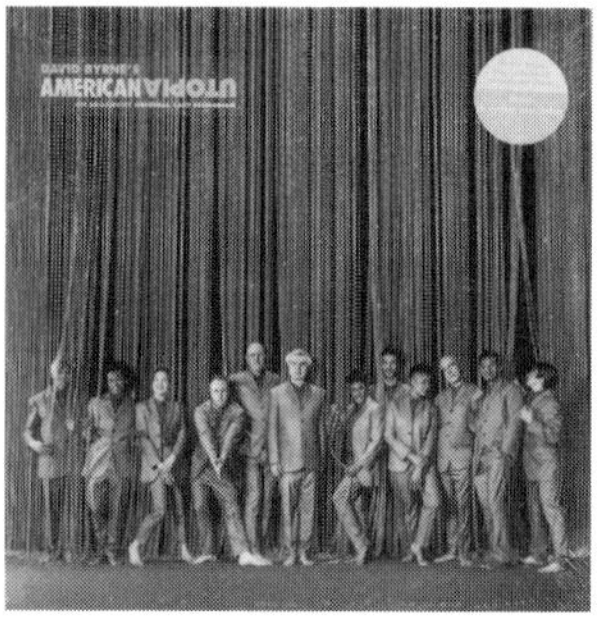

Nonesuch/Todomundo／075595923018［CD］
発売：2019年
［1］1. Here / 2. I Know Sometimes A Man Is Wrong / Don't Worry About The Government / 3. Lazy / 4. This Must Be The Place (Naive Melody) / 5. I Zimbra / 6. Slippery People / 7. I Should Watch TV / 8. Everybody's Coming To My House / 9. Once In A Lifetime / 10. Glass, Concrete & Stone
［2］1. Toe Jam / 2. Born Under Punches (The Heat Goes On) / 3. I Dance Like This / 4. Bullet / 5. Every Day Is A Miracle / 6. Blind / 7. Burning Down The House / 8. Hell You Talmabout / 9. One Fine Day / 10. Road To Nowhere / 11. The Great Curve (Bonus Track)
プロデューサー：David Byrne
演　奏：David Byrne (g, vo)
Angie Swan (g, vo)
Bobby Wooten III (b, vo)
Gustavo Di Dalva (ds, vo)
Daniel Freedman (ds, vo)
Chris Giarmo (vo)
Tim Keiper (ds, vo)
Tendayi Kuumba (vo)
Karl Mansfield (kbd, vo)
Mauro Refosco (ds, vo)
Stéphane San Juan (ds, vo)
Jacqueline Acevedo (ds, vo)
Davi Vieira (ds, vo)

ブロードウェイ版の〝アメリカン・ユートピア〟は2019年9月にボストンのコロニアル・シアターでゲネプロが行われ、10月4日からブロードウェイ西44通りのハドソン・シアターでプレミア上演。20日に本公演が始まり、20年2月16日に第1期は終了となった。当初は第2期が9月スタートとアナウンスされていたが、コロナのパンデミックの影響もあって延期となり、21年9月21日から22年4月3日まで、セイント・ジェイムズ・シアターでのロングラン公演となった。

スパイク・リーによる映画化が発表になったのは、20年6月のことだった。トロント・インターナショナル・フィルム・フェスティヴァルで9月10日に初上映され、10月3日のニューヨーク・フィルム・フェスティヴァル、4日のBFIロンドン・フィルム・フェスティヴァルへの公式出品を経て、10月17日にアメリカ／カナダでの劇場公開が始まったのである。

〝アメリカン・ユートピア〟のツアーはブロードウェイに上がる前からアメリカをまわって評判になっていたのだが、スパイク・リーはハドソン・シアターでの連続公演で完成形となったのを見逃さず、マスコミを巻き込んでいく形で映画公開まで持っていったのは大したものだった。

ハドソン・シアターでのライヴ盤という形で21年1月24日にリリースされたこのアルバムは、全21曲を収録したもので、2枚組LPも出た。映画版とは素材が異なるためスパイク・リーの名前はなく、〝サウンドトラック〟とも表記されていない。そこが非常にわかりにくいところだし、映画の感動を本作に求めると若干肩透かしをくらうはずだ。日常的に聴くにはいいが、これを買っても〝アメリカン・ユートピア〟の全貌は摑めないのである。

和久井

アメリカン・ユートピア

NBC ユニバーサル／GNXF-2659［Blu-ray］
発売：2021 年
監督：Spike Lee
プロデューサー：Spike Lee, David Byrne

こちらは映画版のソフト。巨大なプロジェクトとなった〝アメリカン・ユートピア〟の完成形である。

ライヴ・パフォーマンスを収録した映画の最高傑作と謳われてきた『ストップ・メイキング・センス』を、バーンが自分で超えてしまったのは奇跡だと思うし、これを観ずしては現代のポップ・ミュージックなど語れない、とも言える傑作だ。

クチパクでもアテブリでもなく全部生演奏、というのがまず凄い。ミックスの際に細かな修正はされているはずだが、バンドの全員があれだけ動きまわるのにライヴでこんなテンションの演奏をしていことに驚かされる。打楽器は肩から下げたチンドン屋スタイルだし、キーボードもショルダー。誰も定位置にいないばかりか、全員で歌い、踊り、パフォーマーとしての役割をまっとうする。どういう楽器なら身体につけられるか、それを拾うマイクロフォンはどうするか、モニターはどうやって聴くのか、PAや照明はどう対応するのか、といったテクニカルな部分でもイーノのアドヴァイスはあったはずだが、こういう〝肉体化〟は彼にはできない芸当だろう。

U2が世界的なバンドになっていく過程でイーノが果たした役割は大きかったが、どんな曲も4人で演奏するためにU2が使うテクノロジーを〝全員で踊るため〟に転化させたのは革命的なことだ。しかし、ロックのライヴではありえなかったが、少し前から〝ミュージカルの舞台ではそれができていた〟のである。若いころからバレエの音楽を手掛けたりしていたバーンには、〝非ロック的〟な分野で発展してきたテクノロジーへの目線があったのだろう。だから〝ブロードウェイ〟だったわけで、視野の広さと発想の豊かさが生んだのがこの作品だった、と言っておきたい。

和久井

デイヴィッド・バーンが手掛けた映画・舞台の音楽

梅村昇史

80年代中期以降は、トーキング・ヘッズのメンバーとしての活動以上に、様々なジャンルを横断する多彩な表現者としての存在感が強いデイヴィッド・バーン。その活動スタイルの転機は、演出家ロバート・ウィルソンとの出会いではないだろうか。ウィルソンは1976年初演の前衛的オペラ『浜辺のアインシュタイン』で舞台芸術界にインパクトを与え、80年代以降のパフォーマンス表現を先行した鬼才だ。84年のロサンゼルス・オリンピックのために12時間に及ぶ大作『ザ・シヴィル・ウォー』を構想するが、予算の問題で計画は中止になってしまった。ウィルソンは同作を構成する5つの長いセクションの中のひとつ『ザ・ニー・プレイズ』のための音楽をバーンに依頼する。83年初頭の出来事だ。

主題や物語性よりも作品を形成する構造を重視し、能や文楽、歌舞伎といった日本の伝統的舞台表現から影響を受けた〝間〟によって構成される空間と時間の表現。それが当時のウィルソンの基本手法だ。照明に小道具、さらには舞台上の黒子も含めた劇場空間の動作と場面転換をメイン・フレームにして、言葉や音楽が配置される。その構造からテーマを誘導していく演出法は、バーンをノック・アウトした。実際にウィルソンからオファーのあった83年には、バーンも日本の舞台芸術を学び始め、その影響は直後の『ストップ・メイキング・センス』に明らかだ。その視点で、同作の究極的発展形である『アメリカン・ユートピア』までのバーンの様々な活動を俯瞰的に見ると、バーンの独特な〝仕事の作法〟を理解しやすいのではないだろうか。

81年の『キャサリン・ホイール』は、舞踊家トワイラ・サープのダンス作品のための音楽。時期的に『ブッシュ・オブ・ゴースツ』や『リメイン・イン・ライト』からの連続性があり、ブライアン・イーノ、エイドリアン・ブリュウ、バニー・ウォーレルなど、共通したメンバーが参加している。音楽的には

David Byrne
The Knee Plays
Nonesuch／303228-2：2007年

David Byrne
Music For The Knee Plays
ECM Records／1-25022：1985年

David Byrne
Songs From The Broadway Production Of "The Catherine Wheel"
Sire／SRK 3645：1981年

前2作以上にアフリカ的な要素が強調された。

　前述の『ザ・シヴィル・ウォー』は、12時間の全編上演こそ果たされなかったが、『ザ・ニー・プレイズ』パートの上演が実現した。その音楽『ミュージック・フォー・ザ・ニー・プレイズ』は85年のリリース。ニュー・オリンズのマーチング・バンドをモティーフにしてアメリカーナをアンビエント化するという、かなり時代を先取った音楽で、演奏はダーティー・ダズン・ブラス・バンドをフィーチャーしている。本作は長年ＣＤ化されなかったが、未発表曲を含めた別編集の新装版が『ザ・ニー・プレイズ』とタイトルを変更して07年にリリースされた。

　翌88年、ベルナルド・ベルトルッチ監督の映画『ラスト・エンペラー』のサントラ盤を坂本龍一、コン・スーと共作する。アカデミー賞作曲賞を受賞しているが、バーンの参加は今となってはちょっと意外な気もする。大作の映画音楽としては、やはり坂本龍一によるメインテーマの印象が強いが、オープニング・テーマの中国的メロディーはバーン作だ。


　91年の『ザ・フォレスト』は、ロバート・ウィルソンによる同名の舞台作品のための音楽。神話と産業革命をテーマにした作品で、オーケストラと民族音楽を融合して、シリアスに前世紀的イメージの表出を試みている。デヴィッド・マッケンジー監督の03年作『リード・アス・ノット・イントゥ・テンプテイション』も同じくオーケストレーションをメインにした映画音楽。こちらは甘く妖しい室内楽を聴かせ、このあたりに映画音楽作家としてのバーンのスキルと懐の深さを感じさせる。モグワイ、ベル・アンド・セバスチャンのメンバーの参加が興味深いところ。

『ビッグ・ラヴ：イムン』は08年のテレビドラマ『ビッグ・ラヴ』のための音楽。タイトルがイムン（賛美歌）なので、バーンによる賛美歌のメタ解釈的な音楽ではないかとも思ってしまうが、ホーンとストリングをメインにした、わりとこじんまりとしたＢＧＭだ。

　10年の『ヒア・ライズ・ラヴ』は、バーンとファットボーイ・スリムによるダンサブルなロック・ミュージカル。元フィリピン大統

David Byrne
Lead Us Not Into Temptation - Music From The Film Young Adam
Thrill Jockey／thrill 133：2003年

David Byrne
The Forest
Sire／9 26584-2：1991年

Ryuichi Sakamoto, David Byrne And Cong Su
The Last Emperor
Virgin Movie Music／90690-1：1987年

領夫人のイメルダ・マルコスと彼女を育てた女性、エストレラ・クンパスの栄枯盛衰を題材にしたミュージカルで、イメルダの愛したディスコ・ミュージックに着目している。これはバーン自身のアイデアによるものだ。バーンをはじめ、シンディ・ローパー、マーサ・ウェインライト、ケイト・ピアソンなど、曲ごとに多彩な顔ぶれのヴォーカリストが参加している。ファットボーイ・スリムによるラテン的なダンストラックとアジアの融合、イメルダの顔を前面に出したジャケット・デザインなど、トーキング・ヘッズ時代からの一貫性を感じさせるトータルなコンセプト作品だ。13年にはニューヨークのパブリック・シアターで舞台公演が行われ、音楽や映像デザインといった部門で受賞もしている。公演のために新曲が追加され、そのキャストで録音されたオリジナル・キャスト版のアルバムも14年にリリースされた。

『ライド・ライズ・ロアー』は08〜09年のバーンのライヴ・ツアーを素材にした映画で、10年の公開。監督はヒルマン・カーティス。映像版DVDのみがリリースされ、CDやレコードなどのサントラ盤は制作されていない。バックダンサーを従えた華やかな演奏シーンに、インタビューや舞台裏が挿入された、いわゆる定型的なコンサート・ドキュメンタリー・ムーヴィー。インタビューにはブライアン・イーノも登場し、バーンの創作プロセスの一端を垣間見ることができる作りになっている。今なら『アメリカン・ユートピア』へのワーク・イン・プログレスという解釈で本作を観ても面白いかもしれない。

映画や舞台に関連するバーンの仕事は、出演やテキストのみのものなど、多岐にわたっており、ディスク化されていないものも多い。美術、映像、テキスト、動作、あらゆる地域の音楽を独自の配置と組み合わせで再構成し、新しく作品化してみせるのが一貫した創作姿勢だ。それは常にボーダーレスであろうとするスタンスの表明のようにも見え、イギリスに生まれ、ニューヨークに暮らし、近年までアメリカの市民権を得ず、二重国籍としたバーンの生き方に通じている。

David Byrne
Ride, Rise, Roar
Eagle Vision／EV303459：2010年

David Byrne, Fatboy Slim And Original Cast
Here Lies Love - Original Cast Recording
Todomundo／537579-2：2014年

David Byrne & Fatboy Slim
Here Lies Love
Nonesuch／522298-2：2010年

David Byrne
Big Love: Hymnal
Todomundo／TODO 001：2008年

トム・トム・クラブ、ジェリー・ハリスンの〝その後〟

森次郎

トーキング・ヘッズ最後のアルバム、『ネイキッド』の発売と同じ88年にリリースされたトム・トム・クラブ3枚目のアルバムが『ブン・ブン・チ・ブン・ブン』だ。当初は米国で発売されず、89年にアメリカ／カナダ盤が出る際に3曲を削除、4曲を加えて曲順も大幅に入れ替えられ、ジャケットも変更された。ヴェルヴェット・アンダーグラウンドのカヴァー「ファム・ファタール」では、作者であるルー・リードがギターを弾いている。ジェリー・ハリスンも参加した。

92年には『ダーク・スニーク・ラヴ・アクション』を発表。共同プロデュースに名を連ねたブルース・マーティンがプログラミングを一手に引き受け、テクノに対応してみせたが、チャートには登場せず。

8年ぶりのアルバムとなったのが「ザ・グッド、ザ・バッド&ザ・ファンキー」。パーラメント／ファンカデリックのバーニー・ウォレルをゲストに迎え、さらにファンクに接近しつつ、ハウス／リミックス感覚を取り入れるという、時代に合わせた変化は彼らならではのもの。

01年10月14日のライヴを収録した2枚組CDが『ライヴ@ザ・クラブハウス』。3人のパーカッション奏者や、ザ・ディープ・バナナ・ブラックアウト・ホーンズを擁した大所帯のステージは、ヘッズの流れを汲んでいると言っていい。10年にはディスク1に本作からの12曲、ディスク2に「ジーニアス・オブ・ラヴ」（81年）のリミックス11種を収録した“Genius Of Live”（仏・Nacional/BEC 5772748［CD］）がリリースされた。さらに12年には5曲の新曲を収録したEP『ダウンタウン・ロッカーズ』が発売されている。

ティナ・ウェイマスとクリス・フランツはプロデュース・チームとしても活動、ジギー・マリー&ザ・メロディ・メイカーズ“Conscious Party”（88年：Virgin/1-90878）、ハッピー・マンデーズ“Yes Please!”（英・

Tom Tom Club
Live
@ The Clubhouse
Tip Top/iMusic／80119-01072-2［CD］2002年

Tom Tom Club
The Good The Bad
And The Funky
Rykodisc/Tip Top／RCD 10603［CD］2000年

Tom Tom Club
Dark Sneak Love
Action
Sire/Reprise／9 26951-2［CD］1992年

Tom Tom Club
Boom Boom Chi
Boom Boom
英・Fontana／SFLP 8：1988年

Factory/FACD420［CD］）など、いくつかのバンドを手がけている。

一方で、ジェリー・ハリスンもヘッズ末期の87年にレコーディングした『カジュアル・ゴッズ』を発表している。バンド名義なのは、ジェリーとアレックス・ウィア（b、g）、リック・イェガー（ds）、バーニー・ウォレル（kbd）の4名が中心となってレコーディングが進められたからだろう。クリス・スペディングが2曲に参加した。

90年にやはりジェリー・ハリスン：カジュアル・ゴッズ名義で『ウォーク・オン・ウォーター』をリリース。ヴォーカルに自信が漲り、モダン・ラヴァーズ時代の盟友、アーニー・ブルックスを始めとする共同プロデューサーの力を借りながら、充実した作品を生み出している。しかしジェリーは、80年代半ばから行っていたプロデュース・ワークに軸足を移していった。ライヴの“Mental Jewelry”（91年：Radioactive/RARD-10346［CD］）や、クラッシュ・テスト・ダミーズの“God Shuffled His Feet”（93年：Arista/74321-16531-2［CD］）を手がけたあとは、とくにオルタナ・シーンでの仕事が多くなっている。意外なところでは、ホワイト・ブルースのケニー・ウェイン・シェパードとの交流から、彼とスティヴン・スティルス、バリー・ゴールドバーグによるユニット、ザ・ライドの“Can't Get Enough”（13年：429/FTN17940［CD］）もプロデュースしているので、興味のある方はチェックしてみてください。

遡って96年には、ジェリー、ティナ、クリスの3人が集結し、ザ・ヘッズ名義のアルバム『ノー・トーキング・ジャスト・ヘッド』をリリース。タイトル曲にデビー（デボラ）・ハリー、「ネヴァー・マインド」にリチャード・ヘルと、ゲスト・ヴォーカリストを迎えている。さながらニュー・ウェイヴ同窓会の様相を呈していたが、ここにバーンが横槍を入れ、当初計画されていたライヴCDとビデオ・パッケージの発売は頓挫した。両者は和解に至り、元コンクリート・ブロンドのジョーネット・ナポリターノをヴォーカルに据えた米国ツアーが96年秋に行われている。

The Heads
No Talking Just Head
MCA/Radioactive／MCAD-11504［CD］1996年

Jerry Harrison: Casual Gods
Walk On Water
Sire/Warner Bros./Fly／9 25943-2［CD］1990年

Jerry Harrison: Casual Gods
Casual Gods
Sire/Sire／25663-1：1988年

Tom Tom Club
Downtown Rockers
Nacional/Tip Top／ncl20084［12"］2012年

#5
NEW YORK PUNK / NO WAVE

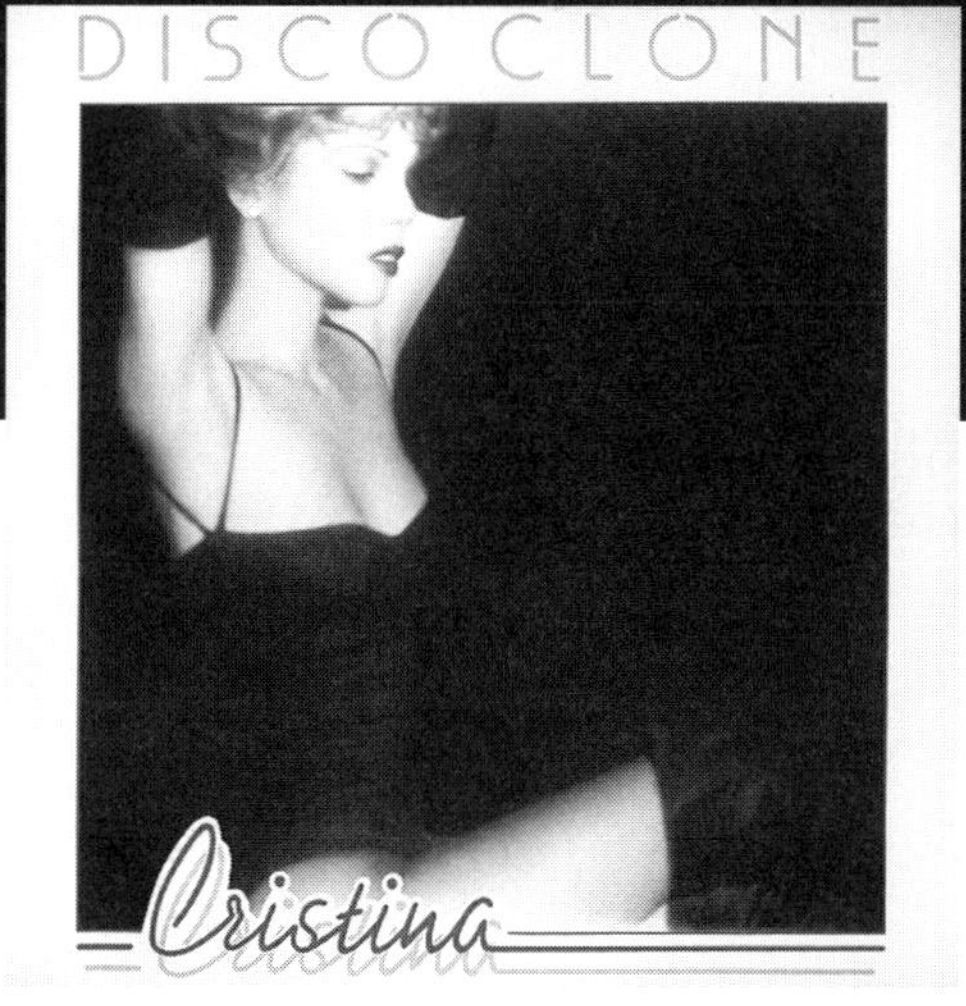

KOJI WAKUI
ISAO INUBUSHI
MIKA AKAO
JIRO MORI
YASUKUNI NOTOMI

ニュー・ウェイヴの肝となった“体制には非ず”という姿勢

和久井光司

パンク／ニュー・ウェイヴってそういうことか、と全体像が見えてきた79年は、英国がスゴいことになった。ポップ・グループ、スリッツときたらレゲエやダブも聴かなきゃならないじゃん！となるのは必至で、マトゥンビとかスティール・パルスとかリントン・クウェシ・ジョンソンにも行ったし、スロッビング・グリスルの『20・ジャズ・ファンク・グレイツ』にヤラれてノイズやインダストリアルにも行った（トーマス・リア＆ロバート・レンタルの『ブリッジ』はどういうわけかずっと愛聴盤である。ちょっと違うけどディス・ヒートのファーストもね）。あ、この本にレジデンツを入れるのを忘れていたことにいま気がついた（ひとり夜中に大爆笑）が、鬼太郎んちの目玉親父集団を聴き始めたのも79年ごろだったし、この年の英国勢の締めはＰｉＬの『メタル・ボックス』とクラッシュの『ロンドン・コーリング』になった。

ニューヨーク・パンクには、ラモーンズの『イッツ・アライヴ』（ずっとこれなのね）と、パティ・スミスの『ウェイヴ』（ロックの王道、再発見じゃん）でケリがついた感じがしていたから、トーキング・ヘッズよりもっとニュー・ウェイヴなのはどれか？と、『ノー・ニューヨーク』の先に向かったりしたわけである。

79年に“最新”を感じたのは、コントーションズの『バイ』と、ジェイムズ・ホワイト＆ザ・ブラックスの『オフ・ホワイト』。なんだ同じヤツが方向変えると名前まで変えるのね、と面白がっているところに、リジー・メルシエ・デクルーの『プレス・カラー』が出て、このＺＥってレーベルはとんでもないぞ、ということになった。

そうしたらクリスティーナは出るわ、カジノ・ミュージックは出るわ、大好きだったドクター・バザーズ・オリジナル・サヴァンナ・バンドのオーガスト・ダーネルがキッド・クレオール＆ザ・ココナッツとなって参入ってダメ押しが入るわで、目が離せなくなっていったのだ。

ニューヨークがラテン系の音楽の発信基地だということはウィリー・コロンやファニア・オールスターズのおかげで知っていたが、ディスコとニュー・ウェイヴを飲み込むとこうなるか、というのはレコード業界がワールド・ミュージックに向かう傾向ともリンクして、〝80年代〟が真っ先に提示されているようにも感じたものだった。

81年に出たキッド・クレオール＆ザ・ココナッツのセカンド『ストレンジ・フルーツ・イン・フォーリン・プレイシズ』と、ウォズ（ノット・ウォズ）のファーストは、トーキング・ヘッズの『リメイン・イン・ライト』と地続きで語らないといけない重要作だと思うのだが、リアルタイムで体験していない世代には〝ここ〟がすっぽり抜け落ちている。どれだけ〝わかって〟音楽をつくっていた人たちかは、オーガスト・ダーネルとドン・ウォズのその後を見ればわかるでしょ？（世界的プロデューサーとなったドンは２０１２年からブルー・ノート・レコーズの社長ですからね）ってことなんですよ。

あと追い世代にそれをわかれって言うのは酷なことだが、ある視点で眺めれば、リチャード・ヘルからブルー・ノートまで地続きになるってことを楽しく教えてくれるのが〝文化〟なんだな。それは、自分が好きな音楽を得意分野と称してその辺の原稿だけ書いている音楽ライターには、絶対に持てない視点だと思うのだけれど、言い出すとだんだん怒りに火がついて、名指しでダメ出ししたくなるからやめておく（聞きたい人は配信のないときのトーク・ショウに来てください。笑）。

〝ニューヨークにおけるラテン〟という視点は、〝ロサンゼルスにおけるチカーノ〟にもつながって、ロス・ロボスやビート・ファーマーズから〝多民族国家〟を探ろうとする姿勢が生まれたりしたのだが、東のＺＥに西のセンスで対抗したライノが、いまやワーナー・ブラザーズにおける最も信頼できる部署になっているというのも、〝地続き〟の証だと思う。ライノ、いいですね〜とオレに寄ってくるなら、２１０ページのビート・ファーマーズのファーストは持っててね。ロス・ロボスだけじゃなくて。

って今日はつっかかり気味なのは安倍晋三の国葬の日だ

からで（いまは午前5時）、あんなに素晴らしいエリザベス女王の国葬を見せられたら、恥ずかしくてできません、ってなるのが知性を持った人間だろ、と思う（こうやってどんなところでも自分の意見を言うのがパンクだと思っているから、この本にいちばん相応しいのはヨタ話みたいなこの数行なんですよ）。

さて、パンク・ロック登場からわずか4年ぐらいで〝ワールド・ミュージック的視点〟の何でもありに踏み込んでいったニュー・ウェイヴは、70年代のディスコ・ブームで世界的に〝ポップ・ミュージック〟と認められた感のあった黒人音楽と合体して、80年代の音楽を大きく変えていくのである。シックのファンクや、ジョルジオ・モロダーのエレクトロニカとくっついたドナ・サマーという前例があったことも見逃せないが、アメリカでは81年10月にリリースされたプリンスの3枚目『コントロヴァーシー』を聴いたときに〝決定的なことが起こった〟と私は思った。

ジェイムズ・ブラウンの4つ打ちファンクを、『リメイン・イン・ライト』的な切り貼りでつくっているのに、シック以上のスピード感でカッティングするギターに、男でも女でもないヴォーカル。松田優作が殉職したときみたいに〝なんじゃこりゃ?〟と思ったから慌ててファーストとセカンドを買いに走ったさ。そうしたら前2作には感じられる汗や体臭が消えたときに〝新たなキャラクター〟が誕生したことがわかって、かつてないほどに〝ニュー・ウェイヴ以後〟が屹立したように感じたものだった。

翌年、マイケル・ジャクソンは『スリラー』というモンスター・アルバムを出し、のちには〝キング・オブ・ポップ〟と呼ばれるまでになるが、プリンスやマイケルと同い年（もっと言えばマドンナも）の私には、パンク／ニュー・ウェイヴを経たからこその、彼らの〝意識変革〟が見えたのだ。それは音楽づくりの手法にとどまらず、エンタテインメント産業の中にいる立場を利用しての〝文化の発信〟だった。社会へのメッセージはラヴ&ピースを叫ぶより〝巧妙〟とも受け取れたのである。

しかしマイケルの位置まで行くと、明らかに〝体制〟の側だ。個人の意思ではどうにもならないビジネスを背負い込んだら、〝パンクの精神性〟なんぞにはこだわっていられなくなる。ということは、時代の先を読みながら、やったら次へと逃げていって、いつも〝体制には非ず〟という顔をしていれば〝ずっとニュー・ウェイヴ〟でいられるのだ。私がやってきた（いる）ことは、パンクを発展させた〝体制には非ず〟であると自負している。

V.A.
Live At CBGB's - The Home Of Underground Rock

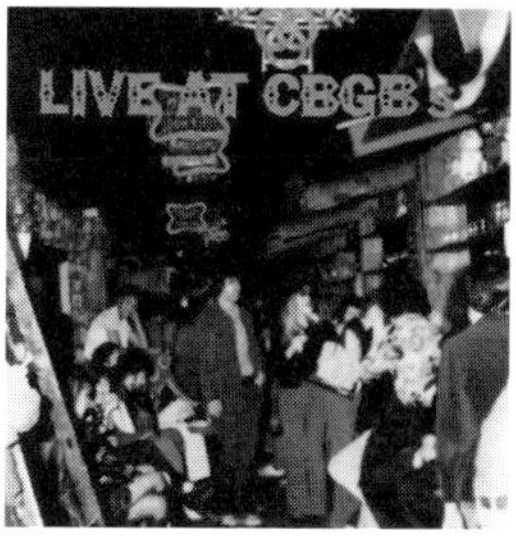

Atlantic／SD 2-508
発売：1976 年
［A］ 1. All For The Love Of Rock 'N' Roll (Tuff Darts) / 2. Operetico (The Shirts) / 3. Cadillac Moon (Mink DeVille) / 4. I Need A Million (The Laughing Dogs)
［B］ 1. Poe (The Shirts) / 2. Let Me Dream If I Want To (Mink DeVille) / 3. Head Over Heels (Tuff Darts) / 4. Over, Under, Sideways, Down (Manster)
［C］ 1. I'm Really Not This Way (Manster) / 2. Romance (Sun) / 3. Everybody's Depraved (Stuart's Hammer) etc.
プロデューサー：Craig Leon, Kim King

76年6月4〜6日にCBGBで録音。タフ・ダーツ、ザ・ラフィン・ドッグズ、ザ・シャーツ、ミンク・デヴィルと、まだ新人だったマンスター、サン、ステュアーツ・ハンマー、ザ・マイアミズの計16曲を収録したライヴ・アルバムだ。

〝初期ニューヨーク・パンクの記録〟と語られることが多いが、ラモーンズやセックス・ピストルズが広めたパンク・ロックを期待するとズッコケる。どのバンドも二流のローカル・バンドの体で、アングラの匂いは放っているものの、パンクっぽくはないからだ。タフ・ダーツとラフィン・ドッグズは単独のアルバムでもわかる通りビート・バンドとしての魅力があるし、ミンク・デヴィルとシャーツもその後の活躍を知る人には貴重な初期音源と感じられるだろう。しかし、マンスターら新人となるとかなり苦しい。マイアミズは2009年に発掘音源がCD化されているが、ほかの3バンドはここにしか痕跡がないぐらいだ。資料的な価値しか認められないな。

和久井

V.A.
1976 Max's Kansas City

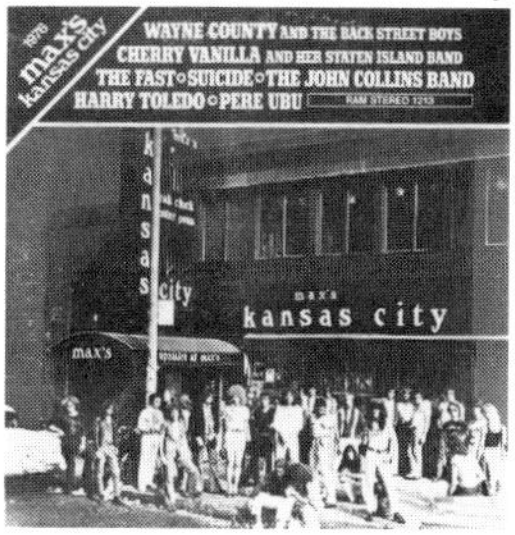

Ram／STEREO 1213
発売：1976 年
［A］ 1. Max's Kansas City 1976 (Wayne County And The Back Street Boys) / 2. Boys Will Be Boys (The Fast) / 3. Knots (Harry Toledo) / 4. Final Solution (Pere Ubu)
［B］ 1. Shake Your Ashes (Cherry Vanilla And Her Staten Island Band) / 2. Cream In My Jeans (Wayne County And The Back Street Boys) / 3. Wow Pow Bash Crash (The Fast) / 4. Flip Your Wig (Wayne County And The Back Street Boys) / 5. The Man In Me (John Collins Band) / 6. Rocket U.S.A. (Suicide)
プロデューサー：Peter Crowley

CBGBのライヴよりこっちの方がいい。ヴェルヴェット・アンダーグラウンドのライヴ盤でも知られるクラブ、マクシズ・カンザス・シティの常連だった、ジェイン・カウンティ、ファスト、ハリー・トレド、ペア・ユビュ、チェリー・ヴァニラ、ジョン・コリンズ（&ザ・テロリスツ）、スーサイド、フィリップ・ランボウ、ザ・ブラッツの14曲が収録されている。

すでに顔役だったカウンティの3曲がアルバムの流れを決めているのがいいし、スーサイドと（クリーヴランドから来ていた）ペア・ユビュの初期の姿は貴重だろう。英国でザ・ウィッキーズの中心者としてデビューしたフィリップ・ランボウがここにいるのも面白い。

マクシズのレーベル、RAMが自主制作しただけあって、ファミリーとしてのDIY精神も感じられるのだ。パティ・スミス、テレヴィジョン、トーキング・ヘッズ、ブロンディらに近い匂いが充満しているから、見つけたら買っておくべきだと思う。ジャケもいいし。

和久井

Heartbreakers
L.A.M.F.

Track／2409-218
発売：1977年10月3日
[A] 1. Born To Lose / 2. Baby Talk / 3. All By Myself / 4. I Wanna Be Loved / 5. It's Not Enough / 6. Chinese Rocks
[B] 1. Get Off The Phone / 2. Pirate Love / 3. One Track Mind / 4. I Love You / 5. Goin' Steady / 6. Let Go
プロデューサー：Daniel Secunda, Speedy Keen
演　奏：Johnny Thunders (vo, g)
Walter Lure (vo, g)
Billy Rath (b)
Jerry Nolan (ds)

本名ジョン・アンソニー・ゲンゼル。キンクスのアルバムに登場するキャラクターから芸名〝ジョニー・サンダース〟を拝借、ニューヨーク・ドールズのギタリストとして活躍するも、ドラッグ問題とメンバー間の対立からサンダースとジェリー・ノーランがセカンド・アルバム発売後に脱退、彼らはリチャード・ヘル、ウォルター・ルーと〝ハートブレイカーズ〟結成に動く。その後ヘルが抜けてビリー・ラスが加入、ドールズ人気が高かった英国に渡り、スピーディー・キーンのプロデュースで完成したのが本作である。

グラマラスな装飾に覆われたドールズだったが、実はローリング・ストーンズ直系のR&B／ロックンロールを音楽の軸にしていた。サンダースはそれをさらに純化させ、キース・リチャーズの生きざままでも取り込んだ音を体現している。ディー・ディー・ラモーンとヘルの共作による名曲「チャイニーズ・ロック」を収録したニューヨーク発祥の〝超〟がつく重要アルバムである。

犬伏

The Runaways
The Runaways

Mercury／SRM-1-1090
発売：1976年6月1日
[A] 1. Cherry Bomb / 2. You Drive Me Wild / 3. Is It Day Or Night? / 4. Thunder / 5. Rock And Roll
[B] 1. Lovers / 2. American Nights / 3. Blackmail / 4. Secrets / 5. Dead End Justice
プロデューサー：Kim Fowley
演　奏：Joan Jett (vo, g)
Lita Ford (g)
Cherie Currie (p, vo)
Sandy West (ds, vo)
Jackie Fox (b, vo)

仕掛人はキム・フォウリー。平均年齢16歳の女の子たちにガレージ感あふれるロックを演奏させたのは彼だ。ヴォーカルのシェリー・カリーのほとんど下着と言える衣装から邦題は『悩殺爆弾〜禁断のロックン・ロール・クイーン』。ビルボードで106位止まりだった「チェリー・ボンブ」（ボムって歌ってるじゃーん）がオリコン総合で10位、洋楽1位となり、日本で人気が爆発した。

スタジオ盤4枚、ライヴ盤1枚を残して解散したが、ジョーン・ジェットとリタ・フォードはソロで成功したし、デビュー前にいたマッキ・スティールはのちにバングルスに加わる。つまり、けっこう実力派なのだ。

フォウリーは〝子供騙しのモンキー・ビジネス〟のつもりだったのだろうが、そこにある〝ロックンロールの真実〟も見逃すわけにはいかない。すぐにパンクの時代が始まったから77〜78年の日本ではパンクと見做されたが、ハード・ロック寄りのパワー・ポップとして聴いた方が腑に落ちる。

和久井

Dead Boys
Young Loud And Snotty

Sire／SR 6038
発売：1977 年 10 月
［A］1. Sonic Reducer / 2. All This And More / 3. What Love Is / 4. Not Anymore / 5. Ain't Nothin' To Do
［B］1. Caught With The Meat In Your Mouth / 2. Hey Little Girl / 3. I Need Lunch / 4. High Tension Wire / 5. Down In Flames
プロデューサー：Genya Ravan
演　奏：Stiv Bators (vo)
Cheetah Chrome (g)
Jimmy Zero (g)
Jeff Magnum (b)
Johnny Blitz (ds)

クリーヴランドで結成されたロケット・フロム・トゥームスのチーター・クローム、ジョニー・ブリッツにスティーヴ・ベイターズとジミー・ゼロが加わり結成。地元でラモーンズのライヴを観て衝撃を受け、ジョーイ・ラモーンの勧めでニューヨークへ拠点を移し、CBGBに出演。オーナーのヒリー・クリスタルの後押しを受け、サイアーと契約を交わすことに成功している。過激な中にどこか人の良さも漂うラモーンズとは対照的に、汚いワードや猥褻な振る舞い、自傷行為など彼らのステージでの過激さは群を抜き、トラブルも絶えなかった。しかし初のアルバムとなる77年発売の本作は、ベイターズのチンピラ然としたヴォーカルが際立つものの、バンドの音は米国ハード・ロックの流れを汲み、フェイジングなどのスタジオ加工も効果的な意外に端正な仕上がりとなっている。その後、フェリックス・パパラルディによる第2作が作られたが、サイアーのテコ入れとブリッツ刺傷事件が重なりバンドは解散した。 犬伏

The Electric Chairs
The Electric Chairs

英・Safari／LONG 1
発売：1978 年 2 月
［A］1. Eddie & Sheena / 2. Bad In Bed / 3. Hot Blood / 4. Worry Wart / 5. 28 Model T / 6. Out Of Control
［B］1. Max's Kansas City / 2. On The Crest / 3. Plain Of Nazca / 4. Big Black Window / 5. Take It / 6. Rock & Roll Resurrection / 7. / 8. / 9. / 10.
プロデューサー：Martin Birch
演　奏：Wayne County (vo)
Greg Van Cook (g)
Val Haller (b)
J.J. Johnson (ds, per)
Jools Holland (p)
Sharon C. (harmonica)

マクシズ・カンザス・シティのオムニバス・ライヴで名を売ったジェイン（ウェイン）カウンティは、47年7月13日にテキサス州ダラスで生まれた。幼いころにトランス・ジェンダーであることを自覚し、化粧して高校に通っていたという。卒業後ニューヨークに出たカウンティはアンディ・ウォーホルのファクトリー周辺に出没するようになり、グラム・ロック・バンドで世に出ようとした。その手の人たちが当時の社会で認めれるには、表現活動で有名になるのがいちばん手っ取り早かったから、彼女は生きるためにバンドを始めたと言ってもいい。

パティ・スミスやラモーンズに触発されてパンク・ブームに乗じたジェインは、ロンドンで英国人ミュージシャンと結成したジ・エレクトリック・チェアーズで英国のサファリからデビューを果たすのだ。このファースト・アルバムではグラムから直結したパワー・ポップを聴くことができるが、アメリカでは性倒錯者の烙印は重く、ほとんど相手にされなかった。 和久井

Wayne County & The Electric Chairs
Storm The Gates Of Heaven

英・Safari／GOOD 1
発売：1978年8月
[A] 1. Storm The Gates Of Heaven / 2. Cry Of Angels / 3. Speed Demon / 4. Mr. Normal
[B] 1. Man Enough To Be A Woman / 2. Trying To Get On The Radio / 3. I Had Too Much To Dream Last Night / 4. Tomorrow Is Another Day
プロデューサー：Martin Birch
演　奏：Wayne County (vo)
Eliot Michaels (g)etc.

『ザ・ブランク・ジェネレイション』や『パンク・イン・ロンドン』、デレク・ジャーマンの『ジュビリー』といったパンク・フィルムでも知られるようになったカウンティは、英国ではさらに知名度を高めていく。

サファリは、フリートウッド・マック、ディープ・パープル、レインボウ、ホワイトスネイクとの仕事で知られる名エンジニア、マーティン・バーチをこのバンドのプロデューサーに立てていたが、前作よりこなれた感じで、全体としてははるかに良くなっている。しかし、パンクっぽさはさらに減退してしまったから、立ち位置がよくわからなくなるのだ。曲がよければもう少し引っかかると思うのだが、悪くはないのに強い印象は残らないのである。

レーベル側はニュー・ウェイヴに接近させようと、次作のプロデュースをザ・ラウンジ・リザーズのデイヴィッド・カニンガムに依頼するのだが、評価が分かれるポイントとなり、エレクトリック・チェアーズの活動は続かなくなる。

和久井

Wayne County & The Electric Chairs
Things Your Mother Never Told

英・Safari／GOOD 2
発売：1979年5月
[A] Side Us: 1. Wonder Woman / 2. Wall City Girl / 3. Boy With The Stolen Face / 4. Un-con-troll-able / 5. Things Your Mother Never Told You
[B] Side Them: 1. Berlin / 2. C.3. / 3. Midnight Pal / 4. Waiting For The Marines / 5. Think Straight
プロデューサー：David Cunningham
演　奏：Wayne County (vo)
Eliot Michaels (g, cho) etc.

カニンガムはバンドの持ち味であるガレージっぽさをデフォルメしながら、旧世代にはなかった感覚を加味しようとしている。それが有機的に作用したところも多く、面白いアルバムになったが、カウンティはもっとストレートなサウンドを望んでいたんじゃないかと思う。バンドは対応しているが彼のハマリがもうひとつなのだ。

バンドは79年に解散。カウンティはソロ名義となったトロントのクラブ、ジ・エッジでのライヴ“Rock'n' Roll Resurrection”（80年）を最後にサファリを離れることになるのだ。

しばらくはリリースもなかったが、86年の“Private Oyster”以降は3年に一枚ぐらいのペースでアルバムを発表し、相変わらずの歌を聴かせていた。しかし日本のキャプテン・トリップから3枚組CD『サファリ・イヤーズ・ボックス』が発売された2011年以降、アルバムは旧音源の改訂新装版ばかり。17年のEP“Here Come The JC5”以降、3枚のシングルを出してはいるのだが……。

和久井

Suicide
Suicide

Red Star／RS 1
発売：1977 年 12 月 28 日
［A］ 1. Ghost Rider / 2. Rocket U.S.A. / 3. Cheree / 4. Johnny / 5. Girl
［B］ 1. Frankie Teardrop / 2. Che
プロデューサー：Craig Leon, Marty Thau
演　奏：Alan Vega (vo)
Martin Rev (kbd)

38年6月23日にブリックリンで生まれたアラン・ヴェガと、47年12月18日にブロンクスで生まれたマーティン・レヴが出会ったのは69年のこと。美術を学んでいたヴェガが歌うようになったのはストゥージズのステージを観たからで、ふたりは73年からマクシズ・カンザス・シティに出入りしていた。当初はバンドの結成も考えられたようだが、75年にはレヴが手に入れたドラム・マシーンとシンセサイザーでトラックをつくり、それをバックにヴェガが歌う、というスタイルになるのだ。いまならそういうユニットも珍しくないが、打ち込みの概念さえなかった時代に、ドラム・マシーンにシンセの手弾きでこういう音楽を始めたのは画期的なことで、レッド・スターからリリースされたこのアルバムは一部で高く評価されたのだった。

すでにクラフトワークを聴いていた耳にもこれは新しく、ヘタなパンク・バンド以上にパンクが感じられた。ヴェガの暗いヴォーカルと無機質なサウンドはいまも色褪せない。

和久井

Suicide
Suicide: Alan Vega · Martin Rev

Antilles/ZE／AN-7080
発売：1980 年 5 月
［A］ 1. Diamonds, Fur Coat, Champagne / 2. Mr. Ray (To Howard T.) / 3. Sweetheart / 4. Fast Money Music / 5. Touch Me / 6. Harlem / 7. Be Bop Kid / 8. Las Vegas Man / 9. Shadazz / 10. Dance
［B］
プロデューサー：Ric Ocasek
演　奏：Alan Vega (vo)
Martin Rev (electronics)

セカンド・アルバムは話題のレーベルZEから（78年にはベルリンとブリュッセルのライヴを収録した限定LPがレッド・スターから出ている）。カーズのリック・オケイセクがプロデュースしたのも効いて、アンダーグラウンド感を残しながらメジャー対応のサウンドになっているのが成果と受け取れた。

この人たちの音楽に意外と親しみを覚えるのは、ジョン・レノンよりも歳上のヴェガのヴォーカルがオーソドックスで、ときにジャズ・シンガーのような味があるからだろう。バック・トラックがこうじゃなければ、パンク／ニュー・ウェイヴに聴こえないかもしれないが、アートの意識でサウンドに乗っている。そこがいいのだ。

しかし、ふたりはソロ活動に転じ、88年の再結成以降のアルバム、“A Way Of Life”“WhyBe Blue”“Zero Hour”などでは新しいアプローチがなかった。

ヴェガは2016年7月16日に78歳で亡くなったが、22年には75歳になるレヴはいまも活動を続けているようだ。

和久井

Milkwood
How's The Weather?

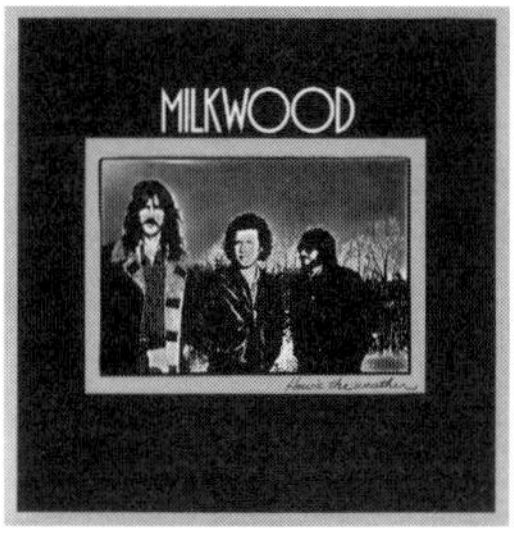

Paramount／PAS 6046
発売：1973年
［A］1. With You With Me / 2. Dream Trader / 3. Lincoln Park / 4. Bring Me Back / 5. Timetrain Wonderwheel
［B］1. Makeshift Pawn / 2. The Light Won't Burn / 3. Along The Way / 4. We've Been All Through / 5. Winter Song
プロデューサー：Al Schwartz
演　奏：Richard Otcasek (g, vo)
Jas. Goodkind (g, vo)
Benjamin Orzechowski (b, vo)
ゲスト：Jeff Lass (kbd)
Bob Henderson (dr, per)
David Humphries (per) etc.

のちにカーズを結成するリック・オケイセクとベンジャミン・オアが在籍したフォーク・ロック・トリオの唯一のアルバム。パンクでもニュー・ウェイヴでもないが、オケイセクとオアがつくる曲（＝メロディ）はカーズとそれほど違わないから、〝オールド〟と〝ニュー〟がどこで分かれるのかを探るにもいい佳作である。デボラ・ハリーが在籍したウィンド・イン・ザ・ウィロウズはデボラがどこにいるのかわからないようなアルバムだから聴かなくてもいいが、これはオススメだ。

つまり、曲づくりはビートルズ的なのだが、バッドフィンガーやビッグ・スターのようなパワー・ポップには向かわず、トッド・ラングレンがフォークをやっているようなところに着地させているのが面白い。むしろREM以降のオーソドックスなギター・バンドやシンガー・ソングライターのようでもあるのだから、アメリカン・ロックの中でフォークやカントリーの要素がいかに根強いかを伝えている、と言ってもいい。

和久井

The Cars
The Cars

Elektra／6E-135
発売：1978年6月6日
［A］1. Good Times Roll / 2. My Best Friend's Girl / 3. Just What I Needed / 4. I'm In Touch With Your World / 5. Don't Cha Stop
［B］1. You're All I've Got Tonight / 2. Bye Bye Love / 3. Moving In Stereo / 4. All Mixed Up
プロデューサー：Roy Thomas Baker
演　奏：Ric Ocasek (vo, g)
Benjamin Orr (vo, b)
David Robinson (ds, per, cho)
Elliot Easton (g, cho)
Greg Hawkes (kbd, per, sax, cho)

学生時代の友人同士、リック・オケイセク（vo、g）とベンジャミン・オア（vo、b）が中心となり、76年にボストンで結成されたバンドのデビュー作。

ポップな中にストレンジな魅力が光るメロディ。それをきらびやかに彩るコーラス・ワークも見事なら、ユニークなフレーズを盛り込みながら気を吐く硬質なギターの存在感も際立っている。クイーンとの仕事で名を馳せたプロデューサー、ロイ・トーマス・ベイカーが起用されているのも納得のモダン・ポップ・ロックのお手本だ。

ポスト・パンクのメンタリティと、新時代へのチャレンジ意欲を備えた職人気質は、たとえば「ベスト・フレンズ・ガール」や「グッド・タイムズ・ロール」のように、50年代ロックンロールをパロディにすることで、ノスタルジーを排除しながらアップデイトした曲に顕著だ。シンセやパーカッションの小技も気が利いている。超絶ポップな音楽と、皮肉や自虐がチラつく歌詞のミスマッチもまた、若者の心を摑んだのだろう。

赤尾

The Cars
Candy-O

Elektra／5E-507：1979年
プロデューサー：Roy Thomas Baker

200万枚を売りグラミー賞にもノミネートされたデビュー作に続く本作も、全米3位のヒットに。ツイン・ギターに絡むフューチャリスティックなシンセやハンド・クラッピングの演出が効果的な「レッツ・ゴー」は、バンド初のトップ20入り（14位）を記録。同曲や表題曲を歌うのはベンジャミンで、デビュー時から自作自演に固執せず、たびたびベンに歌わせたリックのプロデューサー・マインドを見る思いだ。

プロデューサーは前作同様ベイカーだが、厚いコーラスは影を潜め、よりシンプルで落ち着いたトーンにまとめられた。華やぎよりもダークで不穏なムード作りに貢献するシンセの音色も手伝い、アーティスティックで知的な印象を強めた感あり。

赤尾

The Cars
Panorama

Elektra／5E-514：1980年
プロデューサー：Roy Thomas Baker

実験性を高めた3作目。シングル「タッチ・アンド・ゴー」こそわかりやすくキャッチーなポップ・チューンだが、前2作に比べるとアッパーなビートやメロディのとっつきやすさ、親しみやすさは抑え気味に。それでもインパクトのある旋律を紡いで凝ったアレンジを施し、これまでとは違う音楽を鳴らそうという気概が感じられる。キレの良いドラムやアイデア豊富なギターと鍵盤など、演奏スキルの高さもポイント。

ポエトリー・リーディング風の導入からスペイシーなシンセ音や歪んだギターを携えてゆったり展開するバラード「ユー・ウェア・ノーズ・アイズ」のような新機軸の登場がスリリングな魅力にも。プロデュースはベイカーが続投。

赤尾

The Cars
Shake It Up

Elektra／5E-567：1981年
プロデューサー：Roy Thomas Baker

実験性を重視した前作から方向転換し、かつてのようにキャッチーなメロディを意識したと思われる4作目は、彼ら自身が地元ボストンに構えたシンクロ・サウンド・スタジオでレコーディングされた。リード・シングルとなった表題曲は、バンド初のトップ10ヒット（全米4位）、アルバムも9位の成績を収めた。

本作のアプローチを良しとしない向きもあったようだが、いま改めて聴き直しても、ポップな曲を書くセンスは抜群だし、エレクトロニックを駆使したアレンジは緻密にして痛快だ。ただし、ギター・サウンドの占める割合が減った結果、ロックよりもエレポップの趣きが強調されていて、どことなく中途半端な感じは否めない。

赤尾

Ric Ocasek
Beatitude

Geffen／GHS 2022：1982年
プロデューサー：Ric Ocasek

『シェイク・イット・アップ』リリースに伴うツアーを終えたカーズは、しばしバンドとしての動きを止めることになる。メンバーは以前からバンドと並行して個々の活動を始めていたが、ソロ・アルバムを制作したのはリックが初めてだ。

　セルフ・プロデュースの本作でリックが試したのは、ポップさと当時最新のテクノロジーとの融合である。言ってしまえばカーズと同じ。ただし、自身がすべての曲作りとヴォーカルを担い、バンドありきではないかたちをとることが大きな違いになっている。とくにB面はリック自身が多くの音を重ねたようで、密室芸的な色彩が強い。それでも現在の耳に耐えうる仕上がりなのは、メロディの良さのおかげだろう。

森

The Cars
Heartbeat City

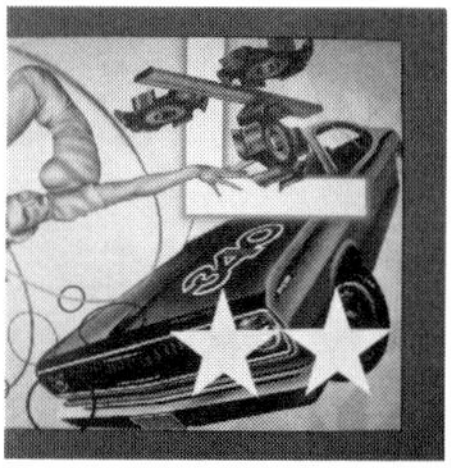

Elektra／60296-1：1984年
プロデューサー：Robert John “Mutt” Lange, The Cars

デビュー作から前作までを共にしたプロデューサー、ロイ・トーマス・ベイカーから離れ、ロンドンのスタジオで半年にわたりジョン・マット・ランジと試行錯誤を繰り返した本作は、堂々たるポップスへの振り切りがあっぱれな名作にして、全米3位のヒット作。MTV黎明期、CGでユーモラスな作品に仕上げた「ユー・マイト・シンク」（全米7位）のMVは、第1回MTVビデオ・ミュージック・アウォードの年間最優秀ビデオを獲得した。

　同曲を筆頭にインパクトを備えた楽曲が揃い、表現力を増して突き抜けるリックのヴォーカルも充実しているが、白眉はベンジャミンが切々と歌う「ドライヴ」。ポピュラー史に残る名バラードだ。

赤尾

Elliot Easton
Change No Change

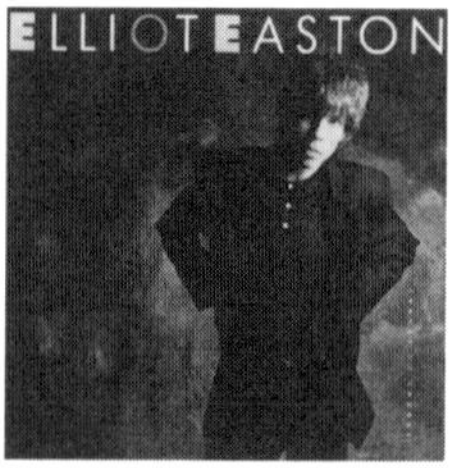

Elektra／60393-1：1985年
プロデューサー：Jon Mathias, Roy Thomas Baker, Stephen Hague

ソロ名義では唯一のアルバム。ジュールズ・シアーが曲づくりとコーラスに参加しているが、エリオットは彼のファースト・アルバムでギターを弾いているのだ。

　カーズの『ハートビート・シティ』が売れたあとなので、ギタリストとしてのエゴを出して弾きまくっても良さそうなのに、割と控えめ。「アイ・ウォント・ユー」や「チェンジ」は、ハードな曲なのでギターもそれに合わせてみた、といった風情だ。

　それよりも、シアーの色が出たと思しき「シェイラ」や「ワイド・アウェイク」のポップなまとまりの良さの方が印象に残る。エリオットのヴォーカルがソフトな曲に合っているし、音楽を俯瞰でとらえるところが個性に見えない彼の個性なのだ。

森

Ric Ocasek
This Side Of Paradise

Geffen Records／GHS 24098：1986年
プロデューサー：Chris Hughes, Ric Ocasek, Ross Cullum

これも『ハートビート・シティ』のあとに出た、リックのセカンド。1枚目は売れ線に（あえて）背を向けていた節があったが、本作はベン、エリオット、グレッグまで参加したものだから、カーズ本体に近づいてしまっている。

テクノロジーの進化によってポップさが際立つようになったのは時代の流れだが、下品にならない程度の理性を保ち続けたところがリックの美学か。ヒットした「エモーション・イン・モーション」のカッコよさは、その最たるもの。ブライアン・フェリーやデイヴィッド・ボウイと同じ匂いがしてきたこともうなづける。そうなると、トム・ヴァーレインの起用はスティーヴィー・レイ・ヴォーン的な意味合いか？ 森

The Cars
Door To Door

Elektra／60747-1：1987年
プロデューサー：Ric Ocasek

活発化するソロ活動や、ベスト盤発売を経た6作目は、リックとグレッグ・ホークス（kbd）が共同でプロデュースした。

従来のポップ路線のような「ユー・アー・ザ・ガール」もあれば、ヘヴィなロックの「ダブル・トラブル」、AOR風バラードの「ファイン・ライン」もある。77年のデモから探し当てた「タ・タ・ウェイヨ・ウェイヨ」は、初期に特徴的だったクラシックなロックンロールへの憧憬を思い出させるなど、バラエティに富んだ内容だ。しかし、曲ごとの個性を楽しむことはできるが、どうにも散漫な印象は拭えない。彼ら特有の洒落っけや遊び心も感じとれず、むしろ時代の中でおぼえた息苦しさから逃れる術を探しているように思える。 赤尾

Ric Ocasek
Fireball Zone

Reprise／9 26552-2［CD］1991年
プロデューサー：Nile Rodgers, Ric Ocasek

カーズの活動を終えたリックは、スーサイドのプロデュースなどを行ったあと、ソロ・アルバムの制作に取りかかった。ファンク／ダンス・ミュージックの色合いが強くなったのは、プロデューサーに名を連ねたナイル・ロジャースのおかげだ。ますますボウイ化したとも言えるが。1曲目の「ロッカウェイ」から、明るくポジティヴな空気に満ちている。吹っ切れたのかも知れないけれど、これはリックの自信の現れだろう。ジャケットも以前のソロ作品と比べると圧倒的にポップ。

同じ年にはディズニー・ソングのカヴァー盤“Simply Mad About The Mouse”（Columbia/CK46019［CD］）に‘Zip-A-Dee-Doo-Dah’で参加している。 森

Ric Ocasek
Quick Change World

Reprise／9 45248-2［CD］1993年
プロデューサー：Mike Shipley, Ric Ocasek

リックは92年に出版された詩集『ネガティヴ・シアター』と連動した2枚組CDのリリースを計画していたが、リプリーズが難色を示す。結局、すでに完成していたトラックから6曲を選び、さらにマイク・シプリーをプロデューサーに立てて7曲を新たに録音。北米では双方を合わせたかたちで発売することになった。

アルバムの前半をライト・サイドとして追加の曲が置かれている。冒頭の「ザ・ビッグ・ピクチャー」こそ語りが中心になっているが、2曲目の「ドント・レット・ゴー」からはよくできたポップ寄りのナンバーが並べられた。対するレフト・サイドとコントラストがとれているのは確かだが、全体としてのまとまりには欠けるかな。 森

Ric Ocasek
Negative Theater

欧・Reprise／9362-45248-2［CD］
1993年
プロデューサー：Ric Ocasek

オリジナルの『ネガティヴ・シアター』は、ヨーロッパのみで発売された。『クイック～』にも収録の「アイ・スティル・ビリーヴ」はニュー・ウェイヴの、「カム・アライヴ」はパンクの延長線上にあるナンバー。書籍の出版に合わせて、リックが過去を顧みているような雰囲気がある。それでもポップの範疇にある曲だったが、ほかの8曲は攻めのアレンジが施されていた。

9分を超える「レイス・トゥ・ノーウェア」は、スーサイドのアラン・ヴェガをフィーチャーしている。定型的なデジタルの音の上にさまざまな楽器がコラージュされた空間に言葉が飛び交うよう。リプリーズが二の足を踏んだのもむべなるかな。 森

Ric Ocasek / Alan Vega / Gillian McCain
Getchertiktz

Sooj Records／10042-1［CD］1996年
プロデューサー：クレジットなし

リックとスーサイドのアラン、そしてカナダの詩人で作家のジリアン・マケインによるコラボレイション・アルバム。

リプリーズを離れたリックは、ウィーザーのデビュー・アルバムをプロデュースしたり、マドンナらが立ち上げたマヴェリック・レコーズのA&R兼プロデューサーとして働くなど、裏方に回っていたようだ。

3人がロジャー・グリーナウォルトの手を借りながら、0分台から3分台の小品を次々と披露していくさまは、まるで連歌のよう。リックもリハビリ替わりというわけではないだろうが、語りを中心にしたトラックを提供している。〝実験音楽〟という向きもあるけれど、決して難解なものではない。売れそうにはないが。 森

Ric Ocasek
Troublizing

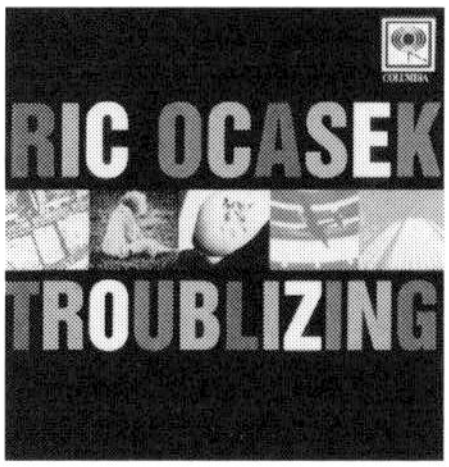

Columbia／CK 67962［CD］1997 年
プロデューサー：Billy Corgan, Ric Ocasek

スマッシング・パンプキンズのビリー・コーガンと共同プロデュースした、リックのソロ史上最もラウドなバンド・サウンドが轟く一枚。

キーボードはいつものグレッグだが、ベースには（スマパンのツアーに加わることになる）ホールのメリッサ・オフ・ダ・マー、ギターにバッド・レリジョンのブライアン・ベイカー、ドラムにナダ・サーフのアイラ・エリオットと、やはりスマパンをサポートしたマット・ウォーカー。リックとビリーの人脈を凝縮したような布陣でレコーディングに臨んだのだから、バンド感が出るのも当然か。ヴォーカルも意外とハマっている。ビリーは「エイジア・マイナー」を提供。珍しくツアーにも出た。 森

Ric Ocasek
Nexterday

Sanctuary／06076-83903-2［CD］2005 年
プロデューサー：Ric Ocasek

8年ぶりの本作は、結果的にリック最後のソロ・アルバムとなった。前回の反動のようにセルフ・レコーディングを推し進め、一部の曲でドラムなどをダビングしたものの、彼の頭の中で鳴っている音楽とは、こういったものでないかと思えるほど。ジャケットなどにあしらわれたイラストも彼によるものなので、どこを切ってもリックが顔を出す、そんな作品となった。

グレッグも参加した「シルヴァー」は、00年に旅立ったベンジャミンに捧げた歌。そして「プリーズ・ドント・レット・ミー・ダウン」のような、なんてことはないメロディに説得力をもたせる歌の力よ。

リックはこのあとカーズの再結集に参加したが、19年に75歳でこの世を去った。 森

The Cars
Move Like This

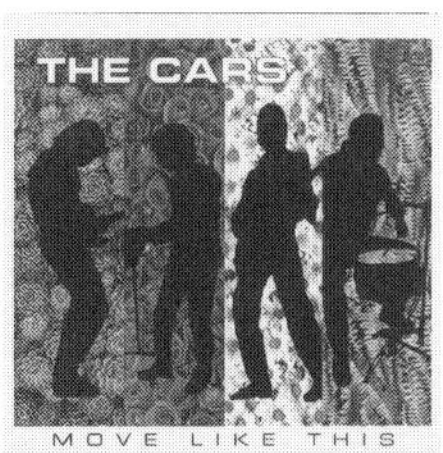

Hear Music／HRM-32872-02［CD］2011 年
プロデューサー：Jacknife Lee, The Cars

88年にバンドは解散、２０００年にはベンジャミンが癌で早逝。グレッグやエリオット・イーストン（g）らによるニュー・カーズなるユニットはあったが、まさかの本家カーズの復活作。バンドと手分けして10曲中5曲のプロデュースを手がけたのは、U2やR.E.M.の作品で知られるジャックナイフ・リー。カーズらしいエレポップの佇まいはそのままにアップデイトされたサウンドには、あえてレトロな味わいも少々。ベンジャミンの声がないのは寂しいが、代わりは入れずに4人で完成させることに意味があるという感傷を差し引いても、本作に収録された曲（全てが名曲とはいかないが）のエモーショナルな響きは心を打つ。ジャケットのセンスは残念。 赤尾

V.A.
No New York

Antilles／AN-7067
発売：1978年10月
［A］Contortions: 1. Dish It Out / 2. Flip Your Face / 3. Jaded / 4. I Can't Stand Myself / Teenage Jesus and the Jerks: 5. Burning Rubber / 6. Closet / 7. Red Alert / 8. I Woke Up Dreaming
［B］Mars: 1. Helen Fordsdale / 2. Hairwaves / 3. Tunnel / 4. Puerto Rican Ghost / D.N.A.: 5. Egomaniac's Kiss / 6. Lionel / 7. Not Moving / 8. Size
プロデューサー：Brian Eno
演　奏：Contortions: James Chance (sax, vo), Don Christensen (ds), Jody Harris (g), Pat Place (g), George Scott III (b), Adele Bertei (organ)
Teenage Jesus and the Jerks: Lydia Lunch (g, vo) ,Gordon Stevenson (b), Bradley Field (ds)
Mars: Sumner Crane (g, vo), China Burg (g, vo), Mark Cunningham (b, vo), Nancy Arlen (ds)
D.N.A.: Arto Lindsay (g, vo), Robin Crutchfield (organ, vo), Ikue Mori (ds)

『ノー・ニューヨーク』を初めて聴いたのは1979年、16歳の時。いきなりカッコいいと思った。すでにパティ・スミスやテレヴィジョン、セックス・ピストルズやダムドなどを体験済みだったとはいえ、コード進行やメロディ・ラインがほぼ無い音楽を自然に受け入れて感動したのだ。そんなキッズは当時たくさんいたようで、サックス中心のコントーションズは別にしても、D.N.A.やマーズを意識したアマチュアバンドが、ぞろぞろと生まれていた。

　これなら出来そうだと、私たちが楽器を手にした衝動は、このアルバムの11年前、『ヴェルヴェット・アンダーグラウンド＆ニコ』を聴いてバンドを始めた人たちと同じだったと思う。それだけのインパクトがあったからこそ、ブライアン・イーノがプロデュースしたとはいえ、無名のローカル・バンドのオムニバスが世界的に売れたのだ。

　しかも、オーネット・コールマンや高柳昌行、阿部薫といった当時の先鋭的なジャズとは違い、『ノー・ニューヨーク』の音は踊れた。リディア・ランチの歌声が引っ張るティーン・エイジ・ジーザス＆ザ・ジャークスは少し違うが、ほかのバンドは、どれも身体が動く。コードを弾かないD.N.A.のアート・リンゼイも、そのピッキングはリズムのツボを押さえたシャープなもの。ジェイムズ・チャンスのサックスの、芯のある温かみさえ感じる音色は、ジャズマンが目標にするほどの魅力がある。つまり、とても音楽的で、その上で自由さが感じられたから私たちは憧れたのだ。

　ヘタウマとウマヘタが先鋭的だった時代を切り取ったドキュメンタリーが、このアルバムの正体。元祖ヘタウマとも言えるイーノが彼らに惚れ込んだのも、ロック史上の必然だった気がする。

納富

Contortions
Buy

ZE／ZEA 33-002
発売：1979 年
［A］ 1. Design To Kill / 2. My Infatuation / 3. I Don't Want To Be Happy / 4. Anesthetic / 5. Contort Yourself
［B］ 1. Throw Me Away / 2. Roving Eye / 3. Twice Removed / 4. Bedroom Athlete
プロデューサー：James Chance
演　奏：James Chance (vo, sax, kbd)
David Hofstra (b)
Don Christensen (ds)
Jody Harris (g)
Pat Place (g)
George Scott III (b)
Adele Bertei (organ)

もちろん、コントーションズが斬新でカッコいいバンドであることは『ノー・ニューヨーク』を聴いた私たちは十分に知っていた。ところが、このアルバムがもたらした衝撃は、全くの別物だったのだ。

「マイ・インファチュエーション」や「スロウ・ミー・アウェイ」で見せる、パット・プレイスの十分に歪ませたスライド・ギターと、ジェイムズ・チャンスのサックスが折り重なるように奏でる短いポルタメントの連続。その未体験のグルーヴを寸断するような、ロバート・クワイン譲りのジュディ・ハリスのカッティング。それらがシンプルなダンス・ビートに乗ると、物凄く音楽的に複雑なことをやっているのに踊れてしまう。ファンクのように低音が引っ張るのではなく、ギターとサックスの中音域がうねりまくるサウンドは、ニューヨークで生まれたさまざまな新しい音が溶け合ってできた異形の現代音楽だ。

　ロックにおける不協和音の使い方のお手本を見せてくれた作品としても、とても重要。 納富

James White & The Blacks
Off White

ZE/Buddah／ZEA33-003
発売：1979 年
［A］ 1. Contort Yourself / 2. Stained Sheets / 3. (Tropical) Heat Wave / 4. Almost Black
［B］ 1. White Savages / 2. Off Black / 3. White Devil / 4. Bleached Black
プロデューサー：James White
演　奏：James White (sax, organ, vo)
Jody Harris (g)
Pat Place (g)
George Scott III (b)
Don Christensen (ds)
ゲスト：Robert Quine (g) etc.

　この時点では、ジェイムズ・ホワイト&ザ・ブラックスという名前は、コントーションズのディスコ・ミュージック用のユニット名だったようだ。ただ、『バイ』に比べると、ジョディ・ハリスとパット・プレイスのギタープレイはそれほどフィーチャーされていない。それに替わるように「ステインド・シーツ」では、ジェイムズとリディア・ランチの睦み合いのような絡みがショート・ポルタメント的な効果を聴かせる。

　もちろん「ホワイト・サヴェージ」のような、ギターとサックスの絡みがメインに来る楽曲もあるし、サックスが粘りつく「ブリーチド・ブラック」もある。ただ、それらも含めどの曲も始まりも終わりもなく、かといってミニマム・ミュージックにもファンクにもならないまま続くワン・コードの曲で構成されている。ジェイムズは、そこにディスコ・ミュージックの面白さを見出したということだろう。瞬間瞬間のアンサンブルの閃きでアルバム一枚を保たせた驚異的な傑作だ。 納富

James White & The Blacks
Sax Maniac

Animal／APE 6002
発売：1982 年
［A］1. Irresistible Impulse / 2. That Old Black Magic / 3. Disco Jaded / 4. Money To Burn
［B］1. Sax Maniac / 2. Sax Machine / 3. The Twitch
プロデューサー：James White
演奏：James White (vo, sax, p)
Chris Cunningham (g)
Jerry Antonius (g)
Colin Wade (b)
ゲスト：The Discolitas: Bemshi Jones, Cherie Donovan (cho, vo) etc.

ジェイムズ・ホワイトの恋人で、マネージャーというか専属プロデューサー的存在であったアーニャ・フィリップスは、彼をサックス・ヒーローにしたかったのではないかと思う。

癌で夭折したアーニャに捧げられたこのアルバムは、彼女の意思に応えるように、全編キメにキメたジェイムズのサックスとヴォーカルが聴ける。バックにはジャズ畑から一流の管楽器奏者を揃えながら、バンド名をジェイムズ・ホワイト&ザ・ブラックスとしたのも、この名前を考えた彼女への追悼の意味があるのだろう。

ここで聴けるのは、ロック側に軸足を置きつつ、ジャズやファンクのグルーヴを否定しない正統派のダンス・ミュージック。ジェイムズのサックスも、いつにも増して温かい音を鳴らしている。その一方で「イレシスティブル・インパルス」でのホンキー・トンクとも違う独特なスケールのピアノや、「ホワイト・ミート」でのファンクのニュー・ウェイヴ的展開など、鮮烈さも印象に残る。

納富

James White & The Blacks
Melt Yourself Down

日・Selfish／BEL-12004
発売：1986 年
［A］1. Super Bad / 2. Melt Yourself Down / 3. Boulevard Of Broken Dreams / 4. Hot Voodoo
［B］1. Cold Sweat / 2. These Foolish Things / 3. Hell On Earth
プロデューサー：James White, Daphna Edwards
演　奏：James White (vo, sax, kbd)
Chris Cunningham (g)
Jerry Agony (g)
Rodney Forstall (b)
Lenny Ferrari (ds) etc.

86年に、大阪のインディーズ・レーベル、セルフィッシュから出たアルバム。ニューヨークから遠く離れた日本で出すことでリラックスしたのか、ここで聴けるのは、のびのびとファンクを楽しむジェイムズ・ホワイトの姿だ。ベース・ラインが曲を引っ張るスタイルは、それまでの彼には無かったもの。

ジェイムズ・ブラウンの「スーパー・バッド」と「コールド・スウェット」をジャズのスケールを感じさせるアドリブを混ぜながら演奏し、ジャズ・スタンダードの「ブルーヴァード・オブ・ブロークン・ドリームス」を古き良きハードボイルド映画のように聴かせる。フレーズやアレンジの新しさよりも、さまざまなサックスの音色を試しているようだ。

タイトル曲や「ヘル・オン・アース」などのオリジナル曲も、アグレッシヴさより音の空間性を意識したスタイル。スタンダードのカヴァーだが、ニュー・ウェイヴの行く末を探るような「ホット・ヴー・ドゥー」のリフレインが沁みる。

納富

ZEレーベルの動き

納富廉邦

１９８０年にトーキング・ヘッズは『リメイン・イン・ライト』を、ブロンディは『オートアメリカン』を発表。それぞれに、アフロ・ビートやカリビアン・ビートを大胆に導入して世界的なヒットとなる。パンクやニュー・ウェイヴは、従来の価値観の破壊というよりも、ロックの８ビートやプログレ的変拍子、ファンクの16ビートといった形式からの離脱へと向かう。そして、エスニックなリズムを取り入れて、ワールド・ミュージック的なムーヴメントへと繋がっていく。

ＺＥレコードは、その流れと呼応するように発展したレーベルだったように思う。イギリス系のマイケル・ジルカとフランス系のミシェル・エステバンが創設し、会社はニューヨークにあるというミニマムな多国籍感。さらに、アイランド・レコードの創立者の一人と繋がりのあったエステバンによって、この小さなレーベルの音を世界中に流通させることができたのは、ポップ・ミュージックの歴史を大きく動かすことにもなった。

そのレーベルの個性を代表するのが、リジー・メルシエ・デクルーだろう。彼女のファースト・ソロ・アルバム『プレス・カラー』は、ニューヨークのインディーズの香りを残すサウンドによる79年の作品。しかし、そのリズムには、のちにワールド・ミュージックに繋がるアイディアがいくつも見られる。

同じく、初期のＺＥレコードを牽引したクリスティーナは、78年にジョン・ケイルのプロデュースによるシングル『ディスコ・クローン』でデビュー。『ノー・ニューヨーク』のディスコ・ミックスも作ったレーベルだけあって、この時期にすでにニュー・ウェイヴとディスコの融合を試みている。しかも、クリスティーナの歌声は、デボラ・ハリーを更に極端にしたような、病んだセックス・シンボルの狂躁といった面持ちで、他に類を見ない。ファースト・ソロの『クリスティーナ』では、当時のレーベル仲間のキッド・クレオ

Casino Music
Jungle Love
英・ZE／ILPS 7000：1979年

V.A.
MUTANT DISCO - A Subtle Discolation Of The Norm
英・ZE／ISSP 4001：1981年

Cristina
Cristina
ZE／ZEA 33007：1980年

Lizzy Mercier Descloux
Press Color
ZE／ZEA 33-004：1979年

ールとの共演も聴くことができる。

この二人の優秀過ぎる女性シンガーがそれぞれ、当時のエステバンとジルカのガール・フレンドだったというのも、時代の偶然が生んだ奇蹟なのかも知れない。ワールド・ミュージックを指向するエステバンと、ノー・ウェイヴをまとめていくジルカ。役回りすら呼応していることも面白い。

そのノー・ウェイヴ的な側面を代表するのが、ジェイムズ・チャンスであり、リディア・ランチで、彼らの音を日本の中高生だった私がリアルタイムで聴けたのは、ZEレコードのおかげだったのだ。そのレーベルの代表作を集めたオムニバスが、81年の『ミュータント・ディスコ〜サブティー・ディスコレーション・ノーム』。前述の面々はもちろん、ビル・ラズウェルのマテリアルから、ウォズ(ノット・ウォズ)まで揃い、ユーロ・ビート誕生以前の渾沌とした白人ディスコ・ミュージックのヴァリエーションをまとめて聴くことができる。この中に入ると、ジェイムズ・ホワイト&ザ・ブラックスの「コントロール・ユアセルフ」も、普通に踊れる楽しい曲のように聴こえてしまう。そのくらい時代の空気を伝えるオムニバスになっているのだ。

電子音楽とパンクを融合させる試みとして面白いのは、79年発売のカジノ・ミュージック『ジャングル・ラヴ』。初期XTCを思わせるシンセを洗練させたような音を聴かせるフランスのバンドが、唯一残したアルバムだ。

80年の『オフ・ザ・コースト・オブ・ミー』は、キッド・クレオール&ザ・ココナッツのデビュー・アルバム。初期ココナッツの猥雑なコーラスと、薄っぺらいのに凝ったメロディ・ラインは、今もなお、聴き飽きない。

その同じ80年に、まるで踊れない、リディア・ランチの『クイーン・オブ・スラム』が出ているのも面白い。しかし、このアルバムでの、叫ばないリディアのうめくような歌い方は、元々あった妙なコケティッシュさを強調して、耳から離れない。

81年にはウォズ(ノット・ウォズ)のデビュー作『ウォズ(ノット・ウォズ)』が発売される。ノー・ウェイヴのムーヴメントとデ

The Waitresses
Wasn't Tomorrow Wonderful?
Polydor/PD-1-6346:1982年

WAS (NOT WAS)
WAS (NOT WAS)
ZE/ILPS 9666:1981年

Lydia Lunch
Queen Of Siam
ZE/ZEA 33006:1980年

Kid Creole And The Coconuts
Off The Coast Of Me
ZE/AN7078:1980年

ィスコ探究が結びついた結果の、裏『リメイン・イン・ライト』みたいなアルバム。彼らはバンドというよりプロデューサー・ユニットで、ニュー・ウェイヴ系のプレイヤーとファンク系のプレイヤーのセッションによるダンス・ミュージックの実験のような演奏を聴かせる。ZEレコード面目躍如の快作。

翌82年のザ・ウェイトレシズ『ウォズント・トゥモロウ・ワンダフル?』もまた、このレーベルならではのアルバムだろう。ドラムにテレヴィジョンのビリー・フィッカを擁し、のちにはトレイシー・ウルマンやシャンプーにもカヴァーされた「アイ・ノウ・ファット・ボーイ・ライク」を収録。マーズ・ウィリアムズの超絶技巧サックスとパティ・ドナヒューの世間を馬鹿にしたような歌い方の対比が、新しい時代のポップだった。

同年に、SPY買収によってZEレコードでの制作となったジョン・ケイルの傑作『ミュージック・フォー・ア・ニュー・ソサエティ』を発売。弾き語りと即興のインプロヴィゼーションによって歌と言葉を際立たせる手法が、時代を超越した音楽になった。

アラン・ヴェガが、カーズの面々やアル・ジュルゲンセンと組んだ83年の『サターン・ストリップ』は、ノー・ウェイヴと呼ばれた音楽と、ミュータント・ディスコと呼ばれた音楽が、同じ音楽の裏表であったことを確認するかのようなアルバム。もはや、明るいも暗いもなく、リズムと音がある。

元オハイオ・プレイヤーズのジュニー・モリソンの84年作品『エヴァキュエイト・ユア・シート』は、純然たるファンク・アルバムの傑作だ。しかし、この年を最後にレーベルは休止することになる。

そして、レーベルの始まりを告げた、リジー・メルシエ・デクルーの84年作品『リジー・メルシエ・デクルー』で、彼女はエチオピアから南アフリカへと到達し、現地ミュージシャンとのセッションを成功させる。このアルバムの時点で、既に彼女はZEレコードを離れていたが、このワールド・ミュージックの嚆矢となる作品の誕生こそ、レーベルと彼女が共に歩んだ道の果てだったのだと思う。

Lizzy Mercier Descloux
Lizzy Mercier Descloux
仏・CBS／25854：1984年

Junie Morrison
Evacuate Your Seats
ZE／90191-1：1984年

Alan Vega
Saturn Strip
ZE／60259-1：1983年

John Cale
Music For A New Society
ZE／PB 6019：1982年

The Lounge Lizards
The Lounge Lizards

Editions EG／EGS 108
発売：1981 年
［A］ 1. Incident On South Street / 2. Harlem Nocturne / 3. Do The Wrong Thing / 4. Au Contraire Arto / 5. Well You Needn't / 6. Ballad / 7. Wangling
［B］ 1. Conquest Of Rar / 2. Demented / 3. I Remember Coney Island / 4. Fatty Walks / 5. Epistrophy / 6. You Haunt Me
プロデューサー：Teo Macero
演　奏：John Lurie (sax)
Evan Lurie (kbd)
Steve Piccolo (b)
Arto Lindsay (g)
Anton Fier (ds)

　サックスのジョン、ピアノのイヴァンのルーリー兄弟が78年に始めたジャズ・バンドに、やがてギターのアート・リンゼイ、ベースのスティーヴ・ピッコロ、ドラムスのアントン・フィアが加わって生まれたのがザ・ラウンジ・リザーズだ。

　この第1作は80年7月21、22、28、29日にニューヨークのCBSスタジオで録音された13曲を収録したもので、プロデュースはテオ・マセロ。当時はマイルスもびっくりのアヴァンギャルド・ジャズだと思ったし、パンクとアートも同時に感じたものだが、いま聴けば〝クラブ・ジャズのはしり〟とも受け取れる。たしか渋谷のCISCOでジャケに目をうばわれ、アート・リンゼイとフィーリーズのアントン・フィアがいるバンドなんて絶対面白いだろう、と思って買ったんじゃなかったかな。当たりだった。ジョン・ルーリーが大好きになった。

　セロニアス・モンクの2曲もいい解釈だが、バンドの中核を成すジョンのオリジナル曲がとても新しかったのだ。

和久井

The Lounge Lizards
Live In Tokyo - Big Heart

英・Island／IMA 20
発売：1986 年
［A］ 1. Big Heart / 2. Hair Street / 3. Fat House / 4. It Could Have Been Very Very Beautiful
［B］ 1. They Were Insane / 2. The Punch And Judy Tango / 3. Map Of Bubbles (Short Version)
プロデューサー：John Lurie
演　奏：John Lurie (sax)
Evan Lurie (p)
Erik Sanko (b)
Marc Ribot (g)
Douglas Bowne (ds) etc.

　ルーリー兄弟以外のメンバーが一新され、83年に〝Live From The Drunken Boat〟、84年にテオ・マセロ指揮によるロンドン・フィルハーモニック・オーケストラとの共演盤〝Fusion〟が出たが（この2枚のベースはその後ボブ・ディランのバンドに長く在籍するトニー・ガーニエ）、ファーストの次にインパクトがあったのは86年2月8日に原宿の〝The Space〟で録音され、英アイランド原盤としてリリースされたこのミニ・アルバムだった。

　サックスがロイ・ネイザンソンとの2管となり、ベースはエリック・サンコ、トロンボーンはカーティス・フォルケスに交代。ドラムは2作目からのダグラス・ボウンだが、マーク・リボーが加わったのがいいアクセントになっているのだ。〝ジャズ・バンド〟と捉えればメンバー交代で音が変わっていくのは当たり前だが、多くのファンは〝ニュー・ウェイヴ〟として聴いていたから、拡散と収束の自由度の高さに追いつけない距離を感じたりした。

和久井

The Lounge Lizards
No Pain For Cakes

Island／90592-1：1987年
プロデューサー：John Lurie

東京でのライヴ盤と同じメンバーで86年11月に録音。ここからのラウンジ・リザーズはジャズと呼ぶのは躊躇われる、コンテンポラリーなノン・ジャンル・ミュージックを奏でるバンドと言っていい。ロック・ファンにわかりやすく説明するなら、フランク・ザッパの『アンクル・ミート』や『200モーテルズ』が、パンク／ニュー・ウェイヴのセンスを加味してつくり直されているような面白みがある。

当時これがどのぐらいの人に支持されていたのかはわからないが、少なくとも東京ではけっこう聴かれていたし、それなりに人気があったのだ。六本木WAVEが発信する情報に、トンガった若者たちがついていった時代の幸福なところか。

和久井

The Lounge Lizards
Voice Of Chunk

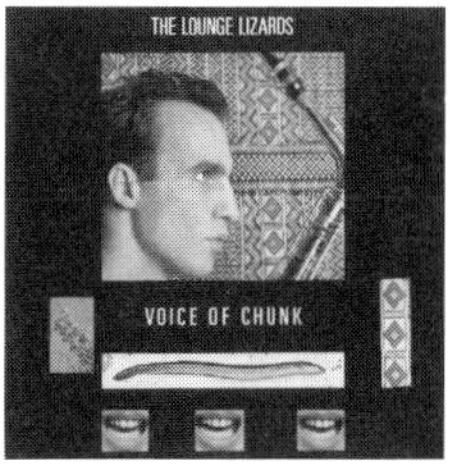

Lagarto Productions／LAGCD003
［CD］1988年
プロデューサー：John Lurie

いいアルバムだ。これはCDで買ったからか、とっくに手元になくて（実家を売ったときに大量の本とCDを売ってしまったのだ）、この機会にアナログ盤で買い直そうと思ったら、そんなに簡単にあるものではなかった。しょうがないからネットで聴いているのだが、再評価されて然るべき傑作だと思う。ヨーロッパのコンテンポラリー・ジャズのいいところに、ニュー・ウェイヴ以後のロックのダイナミズムや、イーノのミニマル・ミュージックのセンスを加えた〝ごった煮感〟はいま聴いても最高にカッコいい。都会的でお洒落だよ。

90年代中盤からのスピリチュアルなクラブ・ジャズにはない冷徹な批評性が、背骨となって体を貫いている感じ。

和久井

The Lounge Lizards
Queen Of All Ears

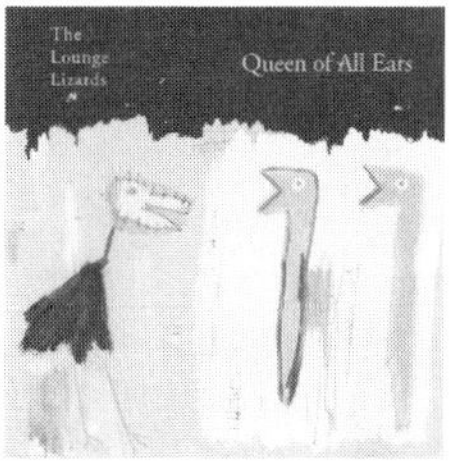

Strange & Beautiful／SB 0015［CD］
1998年
プロデューサー：John Lurie, Pat Dillett

忘れたころに出たスタジオ最終作。10年ぶりの新録音だからメンバーは変わっているが、『ヴォイス・オブ・チャンク』の続篇と言っていいもので、素晴らしい録音はニューヨークのパワー・ステイション、マスタリングはスターリング・サウンド、グラス・マスターの制作はニンバスである。

長年のベーシスト、エリック・サンコが曲づくりにも協力してジョン・ルーリーをサポートしたらしく、木管のマイケル・ブレイク、スライド・ギターのデイヴィッド・トロンゾォら新メンバーも、うまくバンドに溶け込んでいる。

当初はデイヴィッド・バーンのルアカ・ポップからリリースされるはずだった、というのも納得がいく快作だ。

和久井

Lounge Lizards
Live In Berlin 1991 Vol. I

独・veraBra／vBr 2044 2［CD］1991 年
プロデューサー：John Lurie

Lounge Lizards
Live In Berlin 1991 Vol. II

独・veraBra／vBr 2055 2［CD］1992 年
プロデューサー：John Lurie

素晴らしいパフォーマンスを収録した同名映画は、日本でも劇場公開され、ジョン・ルーリーが舞台挨拶に現れた。

当時レイザーディスクがリリースされたから、私はそれを買って何度か観た。ヘッズの『ストップ・メイキング・センス』の次に好きなライヴ映像作品だったからだ。しかしLDもほとんど処分してしまったから、手元にない。いまアマゾンで調べたらDVDは出ていないみたいだね。これは映像で持っていたいですよ。

CDを2枚組にしてくれればよかったのに、バラで出すからそれほど売れなかったのだ。中古で探すと手に入るが、そろそろ再評価され、リマスター版の2枚組CDとかになってもいいと思う。とにかく、文章で説明しても伝わらないタイプの音楽で、汗もかかずに異常なテンションで緻密な演奏をするバンドを「素晴らしい！」「カッコいい！」「クール！」と表現するぐらいしか術がない（ほら、安っぽいでしょ）。

ラウンジ・リザーズ名義の作品では、83年にカセットで出た“Live 79–81”がCD化されているし、ジョン・ルーリーのソロ作では、ジム・ジャームッシュ映画のサントラ“Down By Low”“Mystery Train”“Fishing With John”や、リサ・クリューガー監督、スカーレット・ヨハンセン主演の映画“Manny & Lo”のサントラ盤もオススメ。近年はすっかり画家になっていて、21年には画業がテーマの映画“Painting With John”が公開された。

和久井

John Lurie
Stranger Than Paradise & The Resurrection Of Albert Ayler - Music From The Original Scores

Enigma／SJ-73213：1985 年
プロデューサー：John Lurie

ジョン・ルーリーに映画音楽作家としての道を開いたのは、主演もしたジム・ジャームッシュの映画『ストレンジャー・ザン・パラダイス』が高く評価されたからだ。ヴィム・ヴェンダースの『パリ、テキサス』で印象的な役を演じたことで注目されたルーリーが、役者としてもサントラ作家としても花開き、ジャームッシュ映画には欠かせない存在となったのはよく知られているが、サントラ盤まで買った人はそれほど多くないと思う。同時期に舞踏家キャロル・アーミテイジのダンス・パフォーマンスのためのトラックとして録音された“The Resurrection Of Albert Ayler”を併録したこのアルバムは、ルーリーのソロ・キャリアの方向性を決めた傑作だ。

和久井

ノー・ウェイヴ、ノン・ジャンル

森次郎

ノー・ウェイヴと呼ばれたシーンに登場した音楽家がどこへ向かったのか、個々人に焦点を当てて紹介していく。

『ノー・ニューヨーク』に収録されたD.N.A.のギタリストで、初期のラウンジ・リザーズにも参加したアート・リンゼイからこの項を始めよう。本名アーサー・モーガン・リンゼイ（1953年5月28日〜）、米国生まれブラジル育ちの彼は、先のふたつのバンドのほかに、83年にはゴールデン・パロミノスに参加した。アントン・フィア（ds）が結成したグループで、同名のファースト・アルバムにはアート、ビル・ラズウェル（b）、ジョン・ゾーン（sax）らがクレジットされている。身体性とテクノロジー、衝動とテクニック、即興とアンサンブル、ノイズと反復などが高度な次元で融合し、端からジャンルを超越していると言っていい。

アートはピーター・シェラーと組み、84年にアート・リンゼイ：アンビシャス・ラヴァーズ名義で『エンヴィー』をリリースした。プログラミングを大幅に導入しながらパーカッションも多用し、さらにメロディはポップになって洗練された印象のアルバムだ。ブラジル音楽の影響が見られるようになった点も重要。ふたりのコラボレーションはこのあとも継続された。

89年にはボサノヴァを起点にブラジルのポピュラー音楽と欧米のロック、ポップスなどの要素をミックスさせた〝トロピカリア（トロピカリズモ）〟の中心人物、カエターノ・ヴェローゾのアルバム『エストランジェイロ』をピーターとプロデュースした。ボサノヴァ・ミーツ・ノー・ウェイヴ的な、お互いが立ち位置をキープしたまま接点を見出したプロダクトが最高だ。

アートのソロ・アルバムでは、96年の『ザ・サトゥル・ボディ』で抑制の効いた演奏とヴォーカルを披露した。やはりブラジル音楽、ボサノヴァからの影響は大きく、D.

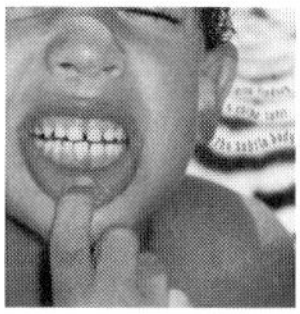

Arto Lindsay
O Corpo Sutil = The Subtle Body
Bar/None／AHAON-078-2
［CD］: 1996年

Caetano Veloso
Estrangeiro
Elektra Musician／9 60898-2
［CD］1989年

Arto Lindsay/ Ambitious Lovers
Envy
Editions EG／EGED 39：
1984年

The Golden Palominos
The Golden Palominos
Celluloid／CELL 5002：1983年

N. A. 時代からは想像もできない地点に到達している。彼はプロデューサーとしてもブラジルのマリーザ・モンチやガル・コスタ、日本の大貫妙子や宮沢和史などを手がけ、守備範囲の広さを見せつけてきた。

アントン・フィア（56年6月20日〜22年9月21日）は、ラウンジ・リザーズ、フィーリーズでドラムを担当したあと、ペル・ユビュに一時期参加して“Song Of The Bailing Man”（82年：Rough Trade/Rough US21）のレコーディングに参加。満を持してゴールデン・パロミノスを始動させている。80年代にセッションに呼ばれた録音はギル・スコット・ヘロン、ヨーコ・オノ、ミック・ジャガーなど多数あるが、音楽性はさまざま（バラバラ）。これは、彼の叩き出す音が時代に合っていたことにほかならない。もちろん正確なドラミングがあってこそだが。

ゴールデン・パロミノスは、85年に2枚目のアルバム『ヴィジョンズ・オブ・エクセス』をリリースした。アントン、ビルに加えてキーボードのバーニー・ウォレルが全面的に参加、リチャード・トンプソンらをゲストに迎えている。また、曲ごとにヴォーカリストを替え、マイケル・スタイプ、ジョン・ライドン、ジャック・ブルースなどが名を連ねている。前作から比べると、作風に時代が追いついてきたからこそポップな方向に軸足を移したのだろう。グループはその後も編成を替えながら、89年に“A Dead Horse”（Celluloid/CELCD 6138［CD］）、91年に“Drunk With Passion”（Charisma/Nation/Venture/91745-2［CD］）、93年に“This Is How It Feels”（Restless/7-72735-2［CD］）、94年に“Pure”（Restless/7-72761-2［CD］）、96年に“Dead Inside”（Restless/7-72907-2［CD］）をリリースしている。

87年にはジャック・ブルースとともに来日し、鈴木賢司とライヴを行った。その模様を収録したのが『イナズマ・スーパー・セッション〜アブソリュート・ライヴ!!』だ。当然のことながらクリームのカヴァーが多め。ちなみに鈴木賢司はその後ロンドンへ渡り、屋敷豪太とともにシンプリー・レッドに加入す

Blind Light
The Absence Of Time
日・Alida／ALDA-001［CD］
1994年8月1日

Anton Fier
Dreamspeed
日・Avant／Avan 009［CD］
1993年

Jack Bruce, Anton Fier & Kenji Suzuki
Inazuma Super Session
“Absolute Live!!”
Epic/Sony／32・8H 132［CD］
1987年

The Golden Palominos
Visions Of Excess
Celluloid／CELL 6118：
1985年

ることになる。

　アントンの最初で最後のソロ・アルバムになったのが、『ドリームスピード』だ。日本のディスクユニオンがディストリビュートしたのは、彼がＰｈｅｗとの共演を熱望したことをきっかけに、本作の企画が実現したため。そのため、彼女以外はほとんどゴールデン・パロミノスのメンバーにも関わらず、ソロ名義になったのだろう。さらにアントン、ビル、ヒューは、翌年ブラインド・ライトというユニットでアンビエントの割合を増したアルバム、『ジ・アブセンス・オブ・タイム』をリリースする。なお、残念ながらアントンは本稿執筆中に逝去した。

　ビル・ラズウェル（55年2月12日〜）は、アントンと組む以前にマテリアルでデビューしている。何枚かのシングルを出したあとのフル・アルバムが『テンポラリー・ミュージック（コンピレイション）』だ。ビルはデトロイトでミュージシャンとしてのキャリアをスタート、70年代の後半にニューヨークへ居を移している。そこで出会ったのが、ヤードバーズでひと山当てたジョルジオ・ゴメルスキーだった。彼の勧めでフレッド・マーらとバンドを組んだビルは、デイヴィッド・アレンに引き合わされることになる。マテリアルがアレンをバックアップするかたちでリリースされたのが、ニューヨーク・ゴングの『アバウト・タイム』だ。

　ビルの初のソロ・アルバムは83年の『ベースライン』。マテリアルがプロデュースしたこともあって、ベースを聴かせるアレンジになってはいるものの、あくまでバンドでつくり上げた音になっている。

　84年には、ハービー・ハンコックの『フューチャー・ショック』にマテリアルが全面的に参加した。「ロックイット」でヒップ・ホップ／サンプリング感覚満載のアレンジを実現させ、グラミーの最優秀R&Bインストゥルメンタル・パフォーマンスを受賞。翌年のハービーのアルバム“Sound-System”（Columbia/FC39478）でもグラミーを連続受賞し、ビルはメジャー・シーンでもプロデューサーとしての地位を築くことになる。

Herbie Hancock
Future Shock
Columbia／FC 38814：1983年

Bill Laswell
Baselines
Elektra Musician／960221-1：1983年

New York Gong
About Time
英・Charly／CRL 5021：1980年

Material
Temporary Music - Compilation
Celluloid／204527-320：1980年

その一方で86年にはソニー・シャーロック（g）、ロナルド・シャノン・ジャクソン（ds）、ピーター・ブロッズマン（sax）と、フリー・ジャズのグループ、ラスト・イグジットを結成した。同名のファースト・アルバム（Enemy/88561-8176-1）は、86年2月にパリで録音されたライヴ。4人は最初のショウが始まるまで、一緒に演奏したことがなかったと言う。88年のスタジオ盤“Iron Path”（Virgin/7-91015-1）以外はすべてライヴ録音だということも頷ける。どのアルバムも、とんでもなくテンションが高く、やかましい〝ジャズ〟を聴くことができる。

その後のビルの活動は割愛せざるを得ないが、メジャーもインディペンデントも関係なく、ジャンルを超越した膨大な仕事量は、〝NYパンク以降のUSロック〟のひとつの解になっていると思う。

ジョン・ゾーン（53年9月2日〜）は、ニューヨーク生まれのサックス・プレイヤー。初期の作品には、一定のルールに基づいて進行役（プロンプター）の指示により集団即興演奏を行う〝ゲーム〟を用いて録音された作品が多い。いずれもパラシュートからリリースされた、80年の“Pool”（POO11/12）、や81年の“Archery”（P017/18）に続いて代表作となったのが、84年に作曲され、87年に初めて録音された『コブラ』だ。日本では93年から、巻上公一（ヒカシュー）がプロンプターとなった『ジョン・ゾーンズ・コブラ・東京作戦』が行われていた。

次にゾーンが注目を集めたのが、エンニオ・モリコーネの楽曲を徹底的にリアレンジした『ザ・ビッグ・ガンダウン』だ。モリコーネ自身もゾーンのアプローチを支持し、高い評価を得た作品となった。

90年の『ネイキッド・シティ』は、のちに同名のバンドに発展した重要作。ビル・フリゼール（g）、フレッド・フリス（b）らを擁し、ロック・バンドの形態で映画音楽などを前衛的でハードコアな表現にリメイクした。ヴォーカルは山塚アイ（ボアダムス）。

ペインキラーはゾーンとビル・ラズウェル（b）、ナパーム・デスのミック・ハリス

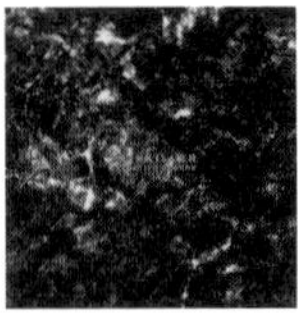

PainKiller
Execution Ground
Subharmonic／SD 7008-2
［CD］1994年

John Zorn
Naked City
Nonesuch/Elektra／79238-2
［CD］1990年

John Zorn Plays The Music Of Ennio Morricone
The Big Gundown
Nonesuch／79139-1：1986年

John Zorn
Cobra
瑞・hat ART／2034：1987年

（ds）による、前衛ジャズとグラインドコア、ダブなどを組み合わせたバンド。『エクスキューション・グラウンド』は無音からノイズに至る振り幅の大きさが凄まじい。
　ジョン・ゾーンのカヴァーする範囲はさらに拡がり続けていたが、メロディ・メイカーとしての面を最大限に引き出したのが『ソングス・フォー・ペトラ』。ゾーンは作曲に徹し、ジェシー・ハリスが作詞とプロデュース、ペトラ・ヘイデンがヴォーカルをとったプロジェクトだ。即興とは手癖で演奏することではなく、瞬時に作曲することだ、と言わんばかりに美しいメロディをいくつも紡ぎ出している。これもまたノー・ウェイヴのひとつの到達点だ。なお、ジャズ・ベーシストのチャーリー・ヘイデンの三つ子の娘のなかのひとり、ペトラ・ヘイデンは、ビル・フリゼールともたびたび共演している。

　サックス奏者のジョン・ルーリー（52年12月14日〜）は、ラウンジ・リザーズで（乱暴に言えば）アヴァンギャルドなジャズに取り組みながら、その延長線上で映画のサウンドトラックを手がけていた。ジム・ジャームッシュ監督・脚本、トム・ウェイツ主演の『ダウン・バイ・ロー』では、前作に続き音楽を担当するとともに出演も果たす。ソロ名義だが、演奏は弟のエヴァン（p）、トニー・ガーニエ（b）、マーク・リボー（g）など、バンドのメンバーが全面的に協力している。

　やはりジム・ジャームッシュ監督作品で、ジョー・ストラマー、スクリーミング・ジェイ・ホーキンス、永瀬正敏、工藤夕貴らが出演したオムニバス映画『ミステリー・トレイン』のサウンドトラックには、エルヴィス・プレスリーの同名曲などに加え、ジョンによるオリジナル・スコアが収録された。

　後期ラウンジ・リザーズと並行して活動していたのが、ジョン・ルーリー・ナショナル・オーケストラ。『メン・ウィズ・スティックス』は、ジョンのサックスとカルヴィン・ウェスティンのドラム、ビリー・マーティンのパーカッションの3名のみで、非常に即興性の高い演奏が繰り広げられている。ラウンジ・リザーズと同じ〝ジャズ〟の範疇に

John Lurie National Orchestra
Men With Sticks
欧・Columbia／474481 2
［CD］1993年

V.A.
Mystery Train - A Film By Jim Jarmusch
RCA Victor／60367-2-RC
［CD］1989年

John Lurie
Original Soundtracks From "Down By Law" And "Variety"
Capitol／C1-90968：1987年

Songs For Petra
Petra Haden Sings The Zorn/Harris Songbook
Tzadik／TZ8374［CD］
2020年

あるかも知れないが、立ち位置は270度違う〝フリー・ジャズ〟だ。

　99年にジョンは『ザ・レジェンダリー・マーヴィン・ポンティアック：グレイテスト・ヒッツ』をリリースした。架空のアフリカ系ユダヤ人ミュージシャン、マーヴィン・ポンティアックの死後の作品集という設定で、CDのブックレットは、でっちあげのプロフィールと写真で構成されている。肝心の音楽は、ブルースを下敷きにしながらフォーク、ジャズ、カントリーなどを取り込んだミクスチャー加減が絶妙。マーヴィン＝ジョンの吹くハーモニカが、ほどよいヴィンテージ感を生み出している。

　最後にもうひとり、マーク・リボー（54年5月21日〜）の仕事を紹介しておく。初期のセッションで重要なものは、トム・ウェイツとの出会いだ。『レイン・ドッグス』は、キース・リチャーズの参加が有名だが、リボーにとっては初めてのメジャー・シーンでのセッションになった。相性がよかったのか、トムは87年の“Franks Wild Years”（Island/90572-1）、88年の“Big Time”（Island/90987-1）と連続してリボーを招聘、その後もコラボレイションが続けられた。

　リボーはエルヴィス・コステロやジョン・ゾーンらとの共演、さまざまなバンド／ユニット、サウンドトラックの制作を経て、〝偽キューバ音楽〟にたどり着いた。Marc Ribot Y Los Cubanos Postizosとして、キューバの音楽家、Arsenio Rodrigueが30年代から70年代の間に残した楽曲をとり上げている。

　さらに08年には、トリオのマーク・リボーズ・セラミック・ドッグとして『パーティ・インテレクチュアルズ』を発表。ドアーズの「ブレイク・オン・スルー」を解体し尽つくした挙げ句に、リボーのクレイジーなギター・ソロが聴ける。

　ゴールデン・パロミノスとラウンジ・リザーズに在籍したミュージシャンの動向だけで紙幅が尽きたが（しかも全員ではない）、ノー・ウェイヴを通過した彼らが向かった先は、さらにボーダーレスでノン・ジャンルな世界だったことがおわかりいただけたと思う。

Marc Ribot's Ceramic Dog
Party Intellectuals
Pi／PI27［CD］2008年

Marc Ribot Y Los Cubanos Postizos
Marc Ribot Y Los Cubanos Postizos
(The Prosthetic Cubans)
Atlantic／83116-2［CD］1998年

Tom Waits
Rain Dogs
Island／90299-1：1985年

The Legendary Marvin Pontiac
Greatest Hits
Strange & Beautiful Music／SB-0018［CD］1999年

#6
JONATHAN RICHMAN & THE MODERN LOVERS

KOJI WAKUI
JIRO MORI

ロード・ランナーは電気羊の夢を見たか

和久井光司

ジョナサン・リッチマンは51年5月16日にマサチューセッツ州ボストンのユダヤ人家庭に生まれた。ミドル・ティーンのころに音楽を始めた彼は、16歳のときに『ザ・ヴェルヴェット・アンダーグウンド&ニコ』を聴いて衝撃を受け、68年に地元のライヴハウス〝ボストン・ティー・パーティー〟にやってくるようになったヴェルヴェッツの追っかけになるのだ。

69年、ヴェルヴェッツにくっついてニューヨークに出たジョナサンは、マネージャーだったスティーヴ・セスニックのアパートに居候するのだが、売れないバンドの現実を知ったからか、すぐにボストンに帰っている。

ひとりで歌っていた彼が最初のバンドを結成したのはそのころで、のちにリアル・キッズを結成するジョン・フェリス（ギター、ヴォーカル）、ベースのロルフ・アンダーソンと、デイヴィッド・ロビンソンというのがそのメンバー。当初のバンド名は〝ザ・モダン・ラヴァーズ（ザ・ダンス・バンド・オブ・ハイウェイズ）〟だった。

71年にハーヴァード大学の学生だったキーボードのジェリー・ハリスンが加わり、ベースはアーニー・ブルックス（のちにエリオット・マーフィーのバンドに入る）に交代。まだ高校生だったジョン・フェリスは脱退し、4人体制のモダン・ラヴァーズができあがる。ファズをかけたハリスンのオルガンがバンド・アンサンブルの要となったからか、すぐに評判となり、この年の秋にはワーナー・ブラザーズとの契約話が持ち上がった。プロデューサーは不在のままボストンで行われた4曲のデモ録音は失敗と見做されたが、

「ホスピタル」を聴いたジョン・ケイルが興味を持ってくれたことでクビは繋がり、72年の春、ケイルが監督を務めてのデモ録音が行われたのだ。

　のちに『ザ・モダン・ラヴァーズ』として陽の目を見るこの録音は大きな成果だったが、ワーナーと契約が決まらなかったときのことを考えてか、前後するようにＡ＆Ｍ用のセッションも行われている。しかし、バンドをコントロールするマネージャーがいないというのが災いして、両社とも手を上げなかった。

　その夏、自身の新作のプロモーションでボストンに来ていたキム・フォーリーの目にとまったモダン・ラヴァーズは、彼のプロデュースでデモを録るチャンスを摑む。けれど、のちに『ザ・オリジナル・モダン・ラヴァーズ』として発掘されるこのセッションは、ジョン・ケイルが録ったデモとは比べものにならないほど粗っぽいもので、メジャー・メイカーに持っていくには無理があった。

　73年になるとワーナーがジョン・ケイルのプロデュースでアルバムを制作することを決め、夏にロサンゼルスでレコーディングされることになった。ところが春のツアーでバミューダ諸島に出かけたのをきっかけに、ジョナサンの音楽性がまったく変わってしまっていたのだ。明るいポップ・チューンをゆる～く歌いたがるジョナサンに、ケイルが〝ダメだ、こりゃ〟とオチをつけたため、プロデューサーはキム・フォーリーに交代。フォーリーはフィル・スペクターが多くの名作を生んだゴールド・スター・スタジオでセッションを続けたが、ケイル不在の録音などいらないと突き返され、モダン・ラヴァーズは解散してしまう。

『ザ・モダン・ラヴァーズ』のＣＤにはＬＡでのキム・フォーリー・セッションを含む8曲をボーナス収録。第一期のまともな録音がついに網羅されるのだが、当時このバンドの価値を認める人間はいなかった。

　74年にモーリン・タッカーと「アイム・スティッキング・ウィズ・ユー」を録音したジョナサンが、新生モダン・ラヴァーズを率いて活動を再開すると、Ａ＆Ｍで仕事をしていたマシュー・カウフマンが〝新しいレーベルをつくるから〟と誘いに来た。彼は『ジョナサン・リッチマン＆ザ・モダン・ラヴァーズ』となるアルバムをプロデュースしながらワーナーのデモを再編集し、まずは『ザ・モダン・ラヴァーズ』をリリースしたのである。

　私は97年5月に、二度目の来日を果たしたジョナサンに当時シンコーが出していた『ＴＨＥ　ＤＩＧ』でインタヴューした。これは非常に珍しいものなので、『バック・イン・ユア・ライフ』がCD化されたときのライナーに一部を再録した。取材したばかりのホットな雰囲気はとうてい出せないので、ここに再々録したい。

《レコードはほとんど持っているし、初来日時の、たったひとりで、歌って、踊って、楽しませてくれたステージも忘れ難いものとして記憶に残っている。

だから、喜んで取材に出かけたのだけれど、シラフのジョナサンも（ぼくはパフォーマンスの一部だとばかり思っていた）あの夢見るような、それでいてオドオドしながらも〝完全に座っている〟不思議な目をしているのだった。

要するに〝イッちゃってる〟のである。とっても正直ないい人なのだが、変人であることは間違いない。何を訊いてもあんまりマトモな応えは返ってこないらしい、と編集部から聞かされていたから、こっちも質問の内容を決めないで行ったのだけれど、寿司をつまみながら「アリガゴゼマース」を連発し、時には歌い、時には踊り、しまいにはウンコまでしに行ってしまう。質問にはちゃんと応えてくれるのだけれど、何せ〝あの目〟である。発言にはまったくリアリティがない。インタヴュアーを煙に巻いてやろういう目的でのそれなら、こっちにも出方はある。つまり〝関係〟が成立するわけだが、ジョナサン・リッチマンという人との間にインタヴュアーがそれを持とうとするのは難しい。『アイ、ジョナサン』というアルバムがあるが、レコードに音を刻むこと、ステージでパフォーマンスすることで、ジョナサン・リッチマンのすべては完結しているのだろう。そう、彼の中には〝ぼく＝ジョナサン〟とオーディエンスの関係しか存在しないのだ。

インタヴューの数時間後に東京公演初日のステージを観た。今回は元グリーン・オン・レッドのドラマー、トム・ラーキンスとふたりでの演奏だったが、だからといって何かが変わったわけではなく、ジョナサンは相変わらずペケペケとギターを弾き、夢見るような目で歌い、ギターを置いて踊ってしまうのだった。》

そのときインタヴューに起こさなかったことが、『バック・イン・ユア・ライフ』のライナーには書いてある。

《ぼくがオリジナル・モダン・ラヴァーズについて訊くと、「ヴェルヴェット・アンダーグラウンドのようなアンサンブルを目指していたバンドが、そうはならなかった。ただのロック・バンドだったからだよ。で、メンバーが変わってから、ぼくはちゃんとメロディを書かなきゃって思ったんだ」と語り、「そうこうしているうちにパンクが始まった」と付け加えた。》

ジョナサン・リッチマン（1980 年代前半）

ジョナサン・リッチマン（2021 年）

The Modern Lovers
The Modern Lovers

Home Of The Hits／HH-1910
発売：1976年8月
[A] 1. Roadrunner / 2. Astral Plane / 3. Old World / 4. Pablo Picasso
[B] 1. She Cracked / 2. Hospital / 3. Someone I Care About / 4. Girl Friend / 5. Modern World
プロデューサー：John Cale
演　奏：Jonathan Richman (vo, g)
Jerry Harrison (kbd, cho)
Ernie Brooks (b, cho)
David Robinson (ds, cho)

2003 Remaster CD
Castle Music／CMQCD 782
Bonus Tracks: 10. Dignified & Old (A&M sessions, April 1972) / 11. I'm Straight (Fowley sessions, October 1973) / 12. Government Center (Fowley sessions, October 1973) / 13. I Wanna Sleep in Your Arms (Fowley sessions, October 1973) / 14. Dance With Me (Fowley sessions, October 1973) / 15. Someone I Care About (Alternate version, September 1971) / 16. Modern World (Alternate version, Fowley demo, 1972) / 17. Roadrunner (Alternate version, September 1971)

71〜72年にワーナー・ブラザーズでレコーディングされたデモ・セッションのテープから8曲を選んでレコード化したもの。プロデュースはジョン・ケイルだが、新生モダン・ラヴァーズと契約したビザークレイのマシュー・キング・カウフマンが陣頭指揮をとってアルバムにまとめた。新作との差別化をはかってか、当初はHome Of The Hitsというレーベルが使用され、ファースト・プレスHH-1910、セカンド・プレスはBZ-0050という番号。私が所有するのは第二版で、初版は〝幻〟と言われている。英国では最初から通常のBesekleyレーベルを使用し、BSERK1の番号でリリースされた。

ジョナサン・リッチマン、アーニー・ブルックスと、トーキング・ヘッズのメンバーとなるジェリー・ハリスン、ザ・カーズに行くデイヴィッド・ロビンソンというメンバーだから、ボストンの学生バンドとはいえ演奏には魅力があり、ヴェルヴェッツ・フリークだったジョナサンの曲がこの段階では非常にニューヨーク・パンク的なのだ。のちにアルバム化された68〜69年のヴェルヴェッツのライヴに近いが、ジョナサンが書く曲の方がメロディがキャッチーだから、パワー・ポップとしても、初期のパンクとしても聴くことができる。パンク第一波のバンドはラモーンズとセックス・ピストルズのサウンドをとりあえずの目標にしていたが、第二波以降のバンドはこのアルバムからヴェルヴェッツに遡り、オリジナル・パンクを再評価したのだった。やがてアメリカのペイズリー・アンダーグラウンド以降のバンド、英国だとスコットランドのネオアコ以降に、ここからの影響が滲み出てくる。それがわかると〝神〟のように感じられてくる一枚だが、学習しないとB級バンドにしか聴こえないかな。**和久井**

The Modern Lovers
The Original Modern Lovers

Mohawk／SCALP-0002
発売：1981年10月
［A］ 1. Road Runner #1 / 2. She Cracked / 3. Astral Plain / 4. I'm Straight / 5. Walk Up The Street
［B］ 1. I Wanna Sleep / 2. Don't Let Our Youth Go To Waste / 3. Dance With Me / 4. Girlfren / 5. Road Runner #2
プロデューサー：Kim Fowley
演　奏：Jonathan Richman (vo,g)
Jerry Harrison (kbd, cho)
Ernie Brooks (b, cho)
David Robinson (ds, cho)

81年になってMohawkというインディー・レーベルからリリースされたアルバムだが、72年春に、キム・フォウリーのプロデュースで録音された10曲を収録しているため、録音順の編年体を採用している本書ではここに位置するのである。音源を供出したのはジョナサン本人らしく、すぐにBomp!International から再発されたが、ボム版は「アイム・ストレイト」を外した全9曲で、「アイ・ウォナ・スリープ」が「アイ・ウォナ・スリープ・イン・ユア・ハート」と表記されているのが、裏ジャケを見ればすぐ判る。安く売られているのはボム版なのでコレクター諸氏は要注意だ。

ジョナサンとキム・フォウリーの邂逅が面白くないわけがないが、録音がよくないのが残念。フォウリーはアンサンブルの中ではジェリーの鍵盤が面白いと思ったのか、「ロード・ランナー#1」などではギターやベースの録音が適当だったりして、いかにもデモ。おかげで『ザ・モダン・ラヴァーズ』のまとまりには及ばない。　和久井

Jonathan Richman & The Modern Lovers
Jonathan Richman & The Modern Lovers

Beserkley／BZ-0048
発売：1976年7月
［A］ 1. Rockin' Shopping Center / 2. Back In The U.S.A. / 3. Important In Your Life / 4. New England / 5. Lonely Financial Zone
［B］ 1. Hi Dear / 2. Abominable Snowman In The Market / 3. Hey There Little Insect / 4. Here Come The Martian Martians / 5. Springtime / 6. Amazing Grace
プロデューサー：Glen Kolotkin, Matthew King Kaufman

ヴォーカル、ギターのジョナサン以下、リロイ・ラドクリフ（ギター）、アサ・ブレブナー（ベース）、D・シャープ（ドラムス）というのが新生モダン・ラヴァーズのメンバーだが、おそらくこのアルバムの段階では他のプレイヤーも試され、録音の過程でメンバーが決まっていったのではなかったか。

ビザークレイの社主マシュー・キング・カウフマンは46年5月19日バルティモア州メリーランド生まれ。サンフランシスコでアース・クウェイクのマネージャーとなったことから音楽業界に入った。アース・クウェイクは71年、72年にA&Mからアルバムを出したが、レコード業界の体質に疑問を感じたカウフマンは自らビザークレイを立ち上げたのだ。モダン・ラヴァーズの「ロード・ランナー」が英国で11位まで上がるヒットになったので、すぐさま制作したのが本作。いい加減さの波長があったのか、ジョナサンのヘタウマ感がみごとにアルバムに刻まれ、彼はビザークレイを象徴する存在になったのだ。　和久井

Jonathan Richman & The Modern Lovers
Rock 'N' Roll With The Modern Lovers

Beserkley／JBZ-0053
発売：1977年8月
［A］1. The Sweeping Wind (Kwa Ti Feng) / 2. Ice Cream Man / 3. Rockin' Rockin' Leprechauns / 4. Summer Morning / 5. Afternoon / 6. Fly Into The Mystery
［B］1. South American Folk Song / 2. Roller Coaster By The Sea / 3. Dodge Veg-O-Matic / 4. Egyptian Reggae / 5. Coomyah / 6. The Wheels On The Bus / 7. Angels Watching Over Me
プロデューサー：Glen Kolotkin, Matthew King Kaufman
演　奏：Jonathan Richman (vo, g)
Greg 'Curly' Keranen (b, cho)
Leroy Radcliffe (g, cho)
D. Sharpe (ds, cho)

2004 Remaster CD
英・Castle/Beserkley／CMRCD 884
Bonus Track: 14. Dodge Veg-O-Matic (Extended Version)

デカイ音が嫌いなジョナサンがタイル張りのトイレのエコーに注目したことから、20年も使われていなかった家に機材を持ち込んで、なるべくアコースティックな楽器でロックンロールしてみる、という本作の方針が決まったという。ちょうど子供向けの歌や、無国籍なインスト・ナンバーに興味を持ち始め、そういう曲をたくさん書いていた時期だったからだろう。デイヴィッド・バーンなら〝非ロック的な方法論を旧世代に突きつけるのもパンク世代の役目〟と言ったかもしれないが、無自覚にそこに向かってしまうのがジョナサンなのだ。

カッコ悪さを逆手にとったジャケットも笑えるが、フリートウッド・マックの『噂』が大ヒットしていた77年前半に、一般的のロックンロールの概念を覆すこのチープな音を録音したセンスはスゴイ。ロックの美学をまるっきりひっくり返してしまった快作と言っていいと思う。

「アイス・クリーム・マン」「サウス・アフリカン・フォーク・ソング」「エジプシャン・レゲエ」が収録されていることが想像させるのは、次の『ライヴ』は〝プロモ用のアルバムになればいい〟ぐらいのつもりで録音されたのではなかったか、ということだ。当時、トム・ペティやグレアム・パーカーがプロモ用のライヴ盤をラジオ局に配って実力をアピールし、ツアーの動員に直結する動きをつくっていた。オールド・ウェイヴの時代によくあった、A面にAM放送用のモノラル、B面にFM用のステレオ・ヴァージョンを入れたリード曲のシングルではなく、市販しないプロモ・オンリーのライヴ盤である。インパクトがあった。でも貧乏なビザークレイはそれを売ってしまったわけだ。本作〜次作の流れは、ジョナサンが考える〝転換〟にカウフマンが乗ったことを証明している。

和久井

Jonathan Richman & The Modern Lovers
Modern Lovers 'Live'

Beserkley／JBZ 0055
発売：1977年
［A］1. I'm A Little Airplane / 2. Hey There Little Insect / 3. Egyptian Reggae / 4. Ice Cream Man
［B］1. I'm A Little Dinosaur / 2. My Little Kookenhaken / 3. South American Folk Song / 4. New England / 5. The Morning Of Our Lives
プロデューサー：Kenny Laguna, Matthew King Kaufman
演　奏：Jonathan Richman (vo, g)
Asa Brebner (b, cho)
Leroy Radcliffe (g, cho)
D. Sharpe (ds, per, cho)

2006 Remaster CD
日・Strange Days／POCE-1040
Bonus Track: 10. Roadrunner

アイランドのモービル・システムを使って、ロンドンのハマースミス・オデオンで収録されたライヴ・アルバム。「ロード・ランナー」のヒットで人気が爆発した英国では3500席のオデオンが埋まったそうだが、新生モダン・ラヴァーズの第3作が一刻も早く欲しかったカウフマンは新曲を中心にしたライヴ盤を編んだのだ。

部屋の中を飛びまわる猫を飛行機に喩えた「アイム・ア・リトル・エアプレイン」のニャーニャー・コーラスにまずヤラれ、「エジプシャン・レゲエ」の人をくったインチキ・ワールド・ミュージック感に感心させられるが、極め付けは「アイス・クリーム・マン」だろう。ライヴならでのオーディエンスとのやりとりを余すところなく収録したことで、ジョナサンのキャラクターを世界に広める一曲となった。以後この曲は観客のレスポンスでつくられていくようになり、〝芸風〟としても定着。アイス・クリーム売りの車が鳴らす♪ディーンディーンという鐘の音などはオーディエンスが担当するパートとなった。

「サウス・アフリカン・フォーク・ソング」は「エジプシャン・レゲエ」と対になっているような無国籍チューン。アメリカ東海岸の生活感が出た「ニュー・イングランド」と「ザ・モーニング・オブ・アワー・ライヴス」にはホロっとさせられる。

パンク・ロックの文脈から、こんなにユーモラスで楽しいバンドが出てきたことも、英国では〝革命〟と受け取られたのだが、アメリカでは理解が得られず、日本ではまったく語られなかった。私がジョナサンの魅力に気づいたのは81年のことだったが、ビザークレイの作品はすべて廃盤になっていてから、82年に渋谷の芽瑠璃堂でこのアルバムを見つけたときは狂気したものだ。へたうまロックの大傑作。

和久井

Jonathan Richman & The Modern Lovers
Back In Your Life

Beserkley／JBZ-0060
発売：1979年2月
［A］1. Abdul And Cleopatra / 2. (She's Gonna) Respect Me / 3. Lover Please / 4. Affection / 5. Buzz Buzz Buzz / 6. Back In Your Life
［B］1. Party In The Woods Tonight / 2. My Love Is A Flower (Just Beginning To Bloom) / 3. I'm Nature's Mosquito / 4. Emaline / 5. Lydia / 6. I Hear You Calling Me
プロデューサー：Glen Kolotkin, Kenny Laguna, Matthew King Kaufman
演　奏：Jonathan Richman (vo, g) etc.

ビザークレイでの最後のアルバムは、フォーク／カントリー調の曲が詰まったダウナー系。味わい深い佳作だが、79年2月にこれを聴かされたらちょっと戸惑うと思う。10年後なら〝オルタナ・カントリーの秀作〟と絶賛されたに違いないが、70年代末にそういうセンスを持っていたリスナーは皆無に等しかったはずである。

レーベル・オーナーのカウフマンもそう思ったに違いない。評判がよかった『ライヴ』の路線をなぜ踏襲しない？　アース・クウェイク、ルビノーズ、グレッグ・キーン・バンドというラインナップの俺のレーベルで何でこれ？――ってなるよ、スポンサーとしては。よって再契約はなく、ジョナサンの動向はわからなくなる。

バンドの形態で録音しているものの、どんな楽器が鳴っているか、とか、誰がプレイしているかなんて、どうでもいいという気持ちにさせられるのだ。それはジョナサンがもはや〝バンドを必要としていない〟のが摑めてしまうからだろう。　和久井

Jonathan Richman & The Modern Lovers
Jonathan Sings!

Sire／1-23939
発売：1983年
［A］1. That Summer Feeling / 2. This Kind Of Music / 3. The Neighbors / 4. Somebody To Hold Me / 5. Those Conga Drums
［B］1. Stop This Car / 2. Not Yet Three / 3. Give Paris One More Chance / 4. You're The One For Me / 5. When I'm Walking
プロデューサー：Peter Bernstein
演　奏：Jonathan Richman (vo, g)
Greg Keranen (b)
Ken Forfia (kbd)
Michael Guardabascio (ds)
Beth Harrington (cho) etc.

4年半ぶりのアルバムとしてサイアーからリリースされたのが原盤だが、出たときからレア盤だったと言ってもいいぐらい手に入りにくかった。84年に出た英ラフ・トレイド盤でようやく知られるようになったのだ。

プロデュースは主にクリトーンズのピーター・バーンスタインで、ベス・ハーリントン、エリー・マーシャル、グレッグ・ケラネン、サックスのジョン、ケン・フォーフィア、マイケル・ガーダバッシオといったボストンのローカル・ミュージシャンが参加している。

ジョナサンの弾き語りに、バック陣がコーラスで答えるという、〝歌声喫茶のライヴ盤〟みたいな内容に驚かされたが、ライヴの雰囲気をそのままレコード化しようとしたのだろう。もともとこの路線は、50年代末〜60年代前半のフォーク集会的なステージ〝フーテナニー〟の雰囲気を再現する意識から始まったようだが、それはちゃんと説明しないと伝わらないよね。私には面白かったけれど、誰が喜ぶのかな？とも思った。　和久井

Jonathan Richman & The Modern Lovers
Rockin' And Romance

英・Rough Trade／ROUGH 72：1985 年
プロデューサー：Andy Paley

英国のラフ・トレイドと契約したものの、ベースのグレッグ・ケラネンが抜けた穴を埋めないまま、ほぼジョナサンのギターとマイケル・ガーダバッシオのドラムだけで押し切ったアルバム。あとは申し訳程度にプロデューサーのアンディ・ペイリーが弾くトイ・ピアノが入ってくるくらい。

もはやバンドの体をなしていないし、ほぼデモみたいなテイクもある。しかしジョナサンを含めて9人の〝シンガー〟がクレジットされているので、ときにドゥー・ワップ・グループみたいになるから飽きさせないのだ。

60年代ポップス風だったのに、最後に変なコーラスを入れてしまう「マイ・ジーンズ」にパンク魂が表れてる気も。

森

Jonathan Richman & The Modern Lovers
It's Time For

英・Rough Trade／ROUGH 92：1986 年
プロデューサー：Andy Paley, Gail Clook, Jonathan Richman

ラフ・トレイドと結んだ2枚の契約のうち、2枚目にあたるのがこの『イッツ・タイム・フォー』だ。基本的な路線は前作と変わらない。

それでも1曲目の「イッツ・ユー」でサックスが聴こえてきて、もう少し音を重ねようという気を見せたか、と思わせるが、実はジョナサンが吹いている。DIY精神もずっと変わらないわけだ。

「ジャスト・アバウト・セヴンティーン」は、脱力したコーラスのときだけドラムをしっかり叩いている。そんなメリハリのつけ方ある？ ラストの「エンシェント・ロング・アゴー」は、抑制が効いたアレンジとしみじみとした良い歌が聴ける。こんなところにヤラれちゃうんだよなあ。

森

Jonathan Richman & The Modern Lovers
Modern Lovers 88

Rounder／9014：1987 年
プロデューサー：Brennan Totten

&モダン・ラヴァーズ名義では最後のアルバム。ラフ・トレイドとの契約を終えたジョナサンは、ブレナン・トッテン（ギター）、ジョニー・アヴィラ（ドラム）とツアーに出ていた。新たにラウンダーとの契約を結んだバンドは、ほとんどリハーサルも行わず、3日間のセッションで本作を録り終えたのだ。

プロデューサーはトッテン。シンプルこの上ないところは変わらないが、ツアーを通じてバンドが固まっていることが伝わってくる。「ダンシン・レイト・アット・ナイト」や「カリフォルニア・デザート・パーティ」など、ジョナサンのサックスが引っ張る曲も多い。長らく入手困難だったが、22年にアナログで再発された。

森

Jonathan Richman
Jonathan Richman

Rounder／9021［CD］1989年
プロデューサー：Brennan Totten

ジョナサン初のソロ・アルバム。2曲のインスト・カヴァー「ブルー・ムーン」と「スリープウォーク」で控えめなドラムとベースが入っているだけで、あとはギターとフット・ストンプ（足踏み？）だけ。それどころか「アイ・イート・ウィズ・ガスト、ダム！ユー・ベット」は語り（と足音）だし、「クローザー」は弾き語りと途中で無伴奏になるスペイン語ヴァージョンの2テイクが入っているし、自由過ぎる。「フェンダー・ストラトキャスター」なんて、そのものズバリなタイトルの曲があるのもジョナサンらしいが、モダン・ラヴァーズ時代から一貫してシンプルでフレキシブルな演奏を続けているのだから、当然と言えば当然の内容である。 森

Jonathan Richman
Jonathan Goes Country

Rounder／9024［CD］1990年
プロデューサー：Lou Whitney, D. Clinton Thompson

自分から出てくる音楽をそのまま録音したような前作から一転、タイトルどおりにカントリーに接近したアルバム。ザ・モレルズのルー・ホイットニーとD・クリントン・トンプソンにプロデュースを委ねた、5曲のカヴァーを含む異色作だ。

とは言え、ジョナサンが変わるはずもなく、違和感もない。「ザ・ネイバーズ」でローカル・シンガーのジョディ・ロスとデュエットしたり、スキータ・デイヴィスの「アイ・キャント・ステイ・マッド・アット・ユー」（ゲフィン／キング作）をカントリー・アレンジのインストに仕立ててギターを弾いたりするアイディアもいい。

ウエスタン・ブーツを勧められて困り顔のジョナサンだが、続きは裏ジャケで。 森

Jonathan Richman
Having A Party With Jonathan Richman

Rounder／9026［CD］1991年
プロデューサー：Brennan Totten

ギターと少しのベースとパーカッションで録音されたアルバム。プロデュースは前々作と同じ、モダン・ラヴァーズ後期メンバーのブレナン・トッテン。

ここまでシンプルになると、ジョナサンのつくる曲の良さが際立ってくる。歌はリキんでないだけで、決してヨレヨレではない。メロディとヴォーカルは既視感があって目新しいものではないし、ヴァリエーションが多いわけでもないのに、途中で飽きないところが素晴らしいのである。

12曲中4曲がライヴで、「カプチーノ・バー」は客の手拍子がパーカッション替わりになっている。「モノローグ・アバウト・バミューダ」はタイトルどおりモノローグを挟み込んだ、変幻自在な展開だ。 森

Jonathan Richman
I, Jonathan

Rounder／9036［CD］1992年
プロデューサー：Brennan Totten

ベースとドラムが加わることによって、飄々とした表情が浮き彫りになるという、逆説的な効果がよくわかる一枚。「ツイスト&シャウト」みたいなリフから始まる「パーティーズ・イン・ザ・U.S.A.」は当然のように元気いっぱいにはならず、じわじわと侵食されるような中毒性に満ちている。これが1曲目なのだから、どんなアルバムかは想像がつくだろう。

ジョナサンが最も影響を受けたバンドの名前をそのままタイトルにした「ヴェルヴェット・アンダーグラウンド」は、本家の「シスター・レイ」を引用しながらあっという間に終わる。そして「ザット・サマー・フィーリング」に歌われたノスタルジーは万国共通のもの。あの夏の感じ。

森

Jonathan Richman
¡Jonathan, Te Vas A Emocionar!

Rounder／9040［CD］1994年
プロデューサー：Brennan Totten

全編スペイン語で歌われたアルバム。最初にスペイン・ツアーを行ったジョナサンは、現地の言葉をまったく話せなかったが、観客がわかるように歌うことがベストだと考えるようになったという。

89年のツアー中、自分の曲を翻訳しようと思い立ったものの、手持ちの辞書ではどうにもならず、関係者の助けを借りて最初に歌ったのが「クローザー」のスペイン語ヴァージョン「セルカ」である。

かくしてレパートリーも増え、一枚の作品にまとめたのが本盤だ。冒頭はマヌエル・デ・ファリャが作曲したバレエ『恋は魔術師』から「パントマイム」のインストだが、あとはすべてジョナサン作品の翻訳版。さほど違和感がないのが不思議だ。

森

Jonathan Richman
You Must Ask The Heart

Rounder／9047［CD］1995年
プロデューサー：Brennan Totten

ラウンダーでの最終作。2曲目にトム・ウェイツの「ザ・ハート・オブ・サタデイ・ナイト」をカヴァーしていることが目を引く。ジャズをベースにしたアレンジのオリジナルに対し、こちらはスカスカのソウル。本作ではサム・クックの「ナッシング・キャン・チェンジ・ディス・ラヴ」もカヴァーしているので、ジョナサンの歌ものアプローチがソウル・バラード的な方向になっていたのだろう。

とは言えそれ以外はいつものジョナサン。無国籍なアレンジでノスタルジーをかき立てられる「トゥ・ハイド・ア・リトル・ソウト」で始まり、わずか20秒足らずのアカペラ「ニシ」で終わる。「ヴァンパイア・ガール」も収録。

森

Jonathan Richman
Surrender To Jonathan

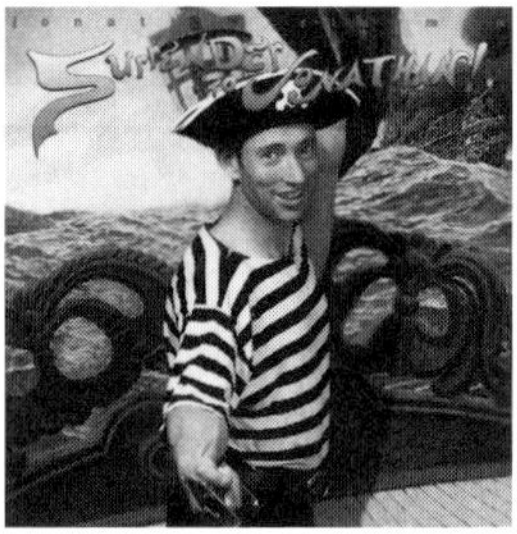

Vapor／9 46296-2［CD］
発売：1996年
1. Just Look At Me / 2. Not Just A 'Plus One' On The Guest List Anymore / 3. That Little Sleeper Car / 4. French Style / 5. Surrender / 6. I Was Dancing In The Lesbian Bar / 7. To Hide A Little Thought / 8. Egyptian Reggae / 9. When She Kisses Me / 10. Satisfy / 11. Rock 'N' Roll Drummer Straight From The Hospy-Tel / 12. My Little Girl's Got A Full Time Daddy Now / 13. Floatin'
プロデューサー：Andy Paley
演　奏：Jonathan Richman (vo, g)
Jessica Henry (vo)
Litza Henry (vo) etc.

　ジョナサンはラウンダーとの契約を終えると、ニール・ヤングがつくったヴェイパーへ移籍した（ニールの『デッド・マン』サントラはこのレーベルから）。本作のプロデュースはおなじみのアンディ・ペイリーだが、それまでのソロと比べると明らかに〝ちゃんと〟やろうとしている。それまでちゃんとしてなかったというわけではないし、あの脱力具合を好む向きもあるだろうから言い方が難しいが、心機一転、思いに任せるところはほどほどに、自分の書いた曲を〝なるべく〟丁寧に歌おうとしているように聴こえる。

　1曲目の「ジャスト・ルック・アット・ミー」を聴くと、ジョナサンが窮屈そうにしているようにも感じるが、その違和感が「サレンダー」のスタンダードっぽくていかがわしい雰囲気を醸し出しているのだから、このマイナー・チェンジも悪くないだろう。「アイ・ワズ・ダンシング・イン・ザ・レズビアン・バー」「エジプシャン・レゲエ」と、再演が多いところは変わらず。　森

Jonathan Richman
I'm So Confused

Vapor／9 47086-2［CD］
発売：1998年
1. When I Dance / 2. Nineteen In Naples / 3. I'm So Confused / 4. True Love Is Not Nice / 5. Love Me Like I Love / 6. Hello From Cupid / 7. If She Don't Love Me / 8. The Lonely Little Thrift Store / 9. Affection / 10. I Can Hear Her Fighting With Herself / 11. The Night Is Still Young / 12. I Can't Find My Best Friend
プロデューサー：Ric Ocasek
演　奏：Jonathan Richman (g, vo)
Tommy Larkins (ds)
Darryl Jenifer (b)
Ric Ocasek (kbd)
Edwin Bonilla (per) etc.

　ヴェイパー移籍第2弾のプロデューサーは、なんとザ・カーズのリック・オケイセク。基本はドラムとベースに、ジョナサンのギターとオケイセクのキーボードという編成だ。

　従来のアルバムでは鍵盤が入っていると言っても、ピアノかオルガンくらいのもの。それが、ピコピコと鳴ってるわけではないが、オケイセクがさまざまな音色を随所に仕込んでいるので、前作とはまた違う路線に方向転換してしまっている。

　また、丁寧に歌っている反面、気の向くままに、という部分が極端に少ない。タイトルを見ても「トゥルー・ラヴ・イズ・ノット・ナイス」と感じて「イフ・シー・ドント・ラヴ・ミー」と疑っていたら、「アイ・キャント・ファインド・マイ・ベスト・フレンド」になって「アイム・ソー・コンフューズド」なのだ。どうやら離婚したことが影響しているらしい。

　しかし、同じ時期に映画『メリーに首ったけ』に出演、サントラにも3曲を提供し、期せずして注目を集めていく。　森

Jonathan Richman
Her Mystery Not Of High Heels And Eye Shadow

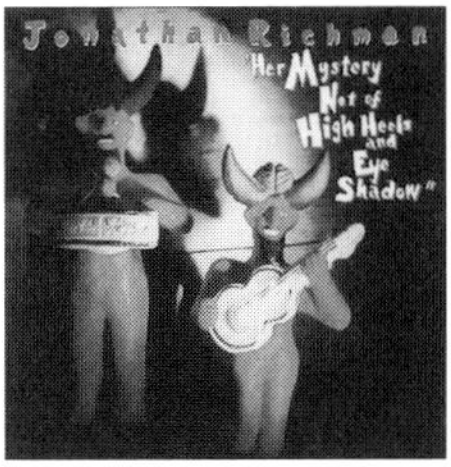

Vapor Records／9 48216-2［CD］2001年
プロデューサー：Niko Bolas

ニコ・ボラスとジョナサンの共同プロデュース。ニコはもともとエンジニアで、ニール・ヤングとザ・ボリューム・ディーラーズ名義のプロデュース・チームを組んでいる人物。前2作はジョナサンにとっては変化球みたいな仕上がりだったので、ヴェイパーとしても「そろそろ頼むよ」という意味での人選だったのではないだろうか。

果たしてその結果は、前々作の路線を発展させたような、極めて〝大人な〟アルバムになった。シンプルだけど細部まで詰められたテイクが多いのは、ニコのおかげ。ジョナサンも真摯に、かつ自由度の高いヴォーカルを披露している。それでも最後はスペイン語版の「ヴァンパイア・ガール」。やはりジョナサンは変わらず。

森

Jonathan Richman
Not So Much To Be Loved As To Love

Sanctuary/Vapor／06076-89404-2［CD］2004年
プロデューサー：クレジットなし

2000年にザ・ハイロウズの招きで来日して、観客を狂乱／混乱の渦に陥れたジョナサン。その模様はオムニバスのDVD“That Summer Feeling”（日Kitty MME／UMBK-1010）で確認することができる。

日本での反応の良さに気を良くしたわけではないだろうが、本作はトミー・ラーキンスのカクテル・ドラムと自分のギターという、ライヴと同じ体制を中心に録音されている。プロデューサーのクレジットが見当たらないが、ラウンダー時代に戻ったようなプロダクトに〝ファン〟は喜んだ。

しかし以前と同じ、という感じではない。思いつくままに歌っているようでも押し出しが強くなり、改めて聴き手の存在を強く意識し始めたように感じられるのだ。

森

Jonathan Richman
Revolution Summer
(Original Soundtrack To The Film)

Vapor／20071-2［CD］2007年
プロデューサー：クレジットなし

初のインストゥルメンタル・アルバムは、マイルズ・マシュー・モンタルバーノ監督による同名映画のサウンドトラック。トミー・ラーキンスのドラムとともに大活躍しているのが、ラルフ・カーニーのヴァイオリンだ。ヴォーカルの替わりに弾いている、というよりも、ヴァイオリンのために書いた曲のようなハマり方。ジョナサンのメロディ・メーカーとしての一面を浮き彫りにした作品と言えるだろう。

「レヴォリューション・サマー・テーマ」は西部劇やサスペンスでも使えそうだし、「ナウ・ホワット」はジョナサンのヴォーカルが聴こえてきそう。ほかにもさまざまなヴァリエーションがあって飽きさせない。一枚のアルバムとしても聴きものだ。

森

Jonathan Richman
Because Her Beauty Is Raw And Wild

Vapor／2-453180［CD］2008年
プロデューサー：クレジットなし

ほぼジョナサンのギターとトミー・ラーキンスのドラム／パーカッションだけで録音されたアルバム。ベース、ピアノが参加した曲が1、2曲ずつあるが、大きな変化はない。長くふたりでライヴを続けているので、レコーディングもその延長線上で行った、ということなのだろう。

もちろんそれまでもシンプルな編成での録音はたくさんあったが、あえてスカスカにしたような印象をもつことも多かった。それが本作では、(ダビングはしているが)ふたりで過不足なくまとまった、という段階に至っている。ヴェルヴェッツな感じの「オールド・ワールド」あり、スペイン語の曲ありと、そこそこヴァラエティをもたせたところは狙いなのか無意識か。

森

Jonathan Richman
¿A Qué Venimos Sino A Caer?

西・Munster／MR CD 287［CD］2009年
プロデューサー：クレジットなし

ジョナサンのスペイン・ツアーを企画したスタッフの発案で制作された。現地で彼のCDやレコードを手に入れることが難しいため、過去の音源と新しく録られた曲を集めてアルバムをつくってしまったのだ。しかもスペイン語と英語だけでなく、フランス語やイタリア語で歌われた曲まで収録されている。

レコーディングが行われた時期は2003年から07年まで、もちろんスタジオもさまざまで、3曲はスペインのタリファで録られている。それでも不思議な統一感があるのは、やはりジョナサンとトミーのふたりを軸に演奏されているから。彼のスペイン語も流暢ではないそうだが、カタコトだって通じることはあるのだよ。

森

Jonathan Richman
O Moon, Queen Of Night On Earth

英・EMI／EMC 3045：1974年
プロデューサー：Alan Parsons

ヴェイパーからの最終作。やはりほとんどの曲をジョナサンとトミーのふたりで演奏しているが、もはや円熟の域に達している。シャンソンのごとく、語るように歌う曲も多くなり、一編の映画を観ている気分にさせられる。

さらに中盤にギターとオルガンによる伴奏でドラム抜きの「ウィル・ビー・ザ・ノイズ、ウィル・ビー・ザ・スキャンダル」、弾き語りの「ザ・シー・ワズ・コーリング・ミー・ホーム」、トミーも作曲にクレジットされた即興的なインストゥルメンタルの「ウィンター・アフタヌーン・バイ・B.U.イン・ボストン」を配した、緩急をつけた構成。派手さはないが、軽みを伴った味わい深い作品となった。

森

Jonathan Richman
Ishkode! Ishkode!

Blue Arrow／BARCD 003［CD］
発売：2016年
1. Whoa! How Different We All Are! / 2. Ishkode! Ishkode! / 3. Wait! Wait! / 4. O Sun! / 5. Without The Heart For Chaperone / 6. A Nnammurata Mia / 7. Let Me Do This Right! / 8. But Then Ego Went Away / 9. Outside O'Duffy's / 10. Longtemps / 11. Mother I Give You My Soul Call
プロデューサー：クレジットなし
演　奏：Jonathan Richman (vo, g)
Mlles (b)
Jake Sprecher (ds)
Tommy Larkins (ds)
Nicole Montalbano (per) etc.

『ノット・ソー・マッチ・トゥ・ビー・ラヴド・アズ・トゥ・ラヴ』から度々セッションに参加している妻ニコール・モンタルベーノとその弟であるベーシストのマイルズ、おなじみのトミー・ラーキンと録音したアルバムは、自身のレーベル、ブルー・アロウからの初リリース。おそらく家族経営に踏み切ったということだろう。

ニコールがジョナサンの創作にも多大な影響を与え始めているのは、２００１年に87歳で亡くなったフランスのシンガー、チャールズ・トレネの「ロングテンポズ」や、ベンガルの導師パラマハンザ・ヨガナンダ（１８９３〜１９５２）の「マザー・アイ・ギヴ・ユー・マイ・ソウル・コール」を取り上げていることからも明らか。妻のスピリチュアな思考に乗じて、宗教の寓話性に着目しているのが感じられる〝新境地〟の快作となったのだった。

スペイン語で歌われる「ア・ンナミュレート・ミア」は、アコーディオンも効果的な無国籍ＡＯＲの佳曲だ。

和久井

Jonathan Richman
SA!

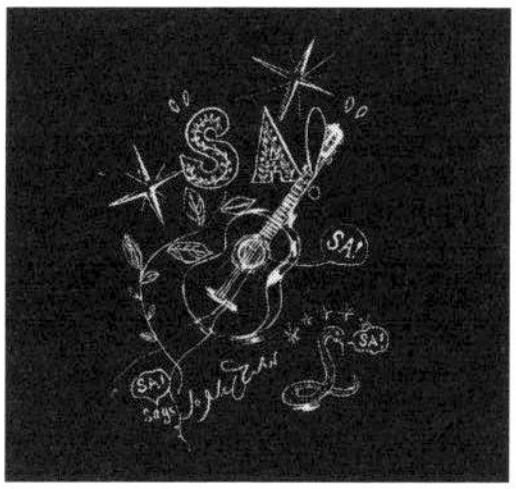

Blue Arrow／BARCD012［CD］
発売：2018年
1. SA / 2. My Love She Is From Somewhere Else / 3. The Fading Of An Old World / 4. O Mind! Let Us Go Home / 5. A Penchant For The Stagnant / 6. O Mind! Just Dance! / 7. This Lovers' Lane Is Very Narrow / 8. ¡Alegre Soy! / 9. Yes, Take Me Home / 10. And Do No Other Thing / 11. The Sad Trumpets Of Afternoon / 12. SA
プロデューサー：Jerry Harrison, Jonathan Richman, Nicole Montalbano
演　奏：Jonathan Richman (vo, g)
Jerry Harrison (kbd)
Tommy Larkins (ds)
Pat Spurgeon (per) etc.

ニコールの叔父が持っていたクリストファー・イシャーウッドの著書“Rama Krishna And His Discipels”にインスパイアされたジョナサンは、ヒンドゥーの哲学者ラマ・クリシュナに傾倒し、インディアン・ラーガの音階〝ＳＡ〟を使ってアルバムを制作することを思いつき、ラーガ・フォークとも呼べる曲ばかりを書いていった。

その結果、生まれたのがこのアルバムで、ニコールに加えて、なんとジェリー・ハリスンがプロデューサーとして名を連ねることになったのだ。

ハリスンがハーモニウムやメロトロン、クラヴィネットを弾き、エンジニアとしても采配をふるっていることから、非常に音楽的なアルバムとなったが、いちばんの魅力はジョナサンの書くラーガ曲が思いのほかハマっていること。ソングライターとしての資質と、メロディ・メイカーぶりをこんな路線のアルバムから再認識させられる意外性がジョナサンらしい。気持ちが乗ったのか、トートバッグ（笑）まで発売された。

和久井

Jonathan Richman
Just A Spark, On Journey From The Dark

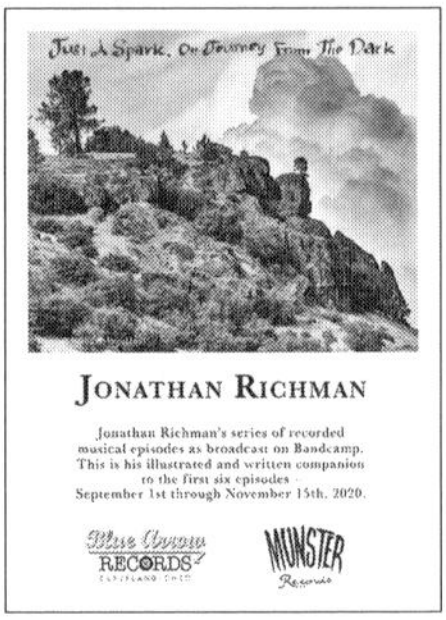

Blue Arrow／BARCD017［CD+Book］
発売：2021年9月27日
1. Just A Spark, On Journey From The Dark - September 1, 2020 / 2. Want To Visit My Inner House? - September 15, 2020 / 3. A Visit From Tommy - October 1, 2020 / 4. What A Summer! - October 15, 2020 / 5. Cold Pizza - November 1, 2020 / 6. The Fenway - November 15, 2020
プロデューサー：クレジットなし
演　奏：Jonathan Richman (vo, g)
Nicole Montalbano (per) etc.

コロナのパンデミックによってライヴができなくなったからだろう、ジョナサンはオリジナルな寓話に曲をつけて、宅録するようになり、まずはそれを配信という形でリリースした。

その後、物語をブックレットにまとめ、そこにCDを挟むという形でリリースされたのが本作だったのだが、牧歌的でオルタナなフォーク・チューンの数々はどこまでもボロっちかったため、オリジナル・アルバムとして数えていいのか？と疑問の声が上がり、すぐさま次作が制作されることになったのだ。

しかし、ここでしか聴けない曲もあるし、ブックレットを眺めながら聴く醍醐味（と呼ぶにはあまりにもヘナチョコなのだが）もあるから、世界中のジョナサン・ファンに愛されることになった。たぶん、みんなネットでそっと買って、家族に気づかれないようにしながら楽しんでいると思うけれど(笑)。

一時期からはどこを切ってもジョナサンならでは、というアルバムが続いているが、これはその、究極の作品。

和久井

Jonathan Richman
Want To Visit My Inner House?

Blue Arrow／BARCD020［CD］
発売：2022年1月26日
1. Want To Visit My Inner House? / 2. Me And Her And The Beach / 3. This Is One Sad World / 4. When She Is Walking Up The Street Towards Me / 5. This Kind Of Weather Is For Me / 6. Distant Are The Stars / 7. I Had To See The Harm I'd Done Before I Could Change / 8. Shameless, Shameless / 9. Sento, Sento / 10. Want To Visit My Inner House? (Reprise)
プロデューサー：Jerry Harrison, Jonathan Richman, Nicole Montalbano

コロナも少し落ち着いたから、前作の音楽部分をまとめてアルバムにしようと思ったらしいのだが、せっかくなら新しい曲も、ということになったことで焦点がボケてしまった感があるのが残念なアルバムだ。

いまさらジョナサンに、普通に楽しめるロック・アルバムなんて期待していないけれど、演奏の粗さがそのまま出てしままっているし、決め手になるような曲がないからちょっとツライのである。傑作がはっきりしているのもジョナサンの特徴だし、何でも買うというファンはごく少数だろうから、こういうアルバムは埋もれていきそうだ。ジェリー・ハリスン、トミー・ラーキンス、妻ニコールとの体制は続いているのだが、『SA』のようなまとまりはない。

22年に71歳になったジョナサンが、終活をどう考えているかが非常に興味深い。アコースティックでもいいから原点のオリジナル・モダン・ラヴァーズに回帰するようなアルバムが、最終コーナーに一枚あってもいいように思う。

和久井

シングル、発掘ライヴ、編集盤と映像作品

森次郎

オリジナル・モダン・ラヴァーズの『プリサイス・モダン・ラヴァーズ・オーダー』は、72年のロング・ブランチ・サルーンでの録音を中心に、71年から73年にかけてのライヴを集めたもの。ヴェルヴェット・アンダーグラウンドからの影響が色濃く滲んだ、結成当初の姿が記録されている。「フォギー・ノーション」のカヴァーも収録。最初期の音源としては、71年のハーヴァード大学公演をアナログ化した“96 Tears”（欧 Vinyl Lovers/901189：10年）がある。

モダン・ラヴァーズを代表する曲「ロードランナー」には複数のヴァージョンが存在する。とくにビザークレイで74年に録音されたテイクは、ジョナサンのソロ名義で「ロードランナー（ワンス）」として英国でシングルが発売されると、77年8月に11位を記録した。B面にはモダン・ラヴァーズ名義の「ロードランナー（トゥワイス）」が収録されている。

ビザークレイからはジョナサン・リッチマン＆ザ・モダン・ラヴァーズのシングル・レコードが何枚かリリースされている。米国では76年に‘New England/Here Come The Martian Martians’（B-5743）が、英国では77年に‘Egyptian Reggae/Roller Coaster By The Sea’（BZZ2）と‘The Morning Of Our Lives/Roadrunner (Thrice)’（BZZ7）、78年に‘New England/Astral Plane’（BZZ14）、‘Abdul & Cleopatra/Oh Carol’（BZZ19）、‘Buzz Buzz Buzz/ Hospital (Live)’（BZZ25）、79年に‘Lydia/Important In Your Life’（BZZ28）が発売された。

ラフ・トレイド時代の英国盤シングル、‘That Summer Feeling’（RT152［7”］, RTT152［12”］）と「アイム・ジャスト・ビギニング・トゥ・リヴ」には7インチと12インチが存在する。

ソロ名義の『アクション・パックド』は、ラウンダー期のコンピレイション。モダン・ラヴァーズ時代やライヴ音源を含む、22曲入

Jonathan Richman
Action Packed: The Best Of Jonathan Richman
Rounder／1166-11596-2［CD］2002年

Jonathan Richman & The Modern Lovers
I'm Just Beginning To Live / Circle I / Shirin And Fahrad (12" only)
英・Rough Trade／RT154［7"］, RTT154［12"］1985年

Jonathan Richman / The Modern Lovers
Roadrunner (Once) / Roadrunner (Twice)
英・Beserkley／BZZ1［7"］
1977年

The Modern Lovers
Precise Modern Lovers Order (Live In Berkeley And Boston)
Rounder／RCD 9042［CD］
1994年

り70分を超えるボリュームだ。06年の“Vampire Girl”（11661 9092 2［CD］）はジョナサン選曲の編集盤。すべてアルバムに収録済みの10曲で構成されている。

03年には、02年12月にサンフランシスコのグレイト・アメリカン・ミュージック・ホールで収録された映像作品『テイク・ミー・ザ・プラザ』を発表した。トミー・ラーキンスのカクテル・ドラムとジョナサンのナイロン弦のギターだけで繰り広げられるライヴの模様を楽しむことができる。MCもたっぷり。

“No Me Quejo De Mi Estrella”（西 Munster/MRCD341［CD］14年）は、スペインで発売されたヴェイパー時代のコンピレイション。アルバム未収録の7インチ・シングル「ユー・キャン・ハヴ・ア・セル・フォン・ザッツ・オーケイ・バット・ノット・ミー」、スペイン語のシングル“La Fiesta Es Para Todos / La Guitarra Flamenca Negra”（西 Munster/Vapor/MR 7252/VPR7-534450［7”］2013）が収録されているので、要チェックだ。

ジョナサンは15年に現在も所属しているブルー・アロウに移籍した。近年ではアルバムの発売と並行して、バンドキャンプでの配信を活用しながら積極的に7インチ・シングルのリリースを続けている。アルバム“Ishkode! Ishkode!”収録の15年「オー・サン！／ウェイト！ウェイト！」、A面でキース・リチャーズのことを歌った同じく15年の‘Keith/They Showed Me The Door To Bohemia’（BAR002）、ジョナサン・リッチマン&トミー・ラーキンス名義の16年‘That’s All We Need At Our Party/Sad Trumpets Of Afternoon’（BAR006）、『SA！』からのカット‘A Penchant For The Stagnant/Not So Much To Be Loved As To Love’（BAR009）と、アルバム未収録も多いので油断できない。

執筆時点（22年9月）での最新のリリースは、6曲入りEP『コールド・ピザ&アザー・ホット・スタッフ』だ。バンドキャンプではジョナサン&トミーとクレジットされているように、相変わらずのふたりの演奏が収められている。

Jonathan Richman
Cold Pizza & Other Hot Stuff
Blue Arrow／BARCD024［CD］2022年

Jonathan Richman
O Sun / Wait, Wait
Blue Arrow／BAR 001［7"］2015年

Jonathan Richman
You Can Have A Cell Phone That's Ok But Not Me / When We Refuse To Suffer (Third Version)
Vapor／7-482364［7"］2008年

Jonathan Richman
Take Me To The Plaza
Vapor/Sanctuary／06076-88371-9［DVD］2003年

#7
BLONDIE, THE KNACK

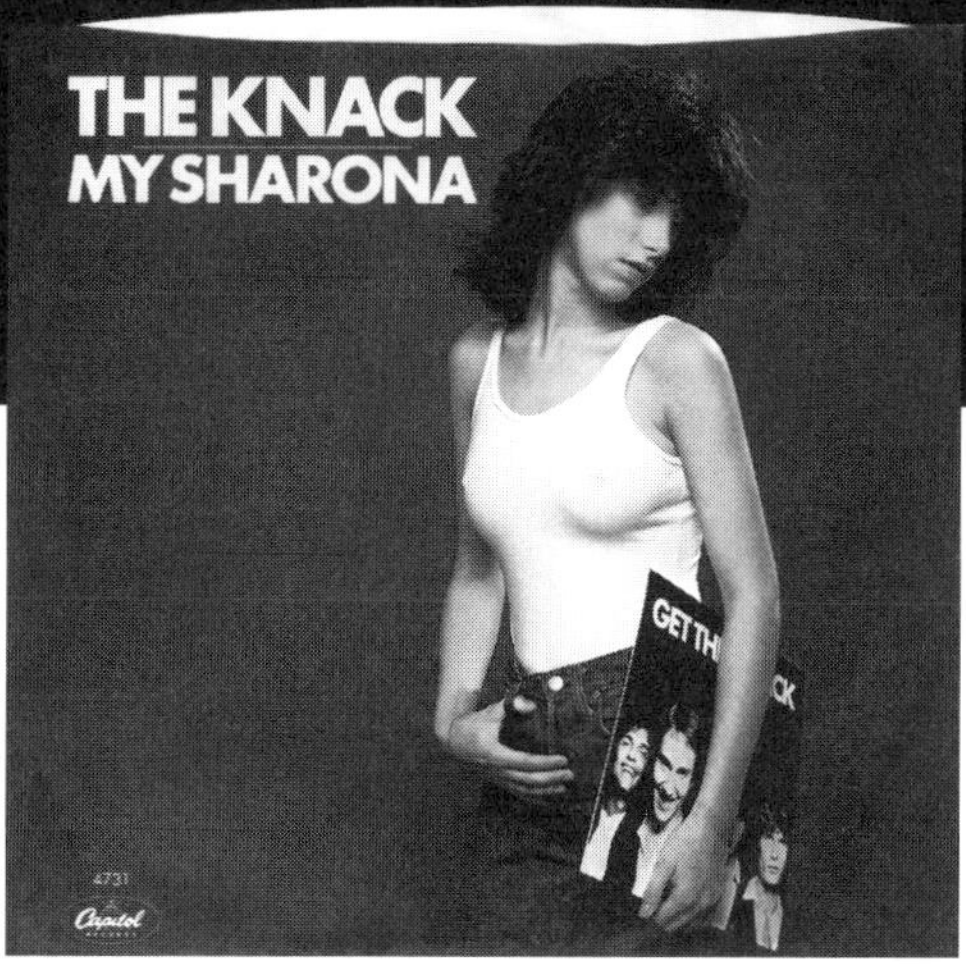

KOJI WAKUI
YASUKUNI NOTOMI
ROKURO MAKABE

まずはマイク・チャップマンの話をしよう

和久井光司

ブロンディとザ・ナックに成功をもたらしたのは、英国からやってきたソングライター／プロデューサー、マイク・チャップマンだった。

両バンドとも高い実力が認められるし、デボラ・ハリーは80年代を代表する女性シンガーのひとりであるばかりでなく、セックス・シンボルでもあった。けれどキー・パーソンは、やっぱりマイク・チャップマンなのである。

48年4月13日にオーストラリアのクイーンズランドで生まれた彼は、ミュージシャンとして生きていくことを夢見て67年6月にロンドンに飛んだ。サイケ・ポップ・バンド、タンジェリン・ピールの一員としてレコード・デビューを果たしたチャップマンは、同バンドのソングライター／シンガーとして70年までに8枚のシングルと1枚のアルバムをリリースしたが、ヒットに恵まれず、グループは解散。すでに作詞家をしていたニコラス・バリー・チン（45年5月16日ロンドン生まれ）とコンビを組んで音楽出版社“Chinnchap Publishing”を立ち上げ、職業作家として再スタートを切ったのだ。

68年にデビューしながら売れずにいたスウィートに彼らが書いた「コ・コ」は71年6月にリリースされ、全英2位のヒットになった。11月に発売されたファースト・アルバム『ファニー・ハウ・スウィート・コ・コ・キャン・ビー』でもチン&チャップマンの曲は使われたが、72年2月のシングル「ポッパ・ジョー」が全英11位（フィンランドでは1位）、続く「リトル・ウィリー」と「ウィグ・ワム・バム」がどちらも4位となり、彼らは売れっ子となった。そして、ミッキー・モストのRAKレコーズに作家／プロデューサーとして迎えられたのである。

50年代の末期に南アフリカでシンガーとして活躍したモストは、60年代初頭に英国に戻ってレコード・プロデューサーとなった。モストは60年代半ばから、アニマルズ、ハーマンズ・ハーミッツ、ドノヴァン、（ジョルジオ・ゴメルスキーから受け継いだ）ヤードバーズを手掛け、アメリカのレコード会社との直接契約という手法で英国勢の世界進出に貢献したパイオニアだった。チン＆チャップマンはモストにビジネスを学ぶつもりもあったのだろう。

彼らはまずマッド（Mud）を手がけ、73年にはスージー・クアトロのデビュー・シングル「キャン・ザ・キャン」を書いて大ヒットさせた。そして引き続きスージーをプロデュースしながら、スモーキーのプロダクションも引き受け、70年代のRAKを象徴する作家／プロデューサーとして一時代を築いたわけだ。

アルバム・アーティスト全盛の時代に、ヒット・シングルにこだわり、〝芸術性なぞクソ食らえ〟と言わんばかりの勢いでキャッチーな曲をつくったチン＆チャップマンは、グラム・ロックの〝虚飾〟と相性がよく、マッドもスージー・クアトロもスモーキーもB級な匂いをプンプンさせているのが〝味〟だった。町中華みたいなものである。

しかし、マイク・チャップマンは78年にブロンディのプロデュースを依頼されたのを機にアメリカに拠点を移し、79年には「ハート・オブ・グラス」と、ザ・ナックの「マイ・シャローナ」を世界的なヒットにするのだ（この年はパット・ベネターのファースト・アルバムにも部分的に関わっていた）。

Tangeline Peel
“Soft Delights”
英 RCA Victor／LSA 3002
（1970年）

The Sweet
“Funny How Sweet Co-Co Can Be”
英 RCA Victor／LSA 3002
（1971年11月）

Suzi Quatro
“Suzi Quatro”
英 RAK／SRAK 505
（1973年10月）

Toni Basil
‘Mickey’【7】
Chrysalis／CHA 2638（1982年）

注目すべきは80年までスージー・クアトロの作曲やプロデュースを続けていたことで、81年にエグザイルに書いた「ハート・アンド・ソウル」はのちにヒューイ・ルイス&ザ・ニュースがヒットさせている。

82年にトニ・バジルの歌でメガ・ヒットとなった「ミッキー」（日本ではのちに「ゴリエのテーマ」としてお茶の間に浸透した）にいたっては80年にレイシーというバンドのために書いた「キティ」の焼き直しだったのだから、日本の歌謡界のようなハナシではないか。

その後は、オルタード・イメージズ、バウ・ワウ・ワウ、ティナ・ターナー、エイス・オブ・ベイスなどにも作品を提供しているが、90年代以降はさすがにオトナ路線の曲が多くなり、シングル・ヒットはなくなった。

グラム・ロックを代表する職業作家が、パンク／ニュー・ウェイヴ期にブロンディとザ・ナックでトップ・プロデューサーと認められたというところに、オーディエンス側の〝ポップ〟の概念の変化が読み取れるのも面白いが、狙って書けるタイプの曲ではないところにも着目していただきたい。チャップマンの曲はバンドがセッションしているうちに偶然できてしまったようなものばかりで、いわゆる〝作曲家〟らしい仕掛けはないに等しいのだ。

4小節か8小節の単純なメロディの組み合わせだけで余計なことはしないから一発で憶えられるし、繰り返せば繰り返すほどクセになるようなメロディばかりである。こういう曲づくりは、サビ以外のメロディはどこもかしこも布石にしかすぎない曲ばかりを書いているJポップの作家に学んでほしいし、妙にストーリーを書きたがる作詞家はアシをあらって小説家を目指すべきだと思う。

ブロンディとザ・ナックはパンクではなかったうえ、それほどニュー・ウェイヴっぽくもないが、凡百のパンク・バンド、ニュー・ウェイヴ・バンドよりも〝ポップ〟だったことは間違いない。全盛期のブロンディなんてパワー・ポップとも一線を画した独特なものだったという点を改めて確認していただくと、マイク・チャップマンの凄みとバンドの巧みさが理解できるはずである。

私の最近のお気に入りは、#9の最後に登場するマギー・ロジャースと、本書には入らなかったローラ・カーク（フリー〜バッド・カンパニーのサイモン・カークの娘）なのだが、アメリカの女性シンガーにはいまも〝デボラ・ハリー的〟なセックス・アピールが少なからずある。ブロンディの項をひとりで書いてくれた納富さんはB・iSHを高く評価しているけれど、〝そういうこと〟なんだよ。

デボラ・ハリー

Blondie
Blondie

Private Stock／PS 2023
発売：1976年12月
［A］1. X Offender / 2. Little Girl Lies / 3. In The Flesh / 4. Look Good In Blue / 5. In The Sun / 6. A Shark In Jets Clothing
［B］1. Man Overboard / 2. Rip Her To Shreads / 3. Rifle Range / 4. Kung Fu Girls / 5. The Attack Of The Giant Ants
プロデューサー：Craig Leon, Richard Gottehrer
演　奏：Deborah Harry (vo)
Chris Stein (g, b)
Gary Valentine (b, g)
Clement Burke (ds)
Jimmy Destri (kbd)
ゲスト：Ellie Greenwich (cho) etc.

『ブロンディ』の発売は76年12月。パティ・スミス『ホーシズ』の翌年であり、ニューヨークで生まれた新しいムーブメントが何なのかさえあやふやな時期だ。そこに、バンドのほとんどのメンバーが曲を書き、SEXをXに改題した「Xオフェンダー」のようなアグレッシヴな曲と、「イン・ザ・フレッシュ」のようなフィル・スペクター風ガールズ・ポップを、どちらも見事に歌いこなすブロンド美女がセンターに立つアルバムが出たのだから、メディアが理解できなかったのは無理もない。

だから、レトロな感性を現代に甦らせたバンドという認識が主流になり、デボラ・ハリーの容姿にのみ注目が集まった。しかし改めて聴くと、クリス・ステインが書いた「イン・ザ・サン」のシンセサイザーによるリフの新しさや、「リトル・ガール・ライズ」でのオールディーズ風サウンドの導入など、「カッコいい曲でカッコよく踊りたい」という欲望を表現するスタイルに、のちのニュー・ウェイヴへの萌芽が見て取れる。 納富

Blondie
Plastic Letters

Chrysalis／CHR 1166
発売：1978年2月
［A］1. Fan Mail / 2. Denis / 3. Detroit 442 / 4. Kidnapper / 5. (I Am Always Touched By Your) Presence, Dear / 6. I'm On E
［B］1. I Didn't Have The Nerve To Say No / 2. Love At The Pier / 3. No Imagination / 4. Kidnapper / 5. Detroit 442 / 6. Cautious Lip
プロデューサー：Richard Gottehrer
ゲスト：Frank "The Freak" Infante (b, g)
Dale Powers (cho)

デボラ・ハリーは分かりにくい。それは、マリリン・モンロー的な旧来のイメージのセックス・シンボルを演じながら、ノーマ・ジーン・ベイカーが抱える暗さや、シスターフッド的な強さといった女性の多面性を、そのままバンドの個性としてサウンドにも反映したからだろう。このアルバムでも、ランディ・アンド・ザ・レインボウズの「デニース」をフランスの男性名「デニス」に変え、女性視点の明るいラヴソングに仕立ててヨーロッパでの人気を確立させながら、「デトロイト４４２」ではタイトなギターに渇いたボーカルを乗せてみせた。このアンビヴァレンツなキャラクターは、バンドに自由さと多様性を持たせた反面、リスナーには掴みどころの無いバンドだという印象も与えてしまう。

しかし、デイヴィッド・ボウイとイギー・ポップのヨーロッパ・ツアーに帯同してタフになったバンドの音は、ベーシストの脱退などの悪条件が嘘のように鮮やかさと切れ味を増し、次の飛躍を予感させるのだ。 納富

Blondie
Parallel Lines

Chrysalis／CHR 1192
発売：1978 年 9 月 23 日
［A］ 1. Hanging On The Telephone / 2. One Way Or Another / 3. Picture This / 4. Fade Away And Radiate / 5. Pretty Baby / 6. I Know But I Don't Know
［B］ 1. 11:59 / 2. Will Anything Happen / 3. Sunday Girl / 4. Heart Of Glass / 5. I'm Gonna Love You Too / 6. Just Go Away
プロデューサー：Mike Chapman
ゲスト：Robert Fripp (g)
Mike Chapman (cho)

　契約の関係で前作の発売が半年遅れたため、矢継ぎ早に出た印象のあるアルバム。演奏を何百回と繰り返して練り上げただけあって、音の密度が格段に上がっている。プロデューサーにマイク・チャップマンを迎え、「ハンギング・オン・ザ・テレフォン」のリヴァーブの使い方を始めとして、どの曲にも新しい工夫がある。そのぶん、バンドのアクの強さも増して「売れる曲が見当たらない」とレーベルに言われたらしい。

　しかし、ごく初期からのレパートリーである「ワンス・アイ・ハド・ア・ラヴ」を、テクノ調のディスコ・ソングにリメイクした「ハート・オブ・グラス」が大ヒット。マイクが、ブロンディの新しさや難解さをリスナーに対して正しく翻訳した結果だ。リズム・マシンによるクラフトワーク的なビートでグルーヴを抑えながら、クリス・ステインのギターの疾走感は残して、リズム感がさほど良くなくても楽しく踊れる緩いトラックを作ったのはマイクの発明。その音は今も新鮮に響く。　納富

Blondie
Eat To The Beat

Chrysalis／CHE 1225
発売：1979 年 9 月 28 日
［A］ 1. Dreaming / 2. The Hardest Part / 3. Union City Blue / 4. Shayla / 5. Eat To The Beat / 6. Accidents Never Happen
［B］ 1. Die Young Stay Pretty / 2. Slow Motion / 3. Atomic / 4. Sound-A-Sleep / 5. Victor / 6. Living In The Real World
プロデューサー：Mike Chapman
ゲスト：Ellie Greenwich (cho)
Lorna Luft (cho)
Donna Destri (cho)
Mike Chapman (cho)
Randy Hennes (harmonica)

　前作からのシングル・カットは比較的ポップな曲が多く、このアルバムからの最初のシングルも明るいメロディの「ドリーミング」。しかし、こうした流れとは裏腹に、本作にはニュー・ウェイヴとはこういうことだと言わんばかりの楽曲が並んでいる。「ドリーミング」にしても、演奏自体はブルース・スプリングスティーンを思わせるリフとタイトなリズムが支えるロック・ナンバーだし、タイトル曲や「ヴィクター」、「ザ・ハーデスト・パート」など、リズム・トラックに歪ませたシンセを効果的に使ったハードなナンバーが揃う。

　しかも、サステインよりアタック重視のクリスのプレイが新鮮なのだ。ギターの機種にこだわらず、壊れにくくてどこでも買えるからと、ＢＯＳＳのエフェクターを愛用することによる、音色の普遍性の高さもある。そして、叫んでも歌い上げず、終始クールなデボラ・ハリーの声。世界を相手にしながら、ストリートに居座り続けた秘密がここにある。　納富

Blondie
Autoamerican

Chrysalis／CHE 1290
発売：1980 年 11 月 26 日
[A] 1. Europa / 2. Live It Up / 3. Here's Looking At You / 4. The Tide Is High / 5. Angels On The Balcony / 6. Go Through It
[B] 1. Do The Dark / 2. Rapture / 3. Faces / 4. T-Birds / 5. Walk Like Me / 6. Follow Me
プロデューサー：Mike Chapman
ゲスト：Wah Wah Watson (g)
Howard Kaylan (vo)
Mark Volman (vo)
Tom Scott (sax)
Ollie Brown (per)
Emil Richards (per) etc.

パンクやニュー・ウェイヴがメジャーの商品として定着した時代に反発するように発売された『オートアメリカン』のテーマは、ブロンディというイメージの破壊。フランス独立系映画を思わせる「ヨーロッパ」に始まり、ミュージカル・ナンバー的な「ヒアーズ・ルッキング・アット・ユー」、マリアッチの楽団と派手なレゲエを演奏してナンバーワン・ヒットとなった「タイド・イズ・ハイ」、オリジナルのガレージ・ロックにラップを乗せる世界初の試みを成功させた「ラプチャー」、タートルズの二人をコーラスに迎えた叙事詩風の「ティー・バード」、まるでロックの見本市。佳曲揃いだが掴みどころが無い。

ただ、全てが「××風」であり、ラップそのもの、レゲエそのものは目指さずに、どこかふざけている。その一貫した姿勢が、このアルバムの個性になっているのだ。発売当時、あえて「コール・ミー」を収録しなかったことも含めて、スカした笑いこそがパンクだった時代の大傑作となった。　納富

Debbie Harry
KooKoo

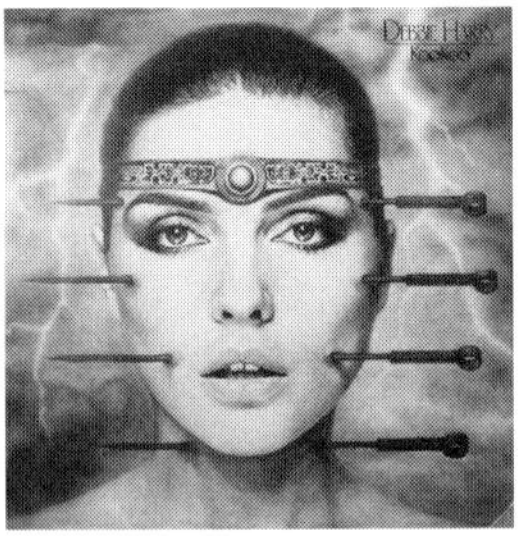

Chrysalis／CHR 1347
発売：1981 年 7 月 27 日
[A] 1. Jump Jump / 2. The Jam Was Moving / 3. Chrome / 4. Surrender / 5. Inner City Spillover
[B] 1. Backfired / 2. Now I Know You Know / 3. Under Arrest / 4. Military Rap / 5. Oasis
プロデューサー：Nile Rodgers, Bernard Edwards
演　奏：Debbie Harry (vo)
Nile Rodgers (g, vo)
Bernard Edwards (b)
Chris Stein (g)
Tony Thompson (ds)
Robert Sabino (kbd) etc.

デビー・ハリー初のソロ・アルバム『クークー』は、デビーとクリス、ナイル・ロジャースとバーナード・エドワーズという二つのチームによる、ブラック・ミュージックとロック・ミュージックの垣根を取り払うことに挑戦したアルバムだった。ガールズ・ポップ風やパンキッシュな歌い方を封印した、流れるように歌うデビーのヴォーカリストとしての実力が世間に知れ渡った作品でもある。

従来のソウルやR&Bとは違う、無機質なグルーヴで聴かせるデビーは、ゼロ年代以降のオルタナ・バンドを先取りしている。クリスとナイルは、互いのイメージの中にあるギターをあえて入れ替えてぶつけ合うような演奏だ。お洒落でスタイリッシュに聴こえるのに、既存のスタイルは見当たらないアンサンブルが新しかった。

『レッツ・ダンス』や『ライク・ア・ヴァージン』以前、時代の遥か先を見通して、現在にまで届く音が生まれていた。H・R・ギーガーの手によるジャケットも普遍の美しさ。　納富

Blondie
The Hunter

Chrysalis／CHR 1384：1982 年
プロデューサー：Mike Chapman

タイトル・チューンにオリジナルではなく、マーヴェレッツが67年に発表した「ザ・ハンター・ゲット・キャプチャード・バイ・ザ・ゲーム」のカヴァーを持ってきていることにバンドの崩壊を感じさせる。しかし、あえて「罠に掛かったのは実は自分だった」という物語を演じることで、したたかな魔女が等価交換の駆け引きをもちかけているように聴こえる見事なもの。

また、ブルガーコフの『巨匠とマルガリータ』を思い起こさせる内容の「ビースト」や、戦い続ける理由を歌う「ウォー・チャイルド」、レノン銃撃事件を背景にした「イングリッシュ・ボーイズ」など、デボラとクリスの作詞能力の高さが存分に発揮されている。 納富

Debbie Harry
Rockbird

Geffen／GHS 24123：1986 年
プロデューサー：Seth Justman

派手な電子音と、ゴージャスなバック・コーラス、更には、古くからの盟友ジェイムズ・ホワイトを含むホーン・セクションを率いて、再び髪をブロンドに染めたデビー・ハリーが演じたのは、ブロンディのフロントマンというイメージ通りの華やかなセックス・シンボルとしての存在。内容も、表層的にブロンディをなぞったような曲が多い。しかし、『クー・クー』の路線の延長にある「イン・ラヴ・ウィズ・ラヴ」の、瓦礫の向こうから聴こえてくるようなメロディの美しさや、「アイ・ウォント・ユー」での、ジェイムズのアルトサックスの、柔らかい音色に包んだアグレッシヴなフレーズが鮮烈なソロなど、マニアックな聴き所はいくつもある。 納富

Deborah Harry
Def, Dumb, & Blonde

Sire/Red Eye/Reprise／W2 25938：1989 年［CD］
プロデューサー：Mike Chapman, Chris Stein, Deborah Harry, Toni C., Tom Bailey, Arthur Baker, etc.

ニューヨークとロンドンのニュー・ウェイヴが融合したような、アラナ・カリーとトム・ベイリーによる「アイ・ウォント・ザット・マン」。イアン・アストベリーとのデュエットが静かな凶暴性を湛える「ラヴライト」。マイク・チャップマンの心得たプロデュースでブロンディの続きを見せた「コミック・ブックス」。

佳作揃いながらバラバラな印象の楽曲を、デボラの声と監修者としての手腕でまとめ上げた結果、彼女の生々しい部分までさらけ出すことになった、文字通りのソロ・アルバム。「エンド・オブ・ザ・ラン」での抑制の利いた電子音と生楽器の融和に見られる、クリスの電子音楽家としての独特なセンスにも注目したい。 納富

Deborah Harry
Debravation

Sire, Reprise／9 45303-2［CD］
発売：1993年7月19日
1. I Can See Clearly / 2. Stability / 3. Strike Me Pink / 4. Rain / 5. Communion / 6. Lip Service / 7. Mood Ring / 8. Keep On Going / 9. Dancing Down The Moon / 10. Standing In My Way / 11. The Fugitive / 12. Dog Star Girl
プロデューサー：Chris Stein, Toni C., Arthur Baker, Adam Yellin, Anne Dudley, Jon Astley, Guy Pratt, John Williams
演　奏：Deborah Harry (vo)
Chris Stein (g)
R.E.M.
Guy Pratt (g, kbd)
Pete Min (g) etc.

　このアルバムから、デボラ・ハリーは明らかに歌い方が変わる。元々、ナチュラルにドライヴがかかる発声というか、インタヴューの音声を聴いても分かるように、言葉の発音自体にタメが少ない彼女が、それをより強調して歌っている。そのことは「ダンシング・ダウン・ザ・ムーン」でよくわかる。いかにも90年代R&B的な、上昇コードの繰り返しにクールなメロディを乗せた曲でも黒っぽい歌い方にならず、ロックのグルーヴが保持されているのだ。

「ドッグ・スター・ガール」では、SF作家ウィリアム・ギブスンが描く近未来的荒廃の街に降り続ける雨の情景を、センチメンタルでもなく、歌い上げることもなく、ただ描写する。それは、デボラの、今でもニューヨークのパンクスであるという立ち位置の再確認にも聴こえる。パティ・スミスのような、現実に言葉で楔を打つ詩人ではなく、言葉の連なりを使って現実に物語を重ねる散文の人であるデボラの個性が生み出した、独自の街の音楽なのだろう。

納富

Blondie
No Exit

Beyond／63985-78003-2［CD］
発売：1999年2月23日
1. Screaming Skin / 2. Forgive And Forget (Pull Down The Night) / 3. Maria / 4. No Exit / 5. Double Take / 6. Nothing Is Real But The Girl / 7. Boom Boom In The Zoom Zoom Room / 8. Night Wind Sent / 9. Under The Gun (For Jeffery Lee Pierce) / 10. Out In The Streets / 11. Happy Dog (For Caggy) / 12. The Dream's Lost On Me / 13. Divine / 14. Dig Up The Conjo
プロデューサー：Craig Leon
ゲスト：Leigh Foxx (b)
Paul Carbonara (g)
James Chance (sax)
Candy Dulfer (sax) etc.

ニュー・ウェイヴが40年以上経っても未だに「ニュー」なのは、時々このアルバムのような、そう呼ばれていた音楽が何故カッコよかったのかを思い出させてくれる作品が現れるからだろう。それでいて、ほかに何とも言いようがないのだ。

　ノイズから始まり、スカ・ビートに乗せて軽快に走るロックナンバーかと思わせておいてから一転、デボラ・ハリーの世間を馬鹿にしたようなスキャットが挑発的に歌われる「スクリーミング・スキン」、70年代後半のニューヨークで生まれた、リヴァーヴを効かせたギターの低音弦を細かく刻む演奏で世紀末を歌う「マリア」、クラシックをロックと融合させる手法にラップを絡めて、時代の閉塞感に穴を空けようとする「ノー・イグジット」と続く。さらに結成前からのレパートリー、シャングリラズの「アウト・イン・ザ・ストリーツ」を大人のロックに変貌させる技も見せた。この過去と未来を平然と混ぜた音は実にブロンディらしい。かつては無かったものなのだ。

納富

Blondie
The Curse Of Blondie

Sanctuary／06076-84666-2［CD］
発売：2003年10月13日
1. Shakedown / 2. Good Boys / 3. Undone / 4. Golden Rod / 5. Rules For Living / 6. Background Melody (The Only One) / 7. Magic (Asadoya Yunta) / 8. End To End / 9. Hello Joe / 10. The Tingler / 11. Last One In The World / 12. Diamond Bridge / 13. Desire Brings Me Back / 14. Songs Of Love (For Richard
プロデューサー：Steve Thompson, Jeff Bova
ゲスト：Leigh Foxx (b)
Paul Carbonara (g)

本来、2001年に出るはずだったアルバムが、結果的に03年に伸びたことで、911の事件を挟むことになってしまう。タイトルは『ブロンディの呪い』。しかも、デボラ・ハリーとロミー・アシュビーによる、街中に呪いを撒き散らすような歌詞の「シェイクダウン」でアルバムは始まる。リズム・トラックにコンピューターを多用しつつ、ガレージ・パンク的なサステインの短い歪んだギターを重ねていく演奏は、アルバム全体に不穏なムードをもたらすが、それが、この時期のニューヨークの気分なのかもしれない。「コール・ミー」のダークサイドのような「エンド・トゥ・エンド」の、感傷的なメロディに乗せた終末の風景、新しい音楽を切り開いた果てに、皆にフリー・ライドされた悲しみを感じさせる「バックグラウンド・メロディ」と、ひたすら毒を吐き続ける。それでも音は渇いていて、琉球音階を使った「マジック」では諦念の果てに希望さえ見える。これが21世紀の始まりのリアルな音楽だ。

納富

Deborah Harry
Necessary Evil

Eleven Seven／150［CD］
発売：2007年9月17日
1. Two Times Blue / 2. School For Scandal / 3. If I Had You / 4. Deep End / 5. Love With Vengeance / 6. Necessary Evil / 7. Charm Redux / 8. You're Too Hot / 9. Dirty And Deep / 10. What Is Love / 11. Whiteout / 12. Needless To Say / 13. Heat Of The Moment / 14. Charm Alarm / 15. Jen Jen (bonus track) / 16. Naked Eye (bonus track) / 17. Paradise (bonus track)
プロデューサー：Super Buddha (Barb Morrison, Charles Nieland)
演　奏：Deborah Harry (vo, g, per)
Super Buddha (instruments) etc.

デボラ・ハリーには珍しく個人的で内省的な歌詞を、ニューヨークの後輩に当たるバーブ・モリソンとチャールズ・ニーランドのコンビが、2010年代を先取りする情報量の多い音で埋めて、サイバーシティのパンク・ロック風にまとめたアルバム。あからさまに現代的でスマートな曲を中心に、クリスとデボラによる「ジェン・ジェン」のふざけたエレクトリック・ファンクや、ミュージック・コンクレートのパロディのような「ネイキッド・アイ」をぶつけることで異化効果を狙う。そして、自爆テロをテーマにした重い歌詞をロイ・ネイサンソンが美しいバラッドに仕上げた「パラダイス」で終わる。

デボラの新しもの好きが溢れる21世紀的過ぎるサウンドは、うっかり書いてしまったシリアスな歌詞への照れ隠しのようにも思えるが、中性的なスタンスで書いていたブロンディの歌詞に対するアンチテーゼの実験をしてみたかっただけかも知れない。真剣に遊ぶのは彼女の得意技だ。

納富

Blondie
Panic Of Girls

Five Seven／nbl890［CD］
発売：2011年5月30日
1. D-Day / 2. What I Heard / 3. Mother / 4. The End The End / 5. Girlie Girlie / 6. Love Doesn't Frighten Me / 7. Words In My Mouth / 8. Sunday Smile / 9. Wipe Off My Sweat / 10. Le Bleu / 11. China Shoes
プロデューサー：Jeff Saltzman, Kato Khandwala
ゲスト：Elliot Easton (g)
Zach Condon (trumpet)
Professor Louie (accordion)
Lauren Katz-Bohen (cho)

これだけ長く続けてきて、ロックの殿堂入りも果たしたベテランとは思えないアクチュアリティに満ちたアルバム。当時はインディーズ・バンドとして、こまめにツアーを回り、大量のライヴを続けていたからだろう。このアルバムでは、ほとんどの曲がポジティヴなビートとメジャースケールで構成され、ダンサブルに仕上げつつ、そこに皮肉な歌詞を乗せるスタイルをとっている。今まで同じ路線のアルバムを出したことがないブロンディらしい新機軸だ。

デボラが自らの作詞の最高傑作と呼ぶ「マザー」は、今は無い、かつて居場所だった店名がタイトルになっている。しかも、それを母の歌だと誤解させるように書いているのだ。

ソフィア・ジョージの「ガーリー・ガーリー」、ベイルートの「サンデー・スマイル」とワールド・ミュージック風のカヴァー曲を利用して、現代をからかって見せたかと思うと、「レ・ブリュ」では場末の歌手を演じるなど、音楽で遊ぶ姿勢がより濃くなっている。

納富

Blondie
Blondie 4(0) Ever

Five Seven／NBL 500-2［CD］
発売：2014年5月12日
［1］Greatest Hits: Deluxe Redux
［2］Ghosts Of Download; 1. Sugar On The Side / 2. Rave / 3. A Rose By Any Name / 4. Winter / 5. I Want To Drag You Around / 6. I Screwed Up / 7. Relax / 8. Take Me In The Night / 9. Make A Way / 10. Mile High / 11. Euphoria / 12. Take It Back / 13. Backroom
プロデューサー：Matt Katz-Bohen, Kato Khandwala, Craig Leon, Jeff Saltzman, Chris Stein
ゲスト：Systema Solar
Miss Guy
Beth Ditto etc.

結成40周年を記念して、新譜の『ゴースト・オブ・ダウンロード』とベスト盤の二枚組で発売されたアルバム。前者は、ベーシック・トラックを全てコンピューターに任せた野心作。「ウィンター」の、アナログ・シンセの音とギターのディストーションの響きを同調させた、深いけれどチープという不思議なグルーヴ。「アイ・ウォント・ドラッグ・ユー・アラウンド」の、ピコピコした電子音のリズムに複雑に絡むデボラ・ハリーの百面相的なコーラス。「ア・ローズ・バイ・エニー・ネーム」での、メアリー・パターソンとデボラのデュエットでオルタナ風のメロディをシスターフッド的に聴かせる現代性。クリス・スティン流コンピューター・ミュージックは、サイバー・パンクの懐かしさではない、未来のパンクの音がする。

ベスト盤は、権利関係でかつての音源が使えず、新たに録り直したもの。アレンジはそのままに、録音も演奏も最新の技術を使いながら、律義に過去を再現している。

納富

Blondie
Pollinator

BMG／93782［CD］
発売：2017年5月5日
1. Doom Or Destiny / 2. Long Time / 3. Already Naked / 4. Fun / 5. My Monster / 6. Best Day Ever / 7. Gravity / 8. When I Gave Up On You / 9. Love Level / 10. Too Much / 11. Fragments / 12. Tonight (hidden track)
プロデューサー：John Congleton
演　奏：Deborah Harry (vo)
Chris Stein (g)
Clem Burke (ds)
Leigh Foxx (b)
Matt Katz-Bohen (kbd, g)
Tommy Kessler (g)
ゲスト：Johnny Marr (g)
Joan Jett (cho)
Gregory Brothers (cho)
John Roberts (cho)
Nick Valensi (g)
What Cheer? Brigade (horn, ds)

2015年暮れ、デイヴィッド・ボウイの『ブラック・スター』がレコーディングされたマジック・ショップにメンバーが集まり、『ポリネイター』の録音が始まった。レコーディング中の16年1月に、ボウイはこの世を去る。ブロンディを世界に導いたのが、77年のボウイとイギー・ポップのツアーへの帯同だったのだ。

このタイミングで産み落とされた作品が、初めてソング・ライターを広く外部に募り、かつてのブロンディを肯定しつつも、振り返らず訣別するかのようなサウンドになっていることが素晴らしいと思う。

盟友ジョーン・ジェットをゲストに迎えた「ドゥーム・オア・ディスティニー」は、ニューヨーク・パンクの40年が運命だったのか宿命だったのかを、ギターの音色の変遷で聴かせるナンバーだ。さらに、ジョーンとデボラの対照的なヴォーカルを重ねることで、当時のパンクの振り幅の大きさも見せている。

このアルバムでは全編にわたり、こうした多重構造が仕掛けられた。「ロング・タイム」の「ハート・オブ・グラス」を思わせるベースラインにしても、「マイ・モンスター」と「エンジェル・オン・ザ・バルコニー」との呼応にしても、単なるセルフ・オマージュに留まらず、そこを入り口に、ニューヨークのパンクスが何を捨て、何を破壊して、どこに向かったのかを、バンドのアンサンブルを通して聴かせてくれる。こうしたギミックやダブル・ミーニングがそこここにあって、何度聴いても飽きないアルバムだ。さらには隠しトラックとして仕込まれた「トゥナイト」では、ローリー・アンダーソンのヴァイオリンとともに、ヴェルヴェット・アンダーグラウンドとアンディ・ウォーホルが描いた街の幻想を再現して見せるのだった。

納富

ブロンディのライヴ盤、コンピレーションなど

納富廉邦

『ピクチャー・ディス・ライヴ』には1980年ダラスでのライヴが9曲、78年フィラデルフィアでのライヴが6曲収録されている。Tレックス「ゲット・イット・オン」からイギー・ポップ「ファンタイム」という盛り上がりでアルバムを終えたかったのか、80年のライヴの途中に78年の音源が挿入されるという変な構成になっているが、それがさほど不自然に感じられないくらい、78年の時点でブロンディというバンドは上手過ぎるくらいに演奏力が高い。ロックにダンスを取り戻したかったデボラの考えを実現するのに、演奏技術は絶対条件だったのだろう。

79年の大晦日の夜にBBCの番組のために行われたグラスゴーでのライヴを収録した『ブロンディ・アット・BBC』では、もはやパンクという概念が消費され、ニュー・ウェイヴという言葉でジャンル化された状況に唾を吐くようなアグレッシヴな演奏が聴ける。とくに、テレビ放映時間前に演奏された「ザ・ハーデスト・パート」の切り裂くようなクリスのギターや、「アクシデント・ネヴァー・ハプン」の抑えたトーンの疾走感、「ヴィクター」のノイズ・ミュージック的渾沌は、70年代の掉尾を飾るに相応しい名演だ。

82年8月、第一期ブロンディ最終章のライヴが『ライヴ・イン・トロント』。マイク・チャップマンの元で、ひたすら演奏を繰り返した成果か、バンドは自在さを増した。ワールド・ミュージック的なリズムと重厚なベースラインの上で、テンポを落として妖しく歌う「ラプチャー」、尖ったギターロックへとリアレンジされた「コール・ミー」と、プログレッシヴな演奏が立て続けに繰り出される。ローリング・ストーンズの「スタート・ミー・アップ」を、フェアウェル・ライヴと銘打った場で演奏するのがブロンディらしさだ。

再結成ブロンディの98年ロンドン、99年ラスヴェガスのライヴを中心に構成された『ライヴ』では、歌い方を変えてドライヴ感を増

Blondie
Live
Beyond／63985-78066-2
［CD］1999年

Blondie
Live In Toronto・Canada
独・King Disco／FM 87001：
1987年

Blondie
Blondie At The BBC
英・Chrysalis／
5099964215822［CD+DVD］
2010年

Blondie
Picture This Live
Chrysalis／72438-21440-2-1
［CD］1997年

したデボラのボーカルが生々しく迫る。世紀末らしい不穏さを湛えた「アトミック」、「ノー・イグジット」など、新曲もかつてのヒット曲も、同じように新しく聴こえるのは、デボラとクリスがずっと現役のミュージシャンでいたからこそだろう。

２０１９年、キューバの文化庁による文化交流イベントの一環で行われたライヴを収めた『Vivir En La Habana』では、地元ミュージシャンたちとの競演による、ゴージャスなカリビアン・ビートに乗った「タイド・イズ・ハイ」が聴ける。その8分以上に渡る多幸感に満ちた演奏は、さらに南方幻想が音になったような「ラプチャー」へと続く。言葉通りの無国籍。ここではないどこかの音楽。

コンピレーション盤では、『デブラヴェイション』として製作したもののレコード会社に没をくらい、デボラ自身が少部数の限定盤で出した『デブラヴェイション（プロデューサーズ・カット）』が面白い。デボラとクリスは、どちらが良いというわけではないことが分かっているから、レコード会社の指摘通りに直した正規盤も出して、それはやっぱりヒットする。その上で、決定的に新しかった元のヴァージョンも、インディーズになった彼らには出せてしまうのだ。完全な重複は2曲だけ。どの曲も良いが白眉はニーノ・ロータ「８½ルンバ」のカヴァーだ。

第一期ブロンディの未発表音源36曲を含むレア・トラック集に豪華本をパッケージした『アゲインスト・ザ・オッズ　１９７４-１９８２』は、写真も資料も充実した本だけでも買う価値は十分だが、「ディスコ・ソング」の74年のセッション、「ワンス・アイ・ハド・ア・ラヴ」の初期のデモ、同曲のマイクによるデモ、そして「ハート・オブ・グラス」のクリス・ミックスと、「ハート・オブ・グラス」の変遷を辿る楽しみ方もできる。ただ未発表曲を寄せ集めたわけではない。

デビー・ハリー著『フェイス・イット』も外せない。彼女の語りのセンスは、パンク黎明期のニューヨークと音楽業界の魑魅魍魎を、同じくらい魅力的に描き出す。そのうえ、笑って泣けるラヴ・ストーリーなのだ。

デビー・ハリー
フェイス・イット
デボラ・ハリー自伝
ele-king books：2020年

Blondie
Against The Odds: 1974-1982
英・Virgin／0876074：2022年

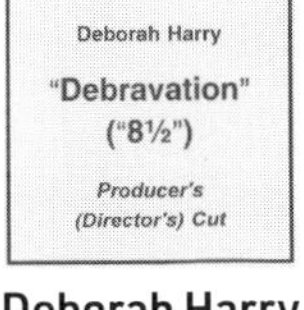

Deborah Harry
Debravation
(Producer's Cut)
Deborah Harry Self-released／332242-1：1994年

Blondie
Vivir En La Habana
BMG／53859361：2021年

The Knack
Get The Knack

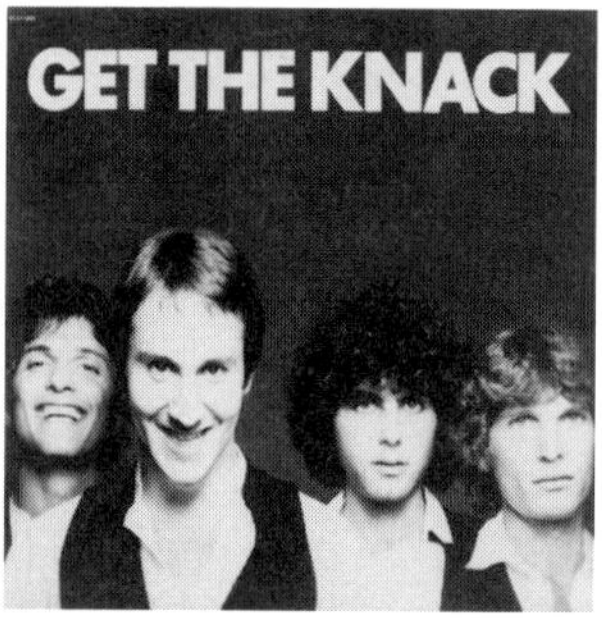

Capitol／SO-11948
発売：1979年6月11日
［A］1. Let Me Out / 2. Your Number Or Your Name / 3. Oh Tara / 4. (She's So) Selfish / 5. Maybe Tonight / 6. Good Girls Don't
［B］1. My Sharona / 2. Heartbeat / 3. Siamese Twins (The Monkey And Me) / 4. Lucinda / 5. That's What The Little Girls Do / 6. Frustrated
プロデューサー：Mike Chapman
演　奏：Doug Fieger (vo, g)
Berton Averre (g)
Prescott Niles (b)
Bruce Gary (ds)

彗星のごとく、という形容がぴったりの登場だった。シングル・カットされた「マイ・シャローナ」はビルボードで5週連続1位。年間チャートでも1位となり、本作も6週連続1位を記録した。しかしご存知のように、飛ぶ鳥を落とす勢いだったのは最初だけだ。その後はビッグ・ヒットがなかったため、一般的なイメージは〝一発屋〟ということになってしまう。

そのぐらいこのバンドは「マイ・シャローナ」だが、シングルのジャケットを飾ったのは17歳のモデル、シャローナ・アルペリンだった。ダグ・フィーガーが曲づくりで缶詰めになっていたときに、彼女のイメージで曲を書け、とスタッフからシャローナを紹介されたらしいのだが、つまりは日本の広告代理店的な〝仕掛け〟の下で曲がつくられ、シャローナの乳首が透けて見えるジャケット（日本盤シングルはアルバムと同じメンバーの写真が使われたから意味が違ってしまった）まで用意されたのだから、飛ぶように売れたのは当然なのだ。

プロデューサーのマイク・チャップマンは、「君たちとのレコーディングはライヴ・ステージと同じように生演奏するスタイルでやりたい」と言ったそうで、アルバムは録音に7日間、ミックスに4日間というタイトな日程で制作された。

チャップマンとキャピトルのあいだで〝初期ビートルズの再現〟が想定されたことは間違いないけれど、いま冷静に聴き返せば、チャップマンの狙いはパンクでもニュー・ウェイヴでもなかったばかりか、キャピトルの浅知恵を嘲笑うかのように〝ビートルズ〟さえも建前。本当の狙いは〝パワー・ポップ〟だったことがよくわかる。「マイ・シャローナ」は94年の映画『リアリティ・バイツ』で使用され、ビルボード91位に再び顔を出した。

真下部

The Knack
... But The Little Girls Understand

Capitol／SOO-12045：1980年
プロデューサー：Mike Chapman

　ビルボードの1980年トップ200で15位を獲得したのに、商業的に失望されるのは悲劇でしかない。その原因は、ザ・ナックの新しさを誰もわかっていなかったということ。「ベイビー・トークス・ダーティー」の、音数を抑えたシンプルなビートの踊りやすさの裏にある、ドラムスのリヴァーブ処理やギターが刻むリズムの斬新さには気づかない。だから、表層だけで「マイ・シャローナ」の二番煎じ扱いをする。
　キンクスのカヴァー「ザ・ハード・ウェイ」のイントロのギターを聴いて、そこにロックの新しいムーヴメントを感じるには、まだ市場はこの手の音に無知だった。逆に今聴くと、なぜこれが歓迎されなかったのかと驚いてしまう。

納富

The Knack
Round Trip

Capitol／ST-12168：1981年
プロデューサー：Jack Douglas

　本作を聴くたびに、その出来の良さとは裏腹にどこか切ない気分になる。それは、のちにパワーポップの名盤と呼ばれても不思議がない手堅い演奏の向こうに、バンドの世間に対するもがきが感じられるからだろう。
　ロックはどこまでポップになれるのか、実験したようなメロディの「ジャスト・ウェイト・アンド・シー」。ビートルズの遺産をどう消化すれば良いのかを考え過ぎた結果、彼らのコラージュ風になってしまった「スウィート・ドリームス」。随所に苦闘の跡が見えるのだ。しかし、なんとか演奏技術とセンスで佳曲としてまとめる手腕は、現在のロックに使えるアイディアの宝庫でもある。

納富

The Knack
Serious Fun

Charisma／2-91607［CD］1991年
プロデューサー：Don Was

　解散から10年後の再結成だからか、肩に力が入った印象のアルバム。本来の持ち味である、軽快なリズム・セクションにソリッドなギターと変幻自在のヴォーカルが乗るスタイルから離れ、重厚な曲が増えた。
　その方向が、ロックとして分かりやすかったからかシングル・カットされた「ロケット・オ・ラヴ」は久々のヒット曲になる。90年代らしいメロディアスなパワー・ポップで、完成度が恐ろしく高い「ワン・デイ・アット・ア・タイム」のような名作も収録。しかし、その隙の無さが息苦しく聴こえたのか、当時は話題にのぼらなかったようだ。ロックのお手本のような曲が並ぶ音楽性の高さは、現在の方が受け入れられるかも知れない。

納富

The Knack
Zoom

Rhino／R2 75290［CD］1998年
プロデューサー：The Knack, Oliver Leiber

ダグ・フィーガーのソング・ライティング技術と歌の上手さを前面に押し出し、ザ・ナックが当初から持っている、明解さの裏側にあるシニカルさを隠さなくなった。そして、テリー・ボジオのドラムスが加わった、このアルバムの鮮烈さはただごとではない。いきなり「ポップ・イズ・デッド」と歌うのだ。そして、それが異様なほどに軽快で明るい曲だという皮肉。
「ミスター・マガジン」や「トゥモロウ」ではリヴァーブを駆使してねじれたサウンドデザインを見せる。それは、ニック・ロウやエルヴィス・コステロに通じる、斜に構えた高度なポップセンスだ。才人たちのバンドが行き着く先として納得できるが、少し寂しく感じるのはなぜだろう。

納富

The Knack
Normal As The Next Guy

Smile/Zen／ID1156ZR［CD］2001年
プロデューサー：Doug Fieger, Richard Daniel "Bumps" Bosworth

前作で、ひねくれたポップを手中にしたダグ・フィーガーのプロデュース。グランジ色の強いギターが全体を引っ張るサウンドには、もはや「マイ・シャローナ」の呪縛は感じられない。名曲なのに、それが伝わりにくかった「ワン・デイ・アット・ア・タイム」のセルフ・カヴァーも、肩の力が抜けたゆるりとしたグルーヴが沁みる名演。ニック・ロウ路線を突き詰めた果ての悟りの境地のように爽やかな「セブン・デイズ・オブ・ヘヴン」や、メリハリを抑えてルーズなギターが心地いい「ディスイリュージョン・タウン」などで聴ける独自のポップセンスも新鮮。この先が楽しみになる傑作アルバムだ。それだけに、メンバーふたりの早逝がとても悲しい。

納富

The Knack
Live At The House Of Blues (September 25, 2001)

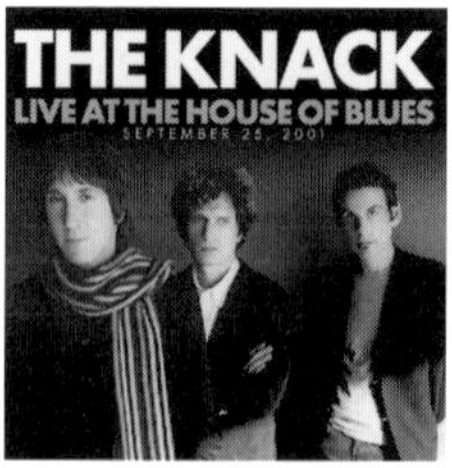

Liberation Hall/Smile／LIB-5077［CD］2022年
プロデューサー：Tony Valenziano

２００１年９月25日、９１１からわずか二週間後に行われたライヴを収録。『ゲット・ザ・ナック』からの曲が多いのは、そういう時期だからこそ、オーディエンスを盛り上げようという意識もあったと思う。
その演奏は、気負わず、屈託なく、ポップで軽快。ドラムス以外はオリジナル・メンバーの三人が揃い、新譜も出して、その出来栄えに自信を持っているバンドの音がする。ザ・チャンプスの「テキーラ」からドアーズの「ブレイク・オン・スルー」という人をくったようなメドレーを、爽快な明るさで演奏する彼らに一発屋の悲壮感は無い。これだけのセンスと表現力を持つバンドが本領を発揮するのに、なんと長い時間がかかってしまったのだろう。

納富

#8
DEVO

TAKASHI IKEGAMI

ジャンルと時代を超えて生き続ける退化の美学

池上尚志

ニューヨーク・パンクと呼ばれたり、テクノ・バンドと呼ばれたり、ディーヴォは不思議な立ち位置のまま存在し続けているバンドだ。オハイオ州クリーヴランドのすぐ南に位置するアクロンという街の出身であるディーヴォは、76年まではクリーヴランド・シーンのいちローカル・バンドだった。アクロンからニューヨークまではほぼ直線道路一本ということもあって、クリーヴランド周辺出身のバンドは、ニューヨークを第2の拠点とすることが多かった。やはりクリーヴランド出身で、地元ではディーヴォと比較されることが多かったペル・ユビュもそうだ。

ディーヴォというバンド名は、脱進化（de-evolution）という発想から生まれた。60年代の後半、アクロンのケント州立大学で風刺美術作品を作っていた美術学生のジェラルド・キャセールとボブ・ルイスが、アメリカ社会の機能不全から、《人類は進化し続ける代わりに後退を始めた》という〝ジョーク〟を思いつく。ここに後々まで彼らの活動にアート性と過剰なユーモアが溢れている理由が見てとれる。彼らは70年にフロッシー・ボビットというバンドでキーボードを弾いていたマーク・マザーズボーと出会うと、自主制作の短編映画のためにバンドの結成へと向かう。ディーヴォの正式な結成は73年。〝セクステット・ディーヴォ〟と名乗った初期には実験音楽のようなスタイルだったが、74年頃からロックのスタイルに寄せていき、75年の後半にはマーク（vo, g, kbd）とボブ（ボブ1号：vo, g）のマザーズボー兄弟、ジェラルド（vo, b, kbd）とボブ（ボブ2号：kbd, g）のキャセール兄弟、アラン・マイヤーズ

（ds）というメンバーに落ち着いた。以後、86年までこのラインナップで活動を続けていく。

初期のディーヴォはライヴをあまりやらず、ひたすらスタイルを磨き上げ、デモ音源を作ることに注力した。彼らの音は衝動などではなく、練り上げられたものだ。だからこそ、最初から完成度が高かった。コンセプチュアルなものをじっくりと作り上げていくあたりは、アート的でありながら非常に計画的。また、パンク的な演奏の中に感じる無機質な感触や、初期にステージに洗濯機を持ち込んでそのノイズを演奏に使ったところなどは、アクロンという工業地帯の出身であることに遠因があるように思えるし、彼らの黄色いつなぎのような衣装も作業服に見えてくる。彼らの代名詞であるエナジー・ドームと呼ばれるプラスチック製の帽子も、非常に工業的なデザインだ。そのコンセプト性は多くのアーティストに影響を与え、日本ではポリシックスのようなフォロワーまで生み出した。

77年になるとディーヴォは州外でも活動を始める。5月23日と24日のニューヨーク・ＣＢＧＢ、そして同25日のマクシズ・カンザス・シティ公演が初の州外でのライヴとなった（4月にミネアポリス公演の記録があるが詳細不明）。2度目のマクシズは、7月7日から9日までの3日連続公演。ここでクランプス、スーサイドと対バンしている。結局、マクシズには77年のうちに計9日間13公演に出演。11月15日にデイヴィッド・ボウイがステージに登場して、彼らを〈未来のバンドだ〉と紹介すると、やがて〝メジャー・デビューしていない一番有名なバンド〟と呼ばれるまでになっていった。こういったところが彼らがニューヨーク・パンクに組み込まれた所以だろうか。しかし、ニューヨーク・パンクやテクノと呼ばれることに対して、バンドの中心人物であるマーク・マザーズボーは、《パンクと同時期に活動しただけで、シンセサイザーもただの手段》と言っており、パンクとテクノのどちらにも同調する意志がなかったことが読み取れる。揃いの衣装についても、《ビートルズが同じマッシュルーム・カットにしたり、メタル・ファンも皆同じような格好をしているようなもの》という、彼ら流の〝退化〟の表現だったのではないかと思われる。そして、西海岸に拠点を移したディーヴォは、それ以降、マクシズやＣＢＧＢでプレイすることはなかった。

パンクもテクノ・ポップも、オリジナルのシーンは短期間で終わったが、ディーヴォは活動を続けた。セールスの低迷から91年に解散するも、96年のサンダンス映画祭で復活を果たし、現在も活動を続けている。

Devo
Q: Are We Not Men? A: We Are Devo!

Warner Bros.／BSK 3239
発売：1978年9月15日
[A] 1. Uncontrollable Urge / 2. (I Can't Get No) Satisfaction / 3. Praying Hands / 4. Space Junk / 5. Mongoloid / 6. Jocko Homo
[B] 1. Too Much Paranoias / 2. (a) Gut Feeling (b) (Slap Your Mammy) / 3. Come Back Jonee / 4. Sloppy (I Saw My Baby Gettin') / 5. Shrivel-Up
プロデューサー：Brian Eno
演　奏：Mark Mothersbaugh (vo, kbd, g)
Gerald Casale (vo, b, kbd)
Bob Mothersbaugh (g, cho)
Bob Casale (g, kbd, cho)
Alan Myers (ds)

2009 Remaster CD
Warner Bros.／521441-2
Bonus Tracks: DEVO: Live At The London HMV Forum - May 6, 2009 - A Special Concert Performance Of Q: Are We Not Men? A: We Are Devo! 12. Uncontrollable Urge / 13. (I Can't Get No) Satisfaction / 14. Praying Hands / 15. Space Junk / 16. Mongoloid / 17. Jocko Homo / 18. Too Much Paranoias / 19. (a) Gut Feeling (b) (Slap Your Mammy) / 20. Come Back Jonee / 21. Sloppy (I Saw My Baby Gettin') / 22. Shrivel-Up

ディーヴォのデビューは、バンドを気に入ったデイヴィッド・ボウイが、東京でレコーディングしたいとバンド側に申し出たところから動き始める。その経緯はこうだ。77年3月にクリーヴランドのアゴラ・シアターで行われたイギー・ポップのライヴにジェラルドとボブ1号、そのガールフレンドら4人が訪れ、フロント・アクトだったブロンディのクリス・ステインを経由してデモテープをイギー・ポップに渡してもらう。イギーはそのツアーでキーボードを担当していたボウイと共にテープを聴いた。最初はピンときていなかった様子のボウイに、イギーは強く推すことを薦めたという。しかし、ボウイが映画『ジャスト・ア・ジゴロ』の撮影でスケジュールが取れずにいる間にブライアン・イーノがプロデュースを申し出て、ベルリンのコニー・プランク・スタジオで録音することになった。

本作には、「ジョッコ・ホモ」や「モンゴロイド」などの代表曲、ローリング・ストーンズのカヴァー「サティスファクション」(この選曲はニューヨーク・パンク的だ)など、自主レーベルのブギー・ボーイ(Booji Boy)からシングルでリリースした曲のリレコ・ヴァージョンなどを収録。レコーディングではバンド側がイーノの意見をことごとく拒み、彼が演奏したパート(のちにボウイもヴォーカルを加えていたことが判明)を採用しないなど、ヒリついた場面もあったようだが、これもバンド側に明確なヴィジョンがあったことの現れだと言えるだろう。クラフトワークの初期作品を制作したコニー・プランクがエンジニアを担当した影響か、その機械的な演奏に対してリリース当時は批判的な評価もあったようだが日本では大ウケで、その影響は大きかった。邦題『頽廃的美学論』。チャートの反応は鈍く、米78位、英12位。 池上

Devo
Duty Now For The Future

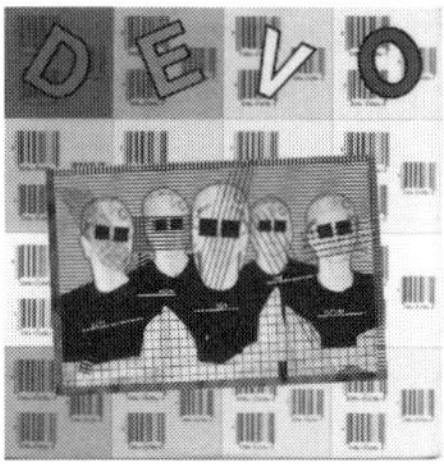

Warner Bros.／BSK 3337：1979 年
プロデューサー：Ken Scott

セカンド・アルバムのレコーディングは、ファーストがリリースされた1か月後の78年9月に始まり、ツアーを挟んで、79年初頭まで行われた。5月には初来日を果たし、武道館を含む3公演を行っている。こういった強行スケジュールもあってか、収録曲は古いオリジナル曲や、ジョニー・リヴァース「シークレット・エージェント・マン」のカヴァーなどアマチュア時代からのレパートリーが中心で、ファーストの延長線上にある作品といえる。プロデューサーは、ボウイの『ジギー・スターダスト』をプロデュースしたケン・スコット。テクノ・ポップの時代に、タイトな演奏のためにクリックを使用。それがバンド側の反感を買った。邦題は『生存学未来編』。 池上

Devo
Freedom Of Choice

Warner Bros.／BSK 3435：1980 年
プロデューサー：Devo, Robert Margouleff

前2作に比べてシンセサイザーのパートを大幅に増やし、よりテクノ・ポップ的なサウンドに近づいたサード・アルバム。その背景には、スティーヴィー・ワンダーのシンセサイザー奏者として活躍したロバート・マーゴレフがバンドと共同プロデュースを担当していることの影響もあるだろう。シンセ・ベースの導入や、バスドラの4つ打ちなど、ディスコへのアプローチも聴かれる。性的な暗示が込められていると解釈され（バンド側は否定）、PVも物議を醸したシングル「ウィップ・イット」は米14位を記録。結果、アルバムも米22位、英47位と最も成功した作品となった。ジャケットにはエナジー・ドームが初めて登場している。邦題『欲望心理学』。 池上

Devo
Dev-O Live

Warner Bros.／MINI 3548：1981 年
プロデューサー：Devo

80年5月8日から9公演が行われた来日公演でスタートした《フリーダム・オブ・チョイス・ツアー》から、80年8月16日にサンフランシスコのフォックス・ウォーフィールドで行われたライヴを収録した作品。当初はオンエアを目的として80年に4曲入りのプロモ盤がリリースされ、81年に6曲入りのEPとして公式リリース。99年にライノ・ハンドメイドより通販限定で、フル・コンサートを収録した22曲入りの拡大版CDとしてリリースされた。この頃のディーヴォのライヴはスタジオ録音の再現性を重視しているところがあるが、ドラムのドライヴ感などは生のライヴならではの気持ちよさがある。91年の国内初リリース時の邦題は『退化の巡業』。 池上

Devo
New Traditionalists

Warner Bros.／BSK 3595：1981 年
プロデューサー：Devo

初めてリン・ドラムを導入するなど、よりテクノ・ポップ化が進み、ギター・サウンドは控えめとなった4枚目のオリジナル・アルバム。これまでの作品と比べてシリアスなトーンを持った作品で、前作『フリーダム・オブ・チョイス』で増えた、作品のコンセプトを深く聴かないファンに対する攻撃的なメッセージが含まれている。LPの初回盤にはリー・ドーシーのカヴァー曲「ワーキング・イン・ザ・コール・マイン」のシングル盤が封入されている。アルバムに収録するつもりだったがレコード会社に拒否されたため、映画『ヘヴィ・メタル』のサントラに提供。それがヒットしたための措置だという。チャートは前作から少し落として米23位、英50位。

池上

Devo
Oh, No! It's Devo

Warner Bros.／1-23741：1982 年
プロデューサー：Roy Thomas Baker

ディーヴォ史上、最もテクノ化したと言われる5枚目のアルバム。前作に比べて明るいトーンを取り戻したものの、78年頃から目標にしていた通り、ギター・サウンドからシンセへの置き換えはさらに進み、ロックな攻撃性が後退。テクノ・ファンには好評だったが、ロック・ファンには物足りないと感じる人も多かったのではないか。プロデュースは初期クイーンで知られるロイ・トーマス・ベイカー。81年に1曲参加した『ヘヴィ・メタル』のサウンドトラックからの繋がりだろうか。この時期のベイカーはカーズをプロデュースしており、本作でのリズム・アレンジやサウンドの質感もそれに近い仕上がり。チャートは米で47位に留まった。

池上

Devo
Shout

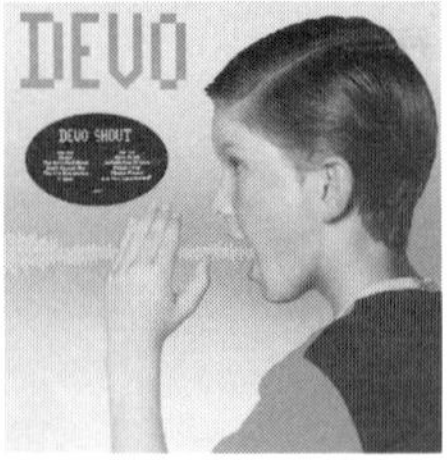

Warner Bros.／1-25097：1984 年
プロデューサー：Devo

ワーナーでの最終作となった6枚目のアルバム。84年は既にテクノ・ポップの時代は過ぎて、新しい機材やサンプリング技術の登場で、ポップスの形が変わっていった頃。この作品では初めてフェアライトCMIが導入され、ドラムにもゲート・リヴァーブが多用されるなど、時代に対応した音を作ったが、バンドの存在自体が古くなっていたのか、米83位と惨敗した。ジミヘンのカヴァー「アー・ユー・エクスペリエンスト？」は、彼らしいぶっとんだアレンジで、PVでは当時最新の三次元的テクノロジーを使用するなど、バンドのこだわりと変態性が再び表面化。90年代に先駆けるような感覚も聴かれるなど、22年現在の価値観で再評価を促したい作品。

池上

Devo
Total Devo

Enigma／D1-73303：1988 年
プロデューサー：Devo

前作『シャウト』のリリース後、バンド内での自分の役割に疑問を持ったドラムのアラン・マイヤーズが脱退。替わって、よりマシーン的なビートを叩き出す、元スパークスのデイヴィッド・ケンドリックが加入しての、エニグマ移籍第1弾。前作から引き続き、フェアライトCMIを中心とした音作りをしながらも、サウンドはよりキャッチーに整理され、再びギターがフィーチャーされる曲も現れた。エルヴィス・プレスリー「ドント・ビー・クルーエル」のカヴァーもまたディーヴォらしいが、比較的素直なアレンジ。文学作品からの引用など、相変わらずアーティスティックな退化への表現が聴かれるが、分かりやすくセールスを狙った印象も。米189位。　池上

Devo
Now It Can Be Told, Devo At The Palace 12/9/88

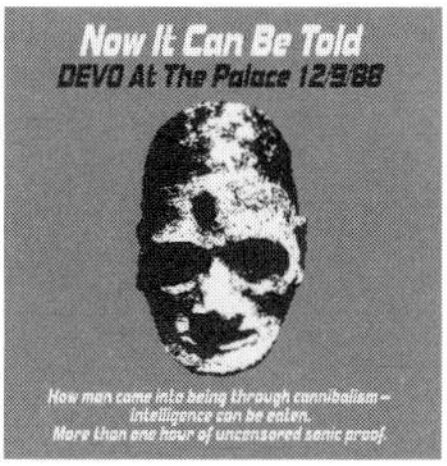

Enigma／7 73514-2［CD］1989 年
プロデューサー：Westwood One

2枚目となるライヴ・アルバムは、88年12月9日にハリウッドのザ・パレスでの演奏を収録。4年間の活動休止を経て、88年にリリースした『トータル・ディーヴォ』のツアーからの音源だ。数多い彼らのライヴ音源の中でもこれがユニークなのは、最初の数曲をセミ・アコースティックとでもいうべきスタイルで演奏していることだ。例えば、バンドの代名詞的な「ジョッコ・ホモ」はメロディまで変わって、まるで別の曲のよう。未発表曲と思われる「イット・ダズント・マター・トゥー・ミー」は、彼らのソングライティングの骨格を見るかのようだ。中盤以降はいつもの演奏に戻り、ラストは10分以上のメドレーで締める。邦題は『退化の改新』。　池上

Devo
Smooth Noodle Maps

Enigma／7 73526-2［CD］1990 年
プロデューサー：Devo

キャリア最大の失敗作。サウンド面での捻りがほとんどなく、ヘヴィなドラムや伸び伸びした歌いっぷりのヴォーカルなど、彼ら流の美学を捨て去ってしまったような作りで、ジーザス・ジョーンズのようなデジタル・ロックを目指したのかと思ってしまう。言われなければディーヴォの作品だとは思わないだろう。後半は多少面白い曲があるものの、ボニー・ドブソン「モーニング・デュー」というカヴァーの選曲もディーヴォらしくない。結果、ついにチャート・インを果たせず、所属レーベルの解散やチケット売上不振でツアーが中止になるなどトラブルが続き、バンドは91年3月に解散した。邦題は『ディーヴォのくいしん坊・万歳』とこちらも残念。　池上

Devo
Something For Everybody

Warner Bros.／523975-2［CD］
発売：2010年6月15日
1. Fresh / 2. What We Do / 3. Please Baby Please / 4. Don't Shoot (I'm A Man) / 5. Mind Games / 6. Human Rocket / 7. Sumthin' / 8. Step Up / 9. Cameo / 10. Later Is Now / 11. No Place Like Home / 12. March On
プロデューサー：Devo, John Hill, John King, Greg Kurstin, Mark Nishita, Santi White
演　奏：Mark Mothersbaugh (vo, syn)
Gerald Casale (vo, b, syn)
Bob Mothersbaugh (g, cho)
Bob Casale (g, cho)
Josh Freese (ds, per)
ゲスト：Van Coppock (g, programming)
Jeff Friedl (ds)

Something Else For Everybody

Booji Boy／DEV-00001-2：2014年

解散から5年後の96年、ユタ州パークシティで開催されたサンダンス映画祭で、ディーヴォは再結成を果たす。そして、同年のロラパルーザへの参加で完全復活。しかし、ニュー・アルバムの制作はうまくいかなかった。散発的なライヴ、サントラなどさまざまな企画への音源提供、ライヴ盤や未発表音源集のリリースなどの活動を続けながら、ジェラルドを中心に新作への道を模索していき、10年が経過した07年、17年ぶりのニュー・シングル「ウォッチ・アス・ワーク・イット」をデジタル・ダウンロードでリリース。デビュー当時のひねくれたポップ・センスとギター・サウンド、アートワークにはエナジー・ドームが復活した。そこからアルバムの制作が進み、10年6月、前作から20年ぶり、再結成から14年を経て、ニュー・アルバム『サムシング・フォー・エヴリバディ』が、デビュー当時のレーベルであるワーナーより登場した。

アルバムは期待に違わぬ出来で、先行シングルで聴かれた、初期のサウンドをブラッシュ・アップしたような充実した楽曲が並ぶ。とくにオープニング・ナンバーで先行シングルとなった「フレッシュ」では、シンセサイザー・サウンドに傾いてから失われていたディーヴォのロックンロールな一面が復活。彼ら独特の機械的なグルーヴとエレクトロニクスなサウンドの調和が見事にとれている。プロデュースは10年代にアデルなどを手がけ大ヒット・プロデューサーとなるグレッグ・カースティン。ドラムは96年以降継続して参加している、元ヴァンダルズのジョシュ・フリースだ。チャートも米30位まで上昇し、久々のヒット・アルバムとなった。また、13年にはこのレコーディング・セッションからのアウトテイク集『サムシング・エルス・フォー・エヴリバディ』もリリースされた。

池上

発掘ライヴ・アルバム

池上尚志

ディーヴォは特別にライヴの数が多いバンドではないが、公式にリリースされたライヴ盤は意外に多く、限定のオフィシャル・ブートレグ盤や、レコード・ストア・デイの限定盤まで含めれば実に10タイトル以上ある。その多くは再結成後にリリースされた70～80年代の発掘音源だ。ライヴの数がいちばん多かった年は、インディーズでシングルをリリースした77年で、80本以上のライヴをこなしている。メジャー・デビューしてからは、アルバムのリリース後に必ずツアーを行うというサイクルだったが、1年で50本に満たない程度の数。しかし、どんなライヴでも演奏のクオリティは非常に安定しており、録音の質さえ良ければ商品化しやすかったことがライヴ盤の多さの理由だろう。

『ディーヴォ・ライヴ：ザ・モンゴロイド・イヤーズ』は、アマチュア時代のライヴをまとめたコンピレイション。75年10月31日のクリーヴランド、WHKオーディトリウム（現：アゴラ・シアター）から4曲。76年12月（日時不明）の4曲は、彼らの拠点であるアクロン、ザ・クリプトでの録音だ。バンドが結成された73年から76年までは、ひたすらリハーサルとデモ音源制作に励んでいた時期で、この4年間でのライヴはトータルで20本にも満たない。こうした音源が残っているのは実に貴重だ。そして、77年11月15日のニューヨーク、マクシズ・カンザス・シティから9曲。これはデイヴィッド・ボウイがステージに上がり、ディーヴォを〝未来のバンド〟と紹介した日の演奏だ。実はこの日の映像が残っており、この時点では彼らのライヴの特徴である機械的なステージ・アクションはまだ行われていない。なお、このマクシズの演奏（ボウイのMCを追加）は、14年のレコード・ストア・デイの限定アナログ盤として、単独でリリースされている。

『ディーヴォ・ライヴ　1980』は、80年8月17日、カリフォルニア州ペタルーマのフ

Devo
New Traditionalists – Live in Seattle 1981
Booji Boy／BOOJI-001：2012年

Devo
Devo Live 1980
Target Video／MVD0501DD［DualDisc］2005年

Devo
DEVO Live: The Mongoloid Years
Rykodisc／RCD 20209［CD］1992年

ェニックス・シアターでのライヴを収録。彼らの最大のヒットとなった『フリーダム・オブ・チョイス』のツアーからのもので、彼らが最もメジャーだった瞬間を捉えたものだ。映像版のDVDもリリースされており、CDより4曲多い22曲入り。

『ニュー・トラディショナリスツ－ライヴ・イン・シアトル　１９８１』は、81年のニュー・トラディショナリスツ・ツアーから、11月28日のワシントン州シアトル・センター・アリーナの演奏を収録。ボブ2号所有のカセットから起こしたDAT音源がマスターで、12年のレコード・ストア・デイでアナログ盤が限定発売され、13年にCD化された。

『ミラクル・ウィットネス・アワー』は、77年5月28日にクリーヴランドのイーグル・ストリート・サルーンで行われたライヴで、初のCBGB～マクシズ公演が終わった3日後のもの。収録された10曲のうち、未発表曲は2曲。実際に演奏された20曲のうちのほとんどがセカンド・アルバムまでにスタジオで録音されるなど、この時点で既にバンドのスタイルが完成していることがわかる。邦題は『退化の目撃～未発表ライヴ１９７７』。

『ハードコア・ディーヴォ・ライヴ！』は、再結成後の14年6月28日にオークランドのフォックス・シアターで行われたライヴで、この年の2月に亡くなったボブ2号に捧げられている。デモ録音集の『ハードコア・ディーヴォＶｏｌ．１』と同『Ｖｏｌ．２』に対応した内容で、デビュー前の77年までにデモが録られている曲のみを演奏した、かなり貴重な内容だ。DVDもリリースされている。

変則盤にも触れておこう。『アドヴェンチャー・オブ・ザ・スマート・パトロール』は、ディーヴォが制作したCD－ROMゲームのサウンドトラック盤。既発曲のほかに、デモ録音、未発表曲も含まれている。スマート・パトロール名義になっている曲も、演奏はディーヴォによるものだ。

ほかにもデモ録音集やアウトテイク集、ニューエイジ・スタイルで演奏したインスト曲を集めたコンピレイションなど、さまざまなアイテムがリリースされている。

Devo
Adventures of the Smart Patrol
Discovery／770341996［CD］
1996年

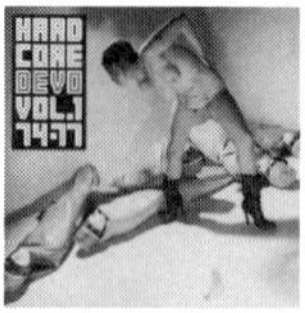

Devo
Hardcore Devo Vol.1
Rykodisc／RCD 10188［CD］
1990年

Devo
Hardcore Devo Live!
MVD／6526A［CD］2015

Devo
Miracle Witness Hour
英・Futurismo／FUTN03
［CD］2014年

#9

POWER POP / AMERICAN NEW STANDARD

123

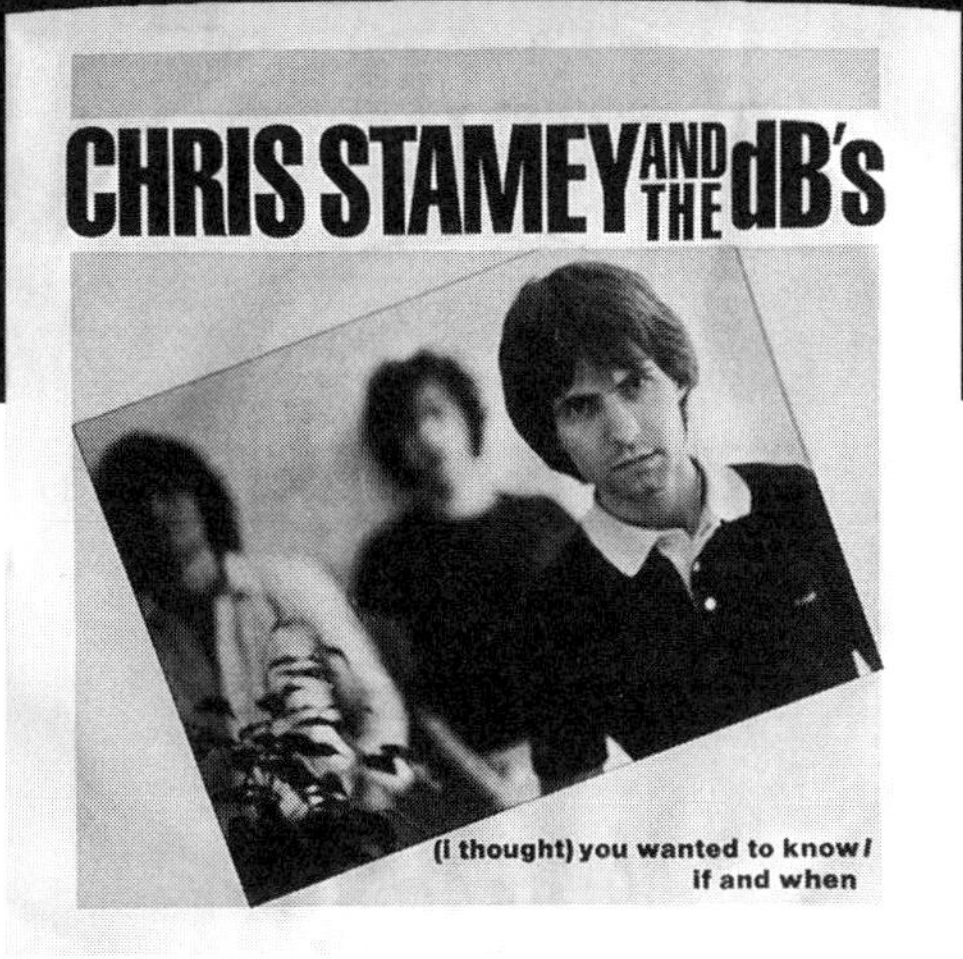

KOJI WAKUI
KOICHI MORIYAMA　ISAO INUBUSI
JIRO MORI　YASUKUNI NOTOMI
MEGUMI YOSHIDA　MIKA AKAO

性も人種も超えて〝ミクスチュア〟に至ったパンク／ニュー・ウェイヴ以後の多様性

和久井光司

ロックが社会に与えてきた影響の中で意外に大きいのが性の問題だ。子どもの意識がへんにそこに向いてはいけないと、エルヴィスの下半身が取り沙汰された時代から過度のセックス・アピールはNGとされてきたが、ドラッグへの興味を助長させるような歌と、性表現の自由を一緒くたにするのは、アタマの悪さを表明しているようなものだと思う。性を意識するのは人間として自然なことで、いまの日本の若者たちの草食な感じはむしろおかしい。

ジョンとヨーコの『トゥー・ヴァージンズ』や、英国のバンド、ボクサーのファースト・アルバムの裏ジャケのように、性器やヘアーを露出したものはあった。オールド・ウェイヴの時代には、人前にはさらさないという不文律があった肉体の部分を見せることが〝性の解放〟をメッセージしたものだが、パンクはそこも前進させたのだ。

パティ・スミスの『イースター』のジャケットを見たときに、そうくるか、と思った。もともと中性的だったパティが脇毛も露わに上半身を透けて見させたのは、〝男が同じことをしてもみんな何とも思わないでしょ？〟という問いかけだと受け取ったからである。そこには〝ウーマン・リヴ〟を古臭く感じさせる進化があり、〝平等〟を表現するためなら、という勇気も感じられた。

その一方で、デボラ・ハリーがマリリン・モンローを下世話にパロディ化して見せたのも面白かったから、〝パンクは表現の幅を広げた〟と思えたのである。

79年になると、スリッツがアマゾネスとなり、ジェイムズ・ホワイトはSMやテレフォン・セックスに踏み込んだ。

そして80年、乳首をボンデイジ・プレイ用のおもちゃで隠しただけの姿でステージに登場するウィンディ・O・ウィリアムズが率いるハード・コア・バンド、プラズマティックスが現れたのだ。あの『ゴング・ショウ』でピンポン玉をヴァギナに出し入れする芸を披露して全米の顰蹙をかったことで知られた女性のバンド、と話題になった。

ウェンディはバンドで6枚、ソロで4枚のアルバムを残したが、99年4月6日、48歳で猟銃自殺を遂げた。ジーン・シモンズが作曲に関わったソロ第1作『ＷＯＷ』は「アイ・ラヴ・セックス（&ロックンロール）」という曲で始まるのだが、同一性障害に悩まされ、そういう人たちも社会に認めさせるために率先してピエロになったのだ。

ジョン・スペンサーが妻のクリスティーナをヴォーカルに立ててやっているボス・ホグは、ハード・コア・パンクとパワー・ポップを合体させたような音がブルース・エクスプロージョンより面白い。しかしそれよりも、夫婦の性に対する意識をクリスティーナが身体をはって表現するジャケットに意味を持たせていたのがいいところで、〝男〟と〝女〟の役割分担を明確にしているのが健康的だった。

今世紀に入ってコンプライアンスに社会が敏感になったためか、性を感じさせるヴィジュアル表現は減ったが、ドゥワーヴスのようにインディーという立場を利用して、いまだに表現の自由をセックスで訴えているバンドもある。

私はその〝わかりやすさ〟を支持するし、ネットで丸出しのポルノが簡単に見られる時代に、ロックがそこを隠すというのはナンセンスだと思うのだ。

黒人音楽に対する意識が、70年代後半のディスコ・ブーム以降大きく変わったことは別項でも書いた。それは、ア

Wendy O Williams
“WOW”
Passport／PB 6043
（1984年）

Boss Hog
“Drinkin’, Lechin’ & Lyin”
Amphetamine Reptile／
ARR 89176-1（1989年）

Red Hot Chili Peppers
“Mother’s Milk”
EMI USA／D 124694
（1989年8月16日）

Sonic Youth
“Goo'”
DGC／9 24297-D2
（1990年6月26日）

メリカ社会における黒人、および有色人種の立場という意味でも大きく、〝ワールド・ミュージック〟が市民権を得たのも、80年代に進んだ〝グローバル化〟を象徴するひとつの文化的進化と言ってもいいだろう。

たとえば『ノー・ニューヨーク』を、当時を知らない世代が聴いても〝オルタナなことを始めた人たちがいた〟という感想しか持たないかもしれない。しかし、70年代末にニューヨークで、ディスコとラテンとテクノとフリー・ジャズが混ざったりしたことが、およそ10年後の〝ミクスチュア・ロック〟への布石となったのだ。

と言いながら79年にＬＡで結成されたフィッシュボーンを入れ忘れたりしているのだから自分の詰めのあまさを反省するばかりだが、人間のやることだ、寛大な気持ちでこの章で選んだアルバムを眺めていただきたい。

フィッシュボーンは85年9月にリリースされたファースト・ミニ・アルバム『フィッシュボーン』の時点から日本でも評判になったミクスチュア・ロック・バンドだが、黒人なのにソウル／ファンクは追わず、スカとハード・コア・パンクをポップに融合させたところが新鮮だった。YouTubeでライヴを観るとわかるが、フランク・ザッパみたいなところもあるからもっと評価されてもいいと思う（だったらアルバムを選べよ、だが）。

もちろんそれは、ビースティ・ボーイズやランＤＭＣといったヒップホップ勢の台頭ともリンクしている。ビースティ・ボーイズの歴史は古く、78年にハード・コア・パンク・バンド〝ザ・ニュー・アボリジニーズ〟を母体として結成されているから本書に入れたいところだったが、パンク／ニュー・ウェイヴの〝なんでもあり〟を伝えるためにそこまで採用すると、かえってマイナスかもしれないと判断して、それはやめたのだ。

究極のミクスチュア・バンドとも思えるレッド・ホット・チリ・ペッパーズや、オルタナティヴ・ロックの極みと言ってもいいソニック・ユースをはずしたのも別の角度の同じような理由。その辺を拾うと、60年代からのロックの流れも、パンク以降の変遷も、ニルヴァーナでいったん線が引かれることにもなってしまう。そういうロック史観も否定はできないが、簡単に〝ロックは終わった〟なんて言うヤツは信用できないだろ？

80年代後半に頭角を現し始めたローファイ勢も、パンク／ニュー・ウェイヴがあったからできた畑に花を咲かせた連中だと思う。２０１９年９月に亡くなったダニエル・ジョンストンなどはある意味のパイオニアとして記憶にとどめておきたいし、ジャド・フェアーの存在には出している音とは別のポップさがある。90年代後半に〝ポスト・ロック〟を代表する存在となるシカゴのトータスなどへの導火線としても、無視できないところだ。

ダイナソーJr.やレモンヘッズは最後まで迷ったのだが、それなりに認知されているし、誰が書いても評判を覆すようなことにはならない、という判断で選外になった。

いわゆる〝オルタナ・カントリー〟勢に対してもそれは同じで、ウィルコやサン・ヴォルトは重要な、それこそ現在の〝アメリカン・スタンダード〟を物語るバンドだと思う。しかしその辺を入れていくと、オーソドックスなルーツ・ロック・バンドになってしまった感のあるジェイホークスとか、〝オルタナ〟に乗っかって息を吹き返したスティーヴ・アールやルシンダ・ウィリアムズをどう扱うか、という問題も出てくる。それならパワー・ポップ感のあるシンガー・ソングライターや、ニュー・ウェイヴ以後の方法論（打ち込みや編集）を屈託なく駆使する世代を載せておきたいと思ったのである。

前段でも書いたように、ジェンダーや人種の問題も視野に入れながら、パンク以後のアメリカン・ロックを眺めていくと、オールド・ウェイヴの時代とは〝自由〟の幅が格段に拡がっているのがわかるはずだ。

同世代の友人の中にはいまだにパンクが来ていないヤツもいて、感覚がどこまでもオールド・ウェイヴのままだったりする。本人はまったく困らないだろうが、50年も感性が変わらないなんて、ずいぶん損をしているように私は思うのだ。余計なお世話かもしれないが、〝こういうのもあるよ〟とは言っておきたいのである。

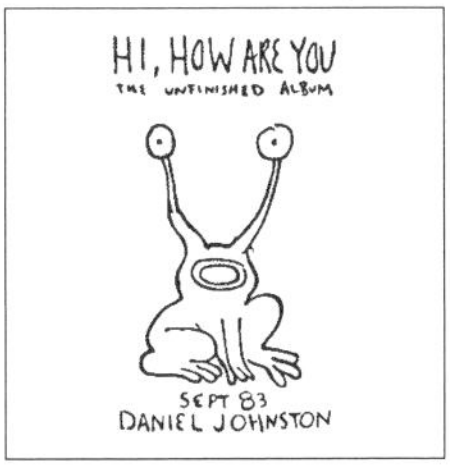

Daniel Johnston
“Hi,How Are You:
The Unfiinished Album”
Homestead／HMS 117-1
（1988年）

Jad Fair
“Great Expectations”
独 Bad Alchemy／BAAL 22
（1989年）

Lemonheads
“It's A Shame About Ray”
Atlantic／7 82397-2
（1992年6月）

Wilco
“Being There”
Reprise／9362 46236-2
（1996年10月29日）

Big Star
#1 Record

Ardent／ADS-2803：1972 年
［1］1. Feel / 2. The Ballad Of El Goodo / 3. In The Street / 4. Thirteen / 5. Don't Lie To Me / 6. The India Song
［2］1. When My Baby's Beside Me / 2. My Life Is Right / 3. Give Me Another Chance / 4. Try Again / 5. Watch The Sunrise / 6. ST 100/6
プロデューサー：John Fry
演　奏：Alex Chilton (g, vo)
Chris Bell (g, vo)
Andy Hummel (b, vo)
Jody Stephens (ds)
ゲスト：Terry Manning (kbd, cho)

ボックス・トップスのリード・シンガーとして68年に「ザ・レター」を全米1位にしたアレックス・チルトンが、地元メンフィスで初ソロ作を制作していたころに知り合ったクリス・ベルと〝レノン／マッカートニー〟を意識して結成。ジョディ・スティーヴンス（ds）とアンディ・ハメル（b）のリズム・セクションにスワンプ・ロック的な弾みがあることから、このファースト・アルバムではビートルズとストーンズが混ざったような決定的なカッコよさが現出された。のちに〝パワー・ポップの元祖〟と謳われるようになり、パンク以降のバンドに大きな影響を与えたのはご存知の通り。しかし黒人音楽が専門と言えるアーデント／スタックスはバンドをうまく売ることができず、72年11月にベルが脱退。トリオで録った74年2月の『レディオ・シティ』も悪くなかったが、リリース後にハメルが脱退し、チルトンとスティーヴンスはジム・ディキンソンをプロデューサーに迎えて『サード／シスター・ラヴァーズ』が制作されたが、バンドは解散。アメバムは78年になってリリースされた。

93年、チルトン、スティーヴンスに、ザ・ポウジーズのジョン・オウア（g）とケン・ストレングフェロー（b）が合流して再結成されたビッグ・スターは、05年に新作『イン・スペース』を発表したが、結局チルトンの復調がままならなかったため、オウアとストリングフェロウの尽力が実りきらなかったのが残念だ。

和久井

Raspberries
Side 3

Capitol／SMAS-11220：1973 年
プロデューサー：Jimmy Ienner

ドラムの重量感とエレキ・ギターのドライヴ具合が増して、さらにパワフルになった3作目。元祖パワー・ポップと呼ばれるバンドの中でも、実験精神が旺盛だったメンフィスのビッグ・スターや、R&Bルーツの新解釈に取り組んだロサンゼルスのナーヴスとは違って、ラズベリーズの場合は天然というか、楽器やスタジオ機材の進歩で、たまたまそうなってしまった感が強い。

エリック・カルメンの書く曲はデビューの頃から一貫しているので、時代が異なれば別の称号を得ただろう。比較的成功した方なのでその影響は大きいが、それがパワー・ポップ方面だけでなく、モトリー・クルーやスローターなど、メタル勢のポップ化に一役買った事実も見逃せない。

森山

Stories
Stories About Us

Kama Sutra／KSBS 2068：1973 年
プロデューサー：Eddie Kramer, Steve Love, Kenny Kerner, Richie Wise, Stories

シアトル生まれのイアン・ロイドがニューヨークで結成した4人組。ファーストは売れなかったため73年にはイアン・ロイド&ストーリーズ名義のアルバムが発売されたが、5枚目のシングル「ブラザー・ルイ」が全米1位となり、英国ではホット・チョコレイトによるカヴァーが全英1位となったため、急遽このアルバムがリリースされた。直前には競作が話題だった「マミー・ブルー」をシングルで出しているのを見ても、カーマ・スートラはどうしても売りたかったのだろうが、一発屋に終わったのだった。

その後ロイドは5枚のアルバムを発表したが、鳴かず飛ばず。ボブ・ウェルチに通じるパワー・ポッパーなのだが……。和久井

New York Dolls
New York Dolls

Mercury／SRM 1-675：1973 年
[A] 1. Personality Crisis / 2. Looking For A Kiss / 3. Vietnamese Baby / 4. Lonely Planet Boy / 5. Frankenstein (Orig.)
[B] 1. Trash / 2. Bad Girl / 3. Subway Train / 4. Pills / 5. Private World / 6. Jet Boy
プロデューサー：Todd Rundgren
演　奏：David Johansen (harmonica, vo)
Johnny Thunders (g, vo)
Sylvain Sylvain (p, g, vo)
Arthur "Killer" Kane (b)
Jerry Nolan (ds)
ゲスト：Todd Rundgren (kbd)
Buddy Bowser (sax)
Alex Spyropoulos (p)

アーサー〝キラー〟ケインとビリー・マーシアがいたアクトレスを母体に、ジョン・アンソニー・ゲンゼルとシルヴェイン・シルヴェイン、デイヴィッド・ヨハンセンが加わることでバンドは本格的に始動、ゲンゼルはキンクスの作品に登場するキャラクターからジョニー・サンダースの芸名を拝借した。ローリング・ストーンズら英国バンドにヨハンセンのソウル／R&B嗜好を混ぜ合わせた音楽的嗜好と、アンドロジニーを思わせる派手でグラマラス衣装を組み合わせた姿は世間の注目を集め、とくに英国ではデビュー前ながらも大きな話題となった。

72年にはフェイシズのウェンブリー・アリーナ公演で前座を務めるオファーを受け渡英、帰国後の11月にマーシアがアルコールと薬物の過剰摂取で急死するも、地元の仲間ジェリー・ノーランの加入で活動は継続、73年3月にはマーキュリーと契約してレコード・デビューが実現している。

本作は73年7月に米国発売された彼らのデビュー・アルバムで、トッド・ラングレンがプロデュースを務めたが、録音が進むにつれメンバーそれぞれが「俺の音をもっと大きくしろ」と要求、心労が重なりダウン寸前になったらしい。ストーンズ直系のロックン・ロールながら全編に〝艶〟が感じられ、なかでもサンダースのギターはフレーズのセンス、音色ともに際立っている。〝パンク〟と〝グラム〟の間を繋ぐ重要作である。犬伏

Blue Öyster Cult
On Your Feet Or On Your Knees

Columbia／PG 33371：1975 年
[A] 1. Subhuman / 2. Harvester Of Eyes / 3. Hot Rails To Hell
[B] 1. The Red & The Black / 2. Seven Screaming Dizbusters / 3. Buck's Boogie
[C] 1. Then Came The Last Days Of May / 2. Cities On Flame / 3. ME 262
[D] 1. Before The Kiss (A Redcap) / 2. I Ain't Got You / 3. Born To Be Wild
プロデューサー：Murray Krugman, Sandy Pearlman
演　奏：Eric Bloom (vo, g, syn)
Donald "Buck Dharma" Roeser (g, vo)
Allen Lanier (g, kbd)
Joe Bouchard (b, vo)
Albert Bouchard (ds, g, vo)

71年にデビュー、メンバー・チェンジなどで解散状態にあった時期もあるが、現在も第一線で活躍するニューヨークの古豪である。通算3作目にあたる74年の『シークレット・トリーティーズ』でプロデューサーのサンディ・パールマンが〝ヘヴィ・メタル〟を宣言し、主に鍵盤のアラン・レイニアまで最後はギターを持ってフロントに出てくるパフォーマンスも効いて、ハード・ロックの最前線に躍り出た。2枚組となった初のライヴ・アルバムは、ヘヴィ・メタルと言うよりはパンキッシュなパワー・ポップ。文学性とジョークを混ぜたエンタテインメント性がレコードだけを聴いていると伝わりにくいこともあって、〝永遠の二流〟に甘んじているが、〝その位置〟にいるからこそ〝揺るぎないロック〟を維持してきたのが素晴らしい。今世紀に入ってからのスタジオ盤、ライヴ盤がとんでもなくいいことは特筆に値すると思う。

ここでは、アンコールの「ワイルドで行こう」に向かう前にパティ・スミスが格闘技のリング・アナウンサーのように会場を煽り、4人がフロントに並ぶパフォーマンスに向かわせる。ファーストを「音がしょぼい」と酷評されたクラッシュがサンディ・パールマンに『動乱』のプロデュースを頼んだのも頷ける、パンクもメタルも超えた音、〝ロック〟と呼ぶしかないものがここにある。再評価したいバンドの筆頭と言っていい。ルックスはさらに悪くなったが、近年のアルバムも充実。

和久井

The Dictators
Go Girl Crazy!

Epic／KE 33348：1975 年
プロデューサー：Murray Krugman, Sandy Pearlman

BOCを手掛けていたプロデューサー・チーム、マレイ・ルーグマンとサンディ・パールマンが売り出したバンドの第一作。ガレージっぽいパワー・ポップでメロディが人懐こいのが持ち味だった。同じ制作チームで行ったアサイラムからの2枚まで危なげがなかったが、78年にベースのマーク・メンドーザ（のちツイステッド・シスター）が抜けたのをきっかけに3枚目のアルバムが出たころにはバンドは解散していたようだ。

しかし90年代中盤にヴォーカルのディック・マニトーバを中心に再結成され、現在も活動を続けている。中心にいなかったくせに〝ニューヨーク・パンク〟で食っているタフな奴らだ。

和久井

Flamin' Groovies
Shake Some Action

Sire／SASD-7521：1976年
プロデューサー：Dave Edmunds

69年に『スーパースナッズ』でメジャー・デビューしたサンフランシスコのカルト的ローカル・バンドで、ロイ・ロニーがフロント・マンを務めた初期はローリング・ストーンズと比較されるダイナミズムと黒さを擁していたが、セールスの不振と方向性の対立からロニーが脱退、シリル・ジョーダン中心のポップなサウンドへとシフトしている。本作は72年にデイヴ・エドモンズのプロデュースで制作が進められながら契約が進まず、76年までお蔵入りとなったアルバムだが、クリス・ウィルソンをヴォーカルに迎えた新生グルーヴィーズのポップな魅力が見事に詰め込まれている。タイトル曲はモッズの「崩れ落ちる前に」と酷似していることでも有名だ。

犬伏

Tom Petty & The Heartbreakers
Tom Petty & The Heartbreakers

Shelter／SRL 52006：1976年
[A] 1. Rockin' Around (With You) / 2. Breakdown / 3. Hometown Blues / 4. The Wild One, Forever / 5. Anything That's Rock 'N' Roll
[B] 1. Strangered In The Night / 2. Fooled Again (I Don't Like It) / 3. Mystery Man / 4. Luna / 5. American Girl
プロデューサー：Denny Cordell
演奏：Tom Petty (vo, g, kbd)
Mike Campbell (g)
Benmont Tench (kbd)
Ron Blair (b, cello)
Stan Lynch (ds, syn)
ゲスト：Jeff Jourard (g)
Donald "Duck" Dunn (b)
Emory Gordy (b)
Randall Marsh (ds)
Jim Gordon (ds)
Noah Shark (per)
Charlie Souza (sax)
Phil Seymour (cho)
Dwight Twilley (cho)

リオン・ラッセルのシェルターから76年にリリースされたトム・ペティ&ザ・ハートブレイカーズの1枚目。フライング・ブリトー・ブラザーズやイーグルス直系のカントリー・ロック・シーンから地続きで登場してきたことや、80年代以降に盛んになるボブ・ディランやビートルズ人脈とのコラボレイションなど、常に〝オールド・ウェイヴの弟分〟的な見られ方をしてきたので、本書でピックアップされたことに違和感を覚える方も多いだろう。しかしR&Rで産湯を使い、ブリティッシュ・インヴェイジョンの衝撃で楽器を手にしてバンドを始めた世代の括りで言えば、トム・ペティをパワー・ポップの枠組みで捉えるのも間違いではないだろう。音楽的にも冒頭の「ロッキング・アラウンド」での荒々しいグルーヴ、シングル「アメリカン・ガール」の瑞々しさは新時代を感じさせるし、「エニシング・ザッツ・ロックンロール」や「フールド・アゲイン」の歌はいかにもパンキッシュだ。個人的には「ホームタウン・ブルーズ」や「ストレンジャード・イン・ザ・ナイト」のようなパブ・ロックに通じる土臭さ、イナタさが大好きなのだが。

ちなみに英盤の配給はアイランドから。封入された77年春のカタログで、本作はダムドとウルトラヴォックスの間に挟まれてるのだ。当時はパンク／ニューウェイヴ系アーティストとして扱われていたことが窺える。カッティングも米盤の数倍ワイルドなので、機会があれば是非！

森山

Mink DeVille
Cabretta

Capitol／ST-11631：1977年5月
プロデューサー：Jack Nitzsche

CBGBのハウス・バンドだった、ミンク・デヴィルのデビュー・アルバム。冒頭の「ヴィーナス・オブ・アヴェニューD」は緩急のつけ方がゼムの「ヒア・カムズ・ザ・ナイト」みたいだし、A面最後の「ガンスリンガー」はギターの絡みといいサビのコーラスといい、ストーンズの「ブラウン・シュガー」の影響が大。B面の「スパニッシュ・ストロール」は、ヴェルヴェット・アンダーグラウンド「スウィート・ジェーン」へのオマージュみたいだ。

さらには60年代ポップスやソウル風味の曲まであるゴッタ煮状態だが、ややパンキッシュな音色とジャック・ニッチェのアレンジによって、不思議と統一感のある仕上がりになっている。

森

Pezband
Pezband

Passport／PP 98021：1977年
プロデューサー：Stephan Galfas

ミミ・ヴェティニスのヴォーカルがとても（ソロ〜ウイングスになってからの）ポール・マッカートニー的な、ペズバンドのファースト。71年の結成なので、アンサンブルはじゅうぶんに練られている。時代に合わせたアップデイトはゲストのシンセやサックス、パーカッションに委ね、バンドはひたすら小気味良い演奏を続けるのみ。ヤードバーズ、キンクス、フリートウッド・マックあたりがファイヴァリットだと言うのも頷ける。

ロックンロールな「レッツ・ダンス！」が途中でスプリングスティーン化するのは、Eストリート・バンドのクラレンス・クレモンズがサックスを吹いているから。この曲がなければ単調だったかも。

森

The Real Kids
The Real Kids

Red Star／RS2：1977年
プロデューサー：Marty Thau, The Real Kids

初期のモダン・ラヴァーズにも参加していた、ジョン・フェリスが率いるザ・リアル・キッズの一枚目。彼はジョナサン・リッチマンと同じ、マサチューセッツ州ネイティックの出身で、ふたりはヴェルヴェット・アンダーグラウンドのファン仲間でもあったということだ。

エッジが効いた演奏と、フェリスの吐き出すようなヴォーカルからすると、パンクのど真ん中に向かうと思いきや、「ベター・ビー・グッド」に「ツイスト・アンド・シャウト」のフレーズが織り込まれているように、どこか明るく直接的な怒りは感じられない。性急さはあるけど狂気はない。博多で言えばルースターズではなく、ロッカーズみたいな。伝わるかな？

森

Iggy Pop
Lust For Life

RCA Victor／AFL1-2488：1977年
[A] 1. Lust For Life / 2. Sixteen / 3. Some Weird Sin / 4. The Passenger / 5. Tonight
[B] 1. Success / 2. Turn Blue / 3. Neighborhood Threat / 4. Fall In Love With Me
プロデューサー：Bewlay Bros. (David Bowie, Iggy Pop, Colin Thurston)
演　奏：Iggy Pop (vo)
David Bowie (kbd, cho)
Carlos Alomar (g, cho)
Ricky Gardiner (g, cho,ds)
Warren Peace (kbd, cho)
Tony Fox Sales (b, vo, g)
Hunt Sales (dr, cho)

ザ・ストゥージズを解散したあと、ドラッグに溺れていたイギー・ポップが、デイヴィッド・ボウイの手を借りて制作した初のソロ・アルバム『ジ・イディオット』は硬質なインダストリアル・サウンドに満ちていた。しかし、続く『ラスト・フォー・ライフ』ではポップな方向へと舵を切る。

オープニングを飾るタイトル曲の、モータウン・サウンドをロック・サイドに引き寄せたイントロは、ストーンズの「悪魔を憐れむ歌」と肩を並べるほど呪術的であり、しかもアルバム・ヴァージョンでは1分以上も続くのだ。否が応でも身体が反応してしまう。

アルバムの全体にわたって、ポップでハードなロックが展開されているが、中には「ターン・ブルー」のように、ヴァン・モリスンが作ったと言ってもおかしくないような、ソウルフルでスケールの大きなナンバーも仕込まれている。「トゥナイト」など、ボウイがイギーが歌うことを想定せず、自分のために書いたようなメロディ・ラインだ。それが証拠に、ボウイは84年に同名のアルバムをつくってしまう。

驚くべきは、バンド時代には歌ってこなかったさまざまなタイプの曲を、イギーがきっちりと歌いこなしているということだ。しかも、どこを切ってもイギーでしかない個性が迸っている。この音楽性の広さとクオリティの高さは、およそ40年後にリリースされた『ポスト・ポップ・ディプレッション』に引き継がれるのである。

森

The Rubinoos
The Rubinoos

Beserkley／JBZ-0051：1977年
プロデューサー：Gary Phillips, Glen Kolotkin, Matthew King Kaufman

トミー・ジェイムズ・アンド・ザ・ションデルズのカヴァー「アイ・シンク・ウィアー・アローン・ナウ」で始まる、ルビノーズのファースト・アルバム。

いかにもパワー・ポップのイメージにぴったりな、良いメロディとコーラスが効いた曲が続くが、「ロックンロール・イズ・デッド」のハードなギターで始まるイントロには思わず前のめりになってしまう。ギター・ソロにも燃えるし、グラム的な側面も見え隠れしているところが面白い。続く「メモリーズ」はソウルが下敷き。こうしたバンドの多様性も魅力のひとつだ。

79年には「アイ・ワナ・ビー・ユア・ボーイフレンド」がヒット。盗作騒動もなんのその、いまだに現役続行中。

森

The Tubes
Now

A&M／SP-4632：1977 年
プロデューサー：John Anthony

音楽エンターテインメント集団として、基本的に何でもできるザ・チューブスが、ハッキリとパンクに目を向けたアルバム。「キャシーズ・クローン」での、キャプテン・ビーフハートのサックスに誘われるように歌うリ・スタイルズのヴォーカルが、これまでのチューブスには無かった埃っぽい街の音を奏でた。全体に曲をコンパクトにまとめ、音数を減らして、リズムをタイトに明確にした音は、『ナウ』と言いたくなるのも無理はない仕上がりだ。「スモーク」の、フランク・ザッパがパンクをやってるみたいな歌い方も楽しい。

どうしてもニューヨーク・パンクの連中には出せない華やかさが表れてしまうのは、バンドの個性だから仕方がないのだ。 納富

Cheap Trick
At Budokan

日・Epic/Sony／25・3P-5：1978 年
［A］1. Hello There / 2. Come On Come On / 3. Look Out / 4. Big Eyes / 5. Need Your Love
［B］1. Ain't That A Shame / 2. I Want You To Want Me / 3. Surrender / 4. Goodnight Now / 5. Clock Strikes Ten
プロデューサー：Cheap Trick

At Budokan: The Complete Concert

Legacy/Epic／E2K 65527：1998 年
Bonus Tracks: ［1］3. Elo Kiddies / 4. Speak Now Or Forever Hold Your Peace / 7. Downed / 8. Can't Hold On / 9. Oh Caroline / 11. Auf Wiedersehen
［2］2. High Roller / 3. Southern Girls / 5. California Man

デビュー当時から何となく新しさは感じていた。しかし、本格的に聴き始めたのは、このライヴ盤からなので、私もアメリカのリスナーと大差ない。しかし、日本限定発売のアルバムがアメリカの輸入盤屋でも売れて、そこからバンドの世界的ヒットに繋がった事実には何の不思議もない。バンド初の全米ヒットとなった、シングル・カット曲「アイ・ウォント・ユー・トゥ・ウォント・ミー」をスタジオ・ヴァージョンと聴き比べれば、一発で分かる。甘いメロディのポップ・ロックだったはずの曲が、ハード・ロックになっていて、しかも演奏がとても自然なのだ。無理してハードに演奏している気配が全く無い。

すでに日本で大ヒットしていた「クロック・ストライクス・テン」を、「おお、結構ハードじゃないか」と喜んでいた私は、このライヴ・ヴァージョンを聴いて、本当に驚いたのだ。先にニューヨーク・パンクをたっぷり聴いていたのに、この重く絡みつくビートに乗った切れ味鋭いギターと、甘い声でハードに歌うヴォーカルの疾走感は新しかった。ニュー・ウェイヴには無い、素直に激しいサウンドが心地よかったのだ。

リック・ニールセンの作曲能力の高さも大きいけれど、むしろ、新しさと伝統的なハード・ロックやロックンロールを屈託なく混ぜてしまうアイディアが凄いのだ。それを敏感に感じ取ったかのような、ファンの女性たちの絶叫が収録されていることも、このアルバムの価値を高めている。 納富

Kim Fowley
Sunset Boulevard

PVC／7906：1978年
［A］1. The Top / 2. Rubber Rainbow / 3. Nightingale / 4. Negative / 5. In My Garage / 6. Sunset Boulevard
［B］1. North American Man / 2. Teenage Death Girl / 3. Control / 4. Love Is A Game / 5. Black Camels Of Lavender Hill / 6. Blow Up
プロデューサー：Kim Fowley, Ralph Peer II
演　奏：クレジットなし

39年にコメディ俳優の息子としてLAで生まれ、ジャン&ディーンやブルース・ジョンストン、ナンシー・シナトラが高校の同級生。50年代末にフィル・スペクター周辺でキャリアをスタートさせ、60年代半ばにはプロデューサー、ソングライターとして頭角を現し、英国でP・J・プロビー、ソフト・マシーン、キャット・スティーヴンスをプロデュース。67年に『ラヴ・イズ・アライヴ・アンド・ウェル』で自身のソロ・キャリアもスタートさせたのだから、知る人ぞ知る大物だった（69年9月のプラスティック・オノ・バンドのデビュー・ステージでアナウンスを務めたのも伝説）。

オリジナル・モダン・ラヴァーズのプロデュース、『アメリカン・グラフィティ』のサントラを手掛けたあと、ザ・ランナウェイズを売り、キッスの曲づくりにも関わって絶好調だった時代に出た10枚目のソロ作がこれ。中古盤屋でそこそこの値段がつく60年代のアルバムより、これ以降のニュー・ウェイヴ路線の方が面白いというのが変態チックなのも売りのこの人らしいところで、90年代後半にリリースしたベン・ヴォーンやBMXバンディッツとの共演盤も悪くなかったが、話題にはならず。

これぞという一枚がないまま2015年1月15日に75歳で亡くなったのは残念だった。アメリカや日本では再評価もされないのはどうかと思う。ポップ界のキーパーソン、オルタナの元祖と言ってもいい才人なんですけどねぇ。

和久井

David Johansen
David Johansen

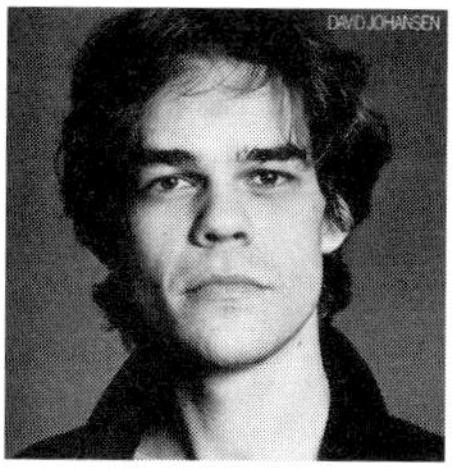

Blue Sky／JZ 34926：1978年
プロデューサー：David Johansen, Richard Robinson

ニューヨーク・ドールズ解散後の78年にリリースされたデイヴィッド・ヨハンセン初のソロ・アルバム。ソウル／R&B好きとして知られる彼だが、ここではドールズの延長線上にあるギターが際立ったロックンロールで全編を押し通している。ドールズ時代の盟友シルヴェイン・シルヴェインが4曲で共作し、「クール・メトロ」ではギターを、ほかにもフェエリックス・キャヴァリエやジョー・ペリー、サラ・ダッシュらがゲスト参加している。ヨハンセンは歌手としての活動と並行し、80年代以降は俳優としても活躍。近年はブルーズに回帰した音楽活動を展開、一方でドールズのメンバーとして06年にバンドを再結成、新たに3枚のアルバムを残している。

犬伏

Peter C. Johnson
Peter C. Johnson

A&M／SP 4723：1978 年
プロデューサー：Peter C. Johnson

68年からボストンの音楽シーンにいた人で、ボニー・レイトやクリス・スミザーの仲間。しかし、この初アルバムで聴けるのはシンセも入ったモダン・ポップで、レイトやニルス・ロフグレン、アンディ・プラットらが参加しているものの旧世代のシンガー・ソングライターとは一線を画したサウンドを聴かせている。コ・プロデューサーがジョン・アンソニーなのも肯ける音だし、曲がいいのだ。

80年にはオランダのCBSから、ルー・リードの「ペイル・ブルー・アイズ」を含むセカンド・アルバムをリリースしたが、あえなく消えてしまったのが残念。今世紀に入ってCDも出ているが、内容は不明である。

和久井

Greg Kihn Band
Next Of Kihn

Beserkley／JBZ-0056：1978 年
プロデューサー：Glen Kolotkin, Matthew King Kaufman

70年代のグレッグ・キーンは掛け値なしにカッコいい！ のちのヒット曲「ザ・ブレイクアップ・ソング」や「ジェパーディ」の80's的ダサさから敬遠されている方は、ぜひこのサード・アルバムを聴いて欲しい。「コールド・ハート・キャッシュ」や「ミュージアム」ではグレッグの歌い回しにパンク・シーンからの影響が窺えるし、ソリッドな演奏にはライヴ・バンドとしての自信が漲っている。メロディアスな面では前作『グレッグ・キーン・アゲイン』や次の『ウィズ・ザ・ネイキッド・アイ』の方に軍配が上がるが、B面に収録の「ソーリー」や、「エヴリバディ・エルス」で聴かれる旋律は同時期のほかのバンドよりも頭ひとつ抜きん出ている。

森山

Tuff Darts
Tuff Darts!

Sire／SRK 6048：1978 年
プロデューサー：Bob Clearmountain, Lance Quinn, Tony Bongiovi

ノーマン・シーフが撮影した写真が使われたジャケットがやけにカッコいい。『ライヴ・アット・CBGBズ』に収録されたヴァージョンよりも音が整理されているように聴こえるのは、プロデューサーとしても名を連ねているボブ・クリアマウンテンのエンジニアリングによるところが大きいのだろう。それでもタフで切れ味鋭い持ち味は失われていないのだ。

本作は解散寸前に制作されたアルバムだが、バンドは02年に再結成された。07年には日本のキャプテン・トリップから70年代のデモ集“Sweetheart”（CTCD-571）と、新たに録音された“You Can't Keep A Good Band Down”（CTCD-572）という2枚のCDが発売されている。

森

The Beat
The Beat

Columbia／JC 36195：1979年
プロデューサー：Bruce Botnick

西海岸パワー・ポップのパイオニア、ナーヴスのメンバーの中で、最も英国かぶれだったのは、ザ・ビートを率いたポール・コリンズかもしれない。ナーヴス時代からメロディ・メーカーの片鱗を覗かせていたが、このファースト・アルバムでも中期ビートルズ風味の「アイ・ドント・フィット・イン」や、ストーンズっぽいピアノ・バラード「ユー・アンド・アイ」など、先達からの影響が溢れている。ブリッジ・ミュート奏法でのクリシェ進行のお手本「ドント・ウェイト・アップ・フォー・ミー」もゴキゲンだ。ラヴやドアーズとの仕事で知られるブルース・ボトニックによる抑制の効いたプロデュースも見事で、時代の波を上手く乗り越えた作品といえよう。

森山

Pat Benatar
In The Heat Of The Night

Chrysalis／CHE 1236：1979年
プロデューサー：Mike Chapman, Peter Coleman

パット・ベネターと言えば日本でも葛城ユキのカヴァーがヒットした「ハートブレイカー」の印象が強く、どうしてもハード・ロック歌謡的な印象をもたれがちだが（見た目もヤンキーの姉ちゃんなイメージだし）、もともとはライザ・ミネリのコンサートを観てシンガーを志した人だ。

本作でもバンドのメンバーが固定され、ギターの速弾きも聴こえてくるので、どうしてもヘヴィメタ前夜の空気が漂っている。しかし、マイク・チャップマンがプロデュースした3曲ではポップ・シンガーの顔を覗かせているのだ。ジョン・クーガー（・メレンキャンプ）の「アイ・ニード・ア・ラヴァー」はシンディ・ローパーみたいな、ポップでロックな仕上がりに。

森

The Dickies
Dawn Of The Dickies

A&M／SP-4796：1979年
プロデューサー：Robin Geoffrey Cable

77年にＬＡのサン・フェルナンド・ヴァレーで結成されたパンク・バンドで、メンバー・チェンジはあったものの現在も活動を続けている。セックス・ピストルズが一枚のリリースもないまま契約を破棄したＡ＆Ｍに滑り込んで英国ではトップ10ヒット「バナナ・スプリッツ」も放ったが、アメリカではローカル・バンドであり続け、その後はＰＶＣ、エニグマなどにアルバムを残してきた。

しかし、この手のパンク・バンドらしく、90年代以降は評価の対象になりにくいライヴ盤が多いのが難点だ。一部ではパワー・ポップ・バンドとして再評価もされているが、決定的な個性には欠けているからか、永遠にＢ級。

和久井

Ellen Foley
Nightout

Epic/Cleveland／JE 36052：1979年
プロデューサー：Ian Hunter, Mick Ronson

51年セント・ルイスで生まれ、女優としても活躍。このデビュー作はイアン・ハンターとミック・ロンソンがプロデュースし、ストリート感あふれるロックが話題となった。エンジニアはボブ・クリアマウンテン。いま聴いても納得できる音だ。当時はハンター／ロンソン・バンドのコーラス嬢としても活躍し、クラッシュのミック・ジョーンズと恋仲になったことから81年発表のセカンドはジョーンズのプロデュースとなり、クラッシュ全員が参加した。しかしこれが期待外れで、ヴィニ・ポンシアがプロデュースした83年作も売れなかった。

89年にはミート・ローフとのデュエット曲がヒットしたものの、２０１３年に復活するまでソロ作はなかった。 和久井

The Pop
Go!

Arista／AB 4243：1979年
プロデューサー：Earle Mankey

「ポップス」の「ポップ」というより、発砲とかポン！パン！という破裂音の意味でバンド名をつけたのだろう。「ボム」じゃないんだな、もうちょっと軽い感じ。

パブ・ロックみたいなやさぐれた雰囲気もあれば、やや大げさなアレンジからはメジャー（になりそこねた）感もある。どちらも、ステージで培った強固なアンサンブルがあるからこそ。

彼らの代表曲といえば「シェイクアウェイ」になるのだろうが、2分ちょっとの間に疾走感といなたいコーラスが同居して、ライヴハウスで聴いたら盛り上がりそう。「ウェイティング・フォー・ザ・ナイト」みたいなミディアムでメロディアスな曲でもドラムはドカドカ。これでいいのだ。 森

Sylvain Sylvain
Sylvain Sylvain

RCA Victor／AFL1-3475：1979年
プロデューサー：Lance Quinn, Syl Sylvain, Tony Bongiovi

本名シルヴェイン・ミズラヒ。エジプトのカイロ生まれのユダヤ人で、家族とともに国外逃亡し、仏を経由し米へたどり着いたという。ニューヨーク・ドールズ解散後もデイヴィッド・ヨハンセンとの交流を続け数多くの作品へ参加、後期ドールズのメンバーだったトニー・マシンとは自身のバンド、クリミナルズを結成している。本作は78年のＲＣＡと契約してリリースされたシルヴェイン初のソロ・アルバムで、ジョーン・ジェットのブラックハーツでおなじみのドラマー、リー・クリスタルが参加。50年代のロックンロールへの憧れと愛情が詰まった作品に仕上がっている。その後もロスを拠点に音楽活動を続けたが、闘病の末、21年にこの世を去っている。 犬伏

Shoes
Present Tense

Elektra／6E-244：1979年
プロデューサー：Mike Stone

イリノイ州ザイオンで、ジョンとジェフのマーフィー兄弟が中心となって結成されたシューズのメジャー・デビュー作。憧れの英国録音、クイーンのエンジニアとして知られるマイク・ストーンをプロデューサーに迎えて制作された。「トゥモロウ・ナイト」「トゥー・レイト」など、のちに代表曲となる作品のほとんどが収録されている。シンプルなアンサンブルに、翳りのあるメロディと絶妙なコーラスを加えて、タイトル通り79年の〝現在形〟が見事に表現されている。どの曲もそれなりのフックを持ちながら、達しそうで届かない感じが逆に魅力的。「ユア・ベリー・アイズ」なんか、もうひとサビ書いていたら大名曲に仕上がったかもしれないのに。

森山

Dwight Twilley
Twilley

Arista／AB 4214：1979年
プロデューサー：Dwight Twilley, Max, Noah Shark

ドゥワイト・トゥイリーは、フィル・セイモアと結成したドゥワイト・トゥイリー・バンドでシェルターからデビューした。75年のシングル「アイム・オン・ファイア」が全米15位まで上昇し、幸先の良いスタートを切ったものの、レーベルのゴタゴタもあって十分なプロモーションは行われないままだったという。77年のアルバム『トゥイリー・ドント・マインド』は、トム・ペティが参加した意欲作だったが、バンドはあえなく解散してしまう。

本作はトゥイリーのソロ1作目。パワー抜きの〝ポップ〟な「アウト・オブ・マイ・ハンズ」を最初のシングルにしたところにアリスタの戦略が見えるが、そのあとは比較的骨太なナンバーが続いている。

森

The Cretones
Thin Red Line

Planet／P-5：1980年
プロデューサー：Peter Bernstein

リンダ・ロンシュタット『マッド・ラヴ』のタイトル曲を提供した、マーク・ゴールデンバーグ率いるクリトーンズのデビュー・アルバム。リンダ盤と同じ80年の発売で、「マッド・ラヴ」「コスト・オブ・ラヴ」「ジャスティン」も収録されているが、もっとも売れたシングルは「リアル・ラヴ」のビルボード79位。

ハードなウエスト・コースト・ロックみたいな本家のヴァージョンよりも、ニュー・ウェイヴをポップ・サイドに引き寄せてリンダに引き渡したピーター・アッシャーのほうが一枚上手だったということだ。かくしてバンドはアルバム2枚で解散。マークはソング・ライターやギタリストとしてのキャリアをスタートさせた。

森

The Feelies
Crazy Rhythms

Stiff America／USE 4：1980 年
［A］ 1. The Boy With The Perpetual Nervousness / 2. Fa-Cé-La / 3. Loveless Love / 4. Forces At Work
［B］ 1. Original Love / 2. Everybody's Got Something To Hide (Except Me And My Monkey) / 3. Moscow Nights / 4. Raised Eyebrows / 5. Crazy Rhythms
プロデューサー：Bill Million, Glenn Mercer, Mark Abel
演　奏：Keith Clayton (b, cho, per)
Andy Fisher (ds, per)
Bill Million (g, vo, per)
Glenn Mercer (g, vo, per)

グレン・マーサーがニュー・ジャージーで結成したアウトキッズが前身。78年に『ザ・ヴィレッジ・ヴォイス』のレヴューで絶賛され、79年に英国のラフ・トレイドからシングルを発表した。その流れでスティッフからこのファースト・アルバムを発表することになったのだが、シンプルなギター・サウンドをアントン・フィアのドラムが支えたアンサンブルはインディー・バンドの雛形となり、ビートルズ・ミーツ・ヴェルヴェット・アンダーグラウンドとも言える方向性はR.E.M.らに多大な影響を与えた。

しかしフィアが脱退してしまうとローカル・バンド色が強くなり、その後の3作はどうにも中途半端。Yuung Wuと名乗ったバンドでもライヴやリリースはあったが、91年に一旦解散している。

2008年に再結成してからは2枚のアルバムとEPを出しているが、いずれも本作を愛するファンを満足させるものではないのが残念だ。

文系の大学生が頭で考えたロックに、身体がうまくついていけないようなところが圧倒的なカタルシスを生んでいたから、それなりにできるようになってしまったら面白くないのである。そこに意識的だったアントン・フィアは不定形のユニットであることを活かしてゴールデン・パロミノスを成功させたが、どこまでも正直者なのか、グレン・マーサーにはそういうワザがないのである。

和久井

Willie Nile
Willie Nile

Arista／AB 4260：1980 年
プロデューサー：Roy Halee

ニューヨーク生まれのシンガー・ソングライター。キャリアの最初の頃は、グリニッチ・ヴィレッジのフォーク・シーンに身を置き、ケニーズ・キャスタウェイズなどのクラブで歌っていた。その一方でCBGBに通い、パティ・スミス、テレヴィジョン、ラモーンズ、トーキング・ヘッズなどを観ていたそうだ。

本作は、クライヴ・デイヴィスに見出された彼のデビュー・アルバム。パティ・スミス・グループのジェイ・ディー・ドーハティが全面的に参加している。

ウォーレン・ジヴォンのようにバンドを従えて歌う、「ヴァガボンド・ムーン」でつかみはオッケー。いきなりザ・フーのツアーに呼ばれたのも納得だ。

森

The Romantics
The Romantics

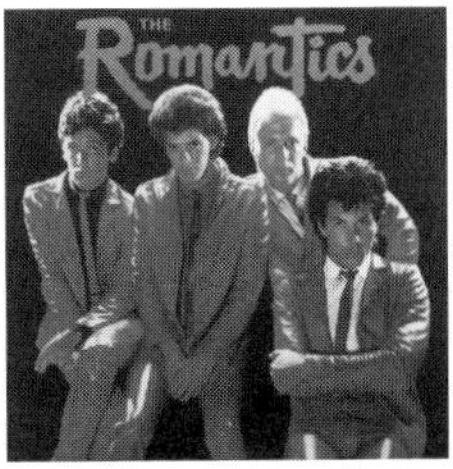

Nemperor/JZ 36273:1980年
プロデューサー:Peter Solley

ギターのカッティングが聴こえてきたと思ったら、小刻みなハンド・クラップが鳴り響き、「ヘイ!」とコールされる。勢いがいいし、楽しいイントロで自分たちの世界に引きずり込むのが、ザ・ロマンティクスの「ホワット・アイ・ライク・アバウト・ユー」だ。間奏のハーモニカも、ステージでは盛り上がりそう。

このシングルが収録されたのが、セルフ・タイトルのファースト。ジャケットに映る全員が黒ずくめではなくてピンクずくめ。キワモノ感がハンパないが、音楽自体は60年代のガレージ・バンドやソウルのマナーにのっとっているから、とてもとっつきやすい。全員がヴォーカルをとるので、徹頭徹尾エンタテインメントだ。 森

Phil Seymour
Phil Seymour

Boardwalk/FW-36996:1980年
プロデューサー:Richard Podolor

元ドワイト・トゥイリー・バンド。レーベル・メイトだったトム・ペティ初期作への参加でも知られるSSW/ドラマー、フィル・セイモアのファースト。大ヒットには至らなかったが、楽曲の良さから没後に再評価され、今もなおカルト的な人気を誇っている。アタマの「プレシャス・トゥー・ミー」からキャッチーの真ん中を射抜いてくるボーダーの貴公子。CCRっぽく決めたいのに、サビで我慢できずにポップになる「ラヴ・ユー・ソー・マッチ」、ライトなR&R「ゼン・ウィ・ゴー・アップ」、「オー・ダーリン」風味の「トライング・トゥー・ゲット・トゥー・ユー」など、どこかで聴いたことあるかも?な甘酸っぱさが全編を支配していて心地良い。 森山

20/20
20/20

Portrait/JR 36205:1979年
プロデューサー:Earle Mankey

オクラホマ州タルサでバンドを始めた、スティーヴ・アレン(ギター)とロン・フリント(ベース)を中心としたバンドの初アルバム。飛行機の音を模したシンセサイザーのみの「ザ・スカイ・イズ・フォーリング7/79」で始まるせいで一抹の不安を覚えるが、あとは練られたアレンジのポップ・ナンバーが続いている。

「イエロー・ピルズ」や「テル・ミー・ホワイ」など、効果的にアナログ・シンセが使われたのは、この時代のなせる業。「ジェット・ラグ」で楽器どうしの微妙なズレに耳を引っ張られたり、「アクション・ナウ」のイントロで一瞬ヴェンチャーズ化したりと、小ネタも効いている。ゆったり始めても結局速くしてるんだから確信犯。 森

Lyn Todd
Lyn Todd

Vanguard／VSD 79436：1980年
プロデューサー：Bobby Orlando

フォークの名門であるヴァンガードからこんな女性シンガーがデビューしたところが〝時代〟を物語っている。ニューヨークで結成され、79年にインディー・レーベルからシングルを出したPeroxideのメンバーだったリンがどういう経緯でソロ・デビューに漕ぎ着けたのかはいまや定かではない。プロデューサーのボビー・オーランドの曲、リンの自作曲も収録されているが、聴きどころはデイヴィッド・ボウイの「レベル・レベル」とザ・フーの「ピンポール・ウィザード」。一枚で終わってむしろよかった人だと思う。

グラフィック・デザイナーのマーク・ルードと結婚したリンは２０１０年12月1日にこの世を去っている。

和久井

X
Los Angeles

Slash／SR-104：1980年
プロデューサー：Ray Manzarek

77年、ジョン・ドォを中心にロサンゼルスで結成されたバンドの目論見は、ラモーンズ×ロカビリーだった。本デビュー作のプロデュースを務めたのは、レイ・マンザレク（ザ・ドアーズ）。ドアーズに関してジョンは「違う光の中で、ＬＡを見せてくれた」と語っており、Ｘもまた自分たちなりのＬＡを捉えようとしたのだろう。

ロックンロールやカントリーからの影響を隠さず、元祖ストーナー・ロックのような曲もあり、いわゆるパンクの範疇には収まらない。小気味よく駆け回ったかと思えば地を這う変幻自在のリズムと鋭利なギターをバックに、当時恋人同士だったジョンとイグジーン・サーヴェンカのクールなツイン・ヴォーカルが冴える。

赤尾

The A's
A Woman's Got The Power

Arista／AL 9554：1981年
プロデューサー：Nick Garvey, Rick Chertoff

フィラデルフィアのローカル・シーンでライヴを重ねたあと、79年にセルフ・タイトルのアルバムでデビュー。髪の毛がグシャグシャのまま撮られたメンバーの写真が使われたファーストから方向転換、モデルを使ってアルバム・タイトルを表現したジャケットのセカンドがこれ。バンドにとっては不運だったと言うしかないが。

問題の表題曲は、気の抜けたロンドン・パンクみたいなギターのカッティングから、徐々にブライアン・フェリーのソロ的なＡＯＲに変化する。この節操のなさはなんだ。でも、ずっと後ろで鳴っているギターのリフが効いているし、キーボードの音色はニュー・ウェイヴだし、いつの間にか聴き入ってしまうのだ。

森

The dB's
Stands For Decibels

Albion／ALB 105：1981年
プロデューサー：Alan Betrock, The dB's

77年にアレックス・チルトンのバンドでベースを弾いていたクリス・ステイミーが、リチャード・ロイドらと録音したシングルから始まったのがザ・dBズだ。R.E.M.でも活躍するピーター・ホルサップルと、ドラマーのウィル・リグビーがいればdBズで、このファースト・アルバムから3作目の『ライク・ディス』まではビッグ・スター的なパワー・ポップを聴かせた。
　87年にIRSから出した『ザ・サウンド・オブ・ミュージック』は傑作だったが、ホルサップルがR.E.M.で忙しかったからかdBズとしての活動はうまく続かず、ステイミーのソロやオムニバス、ステイミー／ホルサップルのデュオでお茶を濁したりしていた。

和久井

Holly And The Italians
The Right To Be Italian

Epic/Virgin／NFE 37359：1981年
プロデューサー：Richard Gottehrer

ホリー・ベス・ヴィンセントは、78年ロサンゼルスでホリー&ザ・イタリアンズを結成、翌79年にロンドンへ渡る。その年の12月にオーヴァルからシングル「テル・ザット・ガール・トゥ・シャット・アップ」をリリースすると、マイナー・ヒットに。
　新たにヴァージンと契約を結び、帰国してニューヨークでレコーディングを開始したが、プロデューサーの解雇やメンバー・チェンジなどの影響で発売まで1年以上を要することになる。ようやく完成したアルバムは、ポップなパンクでガールズ・ロックという、複合的な要素にビシッと一本筋が通った素晴らしさなのだが、バンドは失速。81年末に解散した。ホリーは再びロンドンへ戻ることになる。

森

Joan Jett & The Blackhearts
I Love Rock 'N Roll

The Boardwalk／NB1-33243：1981年
プロデューサー：Kenny Laguna, Ritchie Cordell

本作の最大の魅力はカヴァーのセンスだ。冒頭のタイトル曲ではオリジナルをリスペクトしたドラムと、すかさず続くギターの重いリフに、歌詞を変え、ずるりと引きずるようなアトノリのヴォーカルでタフな女を演じ、サイケデリック・ロックの「クリムゾン&クローヴァー」は、透明で浮遊感のある歌声で、ガールズ・ラヴを匂わせるドリーミーなナンバーに仕立て上げた。さらにヤンチャな部室ノリの「ビッツ&ピーセズ」、シメには真面目くさった「リトル・ドラマー・ボーイ」と、大きな振り幅をもたせている。ジョーン・ジェットのプロデュース能力を感じさせるにじゅうぶんだ。再発する度に増えるカヴァー曲のボーナス・トラックも聴く価値あり。

吉田

Oingo Boingo
Only A Lad

A&M/I.R.S.／SP-4863：1981年
プロデューサー：Oingo Boingo, Pete Solley

ティム・バートン監督作品をはじめ、多くの映画音楽を手がけているダニー・エルフマンが率いたバンドのファースト。ホーンを含む大所帯だが、もともとはダニーの兄で、のちに映画監督に転じるリチャードが結成した、ザ・ミスティック・ナイツ・オブ・ザ・オインゴ・ボインゴという音楽パフォーマンス集団が母体になっている。
　あとから加入したダニーがグループを引き継ぎ、ロック・バンド化して再編、さらに改名したのが79年のこと。当たり前のようにニュー・ウェイヴの風を受け、キンクスの「ユー・リアリー・ガット・ミー」を（ヴァン・ヘイレンの1年後に！）解体してみせた。ザッパ的でもあり、タイトル曲などひたすら痛快だ。

森

The Plimsouls
The Plimsouls

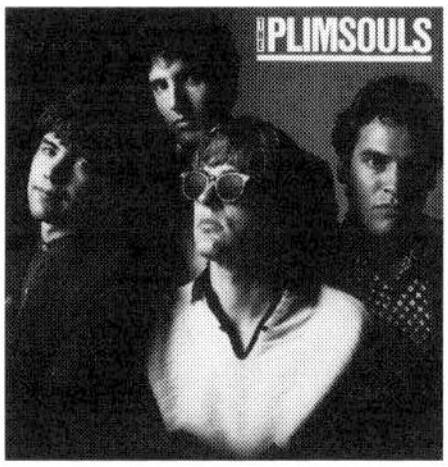

Planet／P-13：1981年
プロデューサー：Danny Holloway

　今ではすっかりルーツ・ロック系の人になってしまった（そっちも大好きやけど）ピーター・ケイスも、もともとはLAのパワー・ポップ界から現れた逸材だった。伝説のバンド、ナーヴス解散後に結成したプリムソウルズのデビュー作がコチラ。「ロスト・タイム」や「ミニスカート・ミニー」にサキソフォンを導入するなど、親しみやすい楽曲の中にも独特の黒っぽさがあり、同時代のネオ・モッズ系、ジャムやインメイツにも通じるセンスを持っている。ビートルズやストーンズを起点にブラック・ミュージックにも視野を広げていった点でサウンドが似てくるのは当然だが、アメリカ人特有のスケール感とぶっきらぼう具合が英国勢との大きな違いだろう。

森山

The Dream Syndicate
The Days Of Wine And Roses

Ruby/Slash／JRR 807：1982年
プロデューサー：Chris D.

スティーヴ・ウィンとケンドラ・スミスが中心となって81年にLAで結成。「霧の8マイル」のころのザ・バーズを意識したサイケデリック感をブームにした〝ペイズリー・アンダーグラウンド〟を代表するインディー・バンドとして注目されたが、しだいにオーソドックスなアメリカン・ロック感が強くなり、ウィンのキャラクターがすべてと言っていいバンドになっていった。A&M、ビッグ・タイム、エニグマ、ノーマル、アンタイと渡り歩いて現在も活動を続けているが、これ以上のインパクトはなかったと思う。
　ウィンのソロ作も悪くはないが、決め手に欠けるルーツ路線に陥っていった感があるのが残念だ。

和久井

Go-Go's
Vacation

I.R.S.／SP70031：1982年
プロデューサー：Richard Gottehrer

メンバー全員が可愛くてセクシーなガールズ・バンドが、カリフォルニアらしい明るくポップなサーフ・ロックを引っ提げてヒット・チャートに躍り出たデビューの翌年に発売。キーボードを多用し、1作目よりさらに軽くキャッチーな、しかし確かな技術に裏打ちされた演奏に、ロッカーではないフツーの女の子の恋や日常の歌詞を乗せるという、あまりにも強固な〝ザ・ガール・ポップ〟のスタイルを軽々と完成させてしまった。タイトル曲の「ヴァケーション」を聴くだけで、80年代の色々な曲が思い浮かぶ、ルーツとしての1枚。唯一の弱みはヴォーカルの不安定さだが、おかげで後進たちは堂々とそのスタイルを踏襲しつつ、各々の個性を発揮できたのだ。
吉田

John Cougar
American Fool

Riva／RVL 7501：1982年
[A] 1. Hurts So Good / 2. Jack & Diane / 3. Hand To Hold On To / 4. Danger List / 5. Can You Take It
[B] 1. Thundering Hearts / 2. China Girl / 3. Close Enough / 4. Weakest Moments
プロデューサー：Don Gehman, John Cougar Mellencamp
演　奏：John Mellencamp (vo, g, per)
Larry Crane (g, cho)
Mike Wanchic (g, cho)
Kenny Aronoff (ds)
George "Chocolate" Perry (b)
Mick Ronson (g, cho)
Robert "Ferd" Frank (b, cho)
Eric Rosser (kbd)
Dave Parman (cho)

ジョニー・クーガー、ジョン・クーガー、ジョン・クーガー・メレンキャンプ、そして本名であるジョン・メレンキャンプと、これほど芸名を、しかも微妙に変えるアーティストもそんなにいないだろう。

本作はジョン・クーガー時代の5枚目のアルバムだ。それまでの迷走を吹っ切り、伸び伸びとしたミディアム・テンポのエイト・ビートとシンプルでタイトなサウンドに乗せて、しゃがれた声でロックな悩みと女の子を歌う。まさに80年代初めの白人ロッカーの青春、〝ザ・アメリカン・ロック〟とも言うべき名盤だ。本人は気に入っていなかったというが、ワイルドでしなやかなこの到達点に向かう過程を考えると、彼にクーガーという名前をつけたレコード会社の着眼点は案外悪くなかったとも思える。

ヒット曲の「ハーツ・ソー・グッド」は、〝今では俺も歳をとった、ガキの頃が懐かしいぜ、でもお前みたいな女と一緒なら〟的なスタンス。しかし、このときジョン・クーガーはまだ31歳。当時としてはオジサンかもしれないが……と思っていたら、彼は18歳ですでに父となり、この数年後には祖父になったらしい。なるほど、彼の〝青春〟は70年代に終わり、この頃にはミュージシャンとしてやっていける自信がついてからの「さて、これから」だったわけだ。同様に学生結婚し、70年代に作家としての成功と麻薬問題を乗り越えた〝ザ・アメリカン・ライター〟であるスティーヴン・キングと親友だというのも頷ける。
吉田

The Spongetones
Beat Music

Ripete／392152：1982年
プロデューサー：Jamie Hoover

ノースカロライナ州シャーロットで結成されたザ・スポンジトーンズは、ビートルズをはじめとするマージー・ビートを演奏するためのバンドだ。なんのヒネリもないアルバム・タイトルからもわかるだろう。ジャケットの背景はともかく、衣装はちょっと違う気もするが。

もちろんオマージュたっぷりの楽曲が詰め込まれているが、とにかくクオリティの高さを感じさせないくらいにホンモノ感に溢れている。要は聴いていて楽しいのだ。メロディもコーラスもアレンジも、カヴァーなんじゃないの？と思わせるほど。基本的にローカル・バンドで、メンバーはそれぞれ別の顔をもつから、40年間活動を続けられたのかも。

森

The Rain Parade
Emergency Third Rail Power Trip

Enigma／ENIGMA 19：1983年
プロデューサー：David Roback, The Rain Parade

ザ・ドリーム・シンディケイトと共にペイズリー・アンダーグウンド・シーンを牽引し、85年には一緒に来日も果たしたバンドの第一作。サイケ感はレイン・パレードの方が強く、84年のミニ・アルバム“Explosiond In The Glass Palace”は傑作だと思う。85年のライヴ盤“Beyond The Sunset”は日本で収録〜リリースされたジャケ違い盤“Behind The Sunset”がオリジナルである。

80年代末に解散、中心者デイヴィッド・ロバックはマジー・スターを率い、ベス・オートンやロバート・ヤンシュのプロデュースなども手掛けたが、20年2月に没。18年の再結成には双壁の一方だったマット・ピアッチが参加した。

和久井

Jules Shear
Watch Dog

EMI America／ST-17092：1983年
プロデューサー：Todd Rundgren

70年代のファンキー・キングス、ポーラー・ベアーズを経て、ソロとなったジュールズ・シアーがトッド・ラングレンのプロデュースで作り上げた、ひねくれ名盤。とんでもないメロディ・メイカーなのに、照れ屋なのか天邪鬼なのか、無駄な転調やら謎の拍数挿入といった、とにかく素直になれない感じが愛おしい。のちにシンディ・ローパーで大ヒットする「オール・スルー・ザ・ナイト」のオリジナルも、謎の裏打ちで曲の良さを損なわせてるし。とはいえ、トニー・レヴィンやリック・マロッタらによるバックの演奏は素晴らしいし、昔はオーヴァー・プロデュース気味に感じられたサウンドも、今聴くと適材適所な気がするから不思議だ。

森山

R.E.M.
Murmur

I.R.S.／SP 70604：1983年
［A］ 1. Radio Free Europe / 2. Pilgrimage / 3. Laughing / 4. Talk About The Passion / 5. Moral Kiosk / 6. Perfect Circle
［B］ 1. Catapult / 2. Sitting Still / 3. 9 - 9 / 4. Shaking Through / 5. We Walk / 6. West Of The Fields
プロデューサー：Don Dixon, Mitch Easter
演　奏：Michael Stipe (vo)
Peter Buck (g)
Mike Mills (b, cho, kbd, g)
Bill Berry (ds, cho, per, b, kbd)

地元ジョージア州アセンズのレコード店で働くピーター・バック（g）が、「15歳の時、パティ・スミスに人生を変えられた」と語るマイケル・スタイプ（vo）に出会い、80年に結成したバンド。本盤は5曲入りEP『クロニック・タウン』の翌年に発表したフル・デビュー作。ミッチ・イースター＆ドン・ディクソンのノースカロライナ・コンビがプロデュースを担当した。

躍動するグッド・メロディ。ピーター・バックのリッケンバッカーが奏でるギター・サウンドは、乾いてキラキラと疾走し舞い踊る。マイケル独特のうわずり気味の歌声は、モゴモゴだのゴニョゴニョだの言われたが、多少の聴きづらさを感じる部分はあるものの、内なる血気盛んぶりを伝えるには充分。パンク／ニュー・ウェイヴの性急なビート感やエキセントリシティを携えながら、フォーク／カントリー・ロックの影響も顕著な曲作り、アンサンブル、コーラス・ワークにサイケデリック風味のスパイスを効かせたサウンドは、〝ヴェルヴェット・アンダーグラウンド×ザ・バーズ〟とも言われたが、それをアップデイトさせながら彼らは80年代CMJの時代を牽引し、90年代オルタナ・ブームの礎を築いた。

80年代メインストリームのロックを聴くと、現体験世代の多くは「こういう音、懐かしいね」と言う。が、〝こういう〟部分（シンセを主としたテクノロジーの恩恵）を排除したレコーディングを望んで実行した彼らの音は、懐かしくはならない。赤尾

Let's Active
Cypress

I.R.S.／SP 70648：1984年
プロデューサー：Don Dixon, Let's Active

80年代初頭、ノースカロライナ州ウィンストン・セーラムで結成されたギター・ポップ・バンドのデビュー作。フロントマンで作詞作曲を手がけるミッチ・イースターは、R.E.M.を筆頭に80年代CMJ期の作品を多数、また90年代にもヴェルヴェット・クラッシュらを手がけたプロデューサーとして有名だ。

キラキラと眩いばかりのギター・サウンドは、まさにこの当時人気だったジョージア～ノースカロライナ周辺のCMJシーンを象徴する。弾けるようにポップな曲もあるが、ユニークな楽曲構成で、パンクの切迫感やニュー・ウェイヴのエキセントリシティを備えた彼らが描く世界は、陰影に富みアーティスティックな魅力を放つ。赤尾

The Long Ryders
Native Sons

Frontier／FLP 1013：1984年
プロデューサー：Henry Lewy, Paul McKenna

〝最後尾のカントリー・ロック〟か、それとも〝一足早いオルタナ・カントリー〟なのか。ともかく、絶妙のバッド・タイミングで流行に乗れなかった（乗らなかった？）特異なバンドが、ロング・ライダーズだ。リーダーのシド・グリフィンは筋金入りのグラム・パーソンズ研究家であり、著作も多い。グラムが夢想した〝コズミック・アメリカン・ミュージック〟を、80年代に描き出そうと孤軍奮闘した姿は感動的だ。このファースト・アルバムでも、パンクを通過した乱暴なビートにペダル・スティールが絡んだり、バンジョーが色づけに加わったりと趣味全開。裏ジャケットに写るオートハープやリッケン12弦ギターなどの楽器にも強固な意志を感じる。

森山

Bangles
Different Light

Columbia／BFC 40039：1985年
プロデューサー：David Kahne

プリンスが提供した名曲「マニック・マンデー」、そしてザ・バングルス最大のヒット曲であり、日本では「ジョジョの奇妙な冒険」第二部エンディング曲に使われて近年再注目された「ウォーク・ライク・アン・エジプシャン」を収録した代表作。なかなかに無骨なアメリカン・ロック的ドラムとギターに、スザンナ・ホフスの柔らかいヴォーカルのメロディ・ラインを重ね、さらにユニゾンとハモリを多用するメンバー全員のコーラスが乗る「イン・ザ・ディファレント・ライト」は、いま聴くとかなり攻めた音作りだ。そのちぐはぐさな面白さは、20年頃に流行したインディーズのオルタナティヴ・ロックを先駆けているようにも感じられる、クセのある一枚。

吉田

The Beat Farmers
Tales Of The New West

Rhino／RNLP 853：1985年
プロデューサー：Mark Linett, Steve Berlin

83年にカリフォルニアのサン・ディエゴで結成。ロス・ロボス、ザ・ブラスターズに続いて登場したネッド・ネック系のバンドだが、ルーツ色を感じさせつつも初期はビート・バンドっぽかったから〝カウ・パンク〟として聴かれた。注目のレーベルだったライノからのデビューというのも効いて話題になったが、ＭＣＡ／カーブに移籍したら普通のアメリカン・ロック・バンドになってしまったのが残念（音は変わらないのに）。結果的に〝インディー〟の立場に大きな意味があったのを伝えることに。95年まで活動し、残したアルバムは6枚。リーダーのカントリー・ディック・モンターノ（95年11月8日没）はこの界隈では伝説的な存在になった。

和久井

Don Dixon
Most Of The Girls Like To Dance But Only Some Of The Boys Like To

Enigma／ST-73239：1985年
プロデューサー：Don Dixon

生まれはカリフォルニアながらノースカロライナ大学に進学して以降、かの地でバンド活動を本格化させたディクソン。ミッチ・イースターに誘われて関わったR.E.M.の『マーマー』の成功によりプロデューサーの道が拓かれた。本作はそんな彼が、81年から84年に録りためたデモを集めた初のソロ名義作。ソウルやR&Bへの無邪気な傾倒ぶりが微笑ましく、ニック・ロウのカヴァーを取り上げるなどパブ・ロックからの影響も少なくない。と思えば、トーキング・ヘッズ風ニュー・ウェイヴやレゲエのリズムに接近した曲もあり。寄せ集め感は拭えず、シンセを多用したサウンドには古めかしいAORの趣もあるけれど、粒揃いの楽曲で聴かせてしまう。

赤尾

The Nerves
Jack Lee, Paul Collins, Peter Case

仏・Offence／9001：1986年
プロデューサー：不明

正規のリリースは76年に出た4曲入りのEPのみ。しかも鳴かず飛ばずだったのが、ジャック・リー作の「ハンギング・オン・ザ・テレフォン」がブロンディのアルバムでカヴァーされたり、解散後はピーター・ケイス（vo, b）がプリムソウルズ、ポール・コリンズ（vo, ds）はザ・ビートを結成して、L.A.のパワー・ポップ・シーンをともに牽引する存在となったりと、ナーヴスはあとからどんどん伝説化していく。フランスのレーベルから突如リリースされた本作は、既発EPに6曲の未発表曲を加えた編集盤。追加曲の音質はとにかくヒドいが、大好きなブリティッシュ・ビート〜R&Bを必死に血肉化しようとする姿が垣間見えて興味深い。

森山

The Smithereens
Especially For You

Enigma／7 73208-1：1986年
プロデューサー：Don Dixon

リード・シンガーのパット・ディニッチオを2017年に失ったものの現在もタフな活動を続けるザ・スミザリーンズは80年にニュージャージーで結成された。英国のエニグマに認められてのデビューだったこともあって、この第1作はUKインディー・チャートで5位まで上がり、注目された。
一貫して骨太なルーツ系パワー・ポップを聴かせるが、07年の『ミート・ザ・スミザリーンズ！』と08年の『Bサイド・オブ・ビートルズ』でビートルズ・マニアぶりを表明し、新しいファンを摑んでいる。個人的には94年の『ア・デイト・ウィズ・ザ・スミザリーンズ』がいまでも大好き。09年にはザ・フーの『トミー』をリメイクしたアルバムをリリースした。

和久井

Three O'Clock
Ever After

I.R.S.／IRS-5833：1986年
プロデューサー：Ian Broudie

西海岸で起こった60's回帰運動、ペイズリー・アンダーグラウンドを代表するバンド、スリー・オクロックのサード・アルバム。前2作にあったジャングリー・ポップ感が減少して、バッキバキのトリガー・ビートとキラキラ系シンセが全体を支配している。インディー度合いが薄まっているので、昔からのファンには不評だったようだが、マイケル・クエルシオの甘ったるヴォイスは健在だ。プロデュースはまだライトニング・シーズを始動させる前のイアン・ブロウディ。当時は地元リヴァプールで裏方仕事をしていた頃で、英国贔屓のメンバーからのリクエストだろう、エコー&ザ・バニーメンやペイル・ファウンテンズにも通じる世界観を作り出している。 森山

Alex Chilton
High Priest

Big Time／6047-1-B：1987年
プロデューサー：Alex Chilton

後続バンドによるビッグ・スター再評価や、バングルスによる「セプテンバー・ガール」のカヴァー・ヒットもあり、久々に潤沢な予算を貰って制作されたチルトン大祭司のソロ3作目。オリジナルの新曲のほか、ブルーズやソウル、カンツォーネに至るまで、自身のルーツをお披露目した意欲作だ。多感な頃に聴いた曲を懐かしさ半分、冷やかし半分で歌い上げる。参加メンバーはメンフィスの腕利き達で、豪華な出来栄えを想像するのだが、さすがは元祖脱臼系。全体的にこれでもかというくらいに〝スカスカ〟な仕上がりだ。やり直し無しの無鉄砲なテイクは、作り込まれ過ぎていた当時のメジャー・サウンドに対する皮肉だろうか？ 音楽の本質を射抜いた傑作だ。 森山

The Replacements
Pleased To Meet Me

Sire／25557-1：1987年
プロデューサー：Jim Dickinson

70年代末期にミネアポリスで結成され、パンク／ハードコア・バンドとして81年にデビューした彼らの5作目で、メジャー第2作。作詞作曲のほとんどを手がけるポール・ウェスターバーグは、元来往年のロックンロールやルーツ音楽も嗜好しており、バンドは作品ごとにソング・オリエンテッドな方向性を強めていた。ジム・ディッキンソンをプロデューサーに迎えた本作では、ヒリヒリするようなパンキッシュ・チューンから、パワー・ポップやブルース・ロックにニュー・ウェイヴやジャズの断片が混ざったような曲までを丁寧に編み上げている。創設メンバーを解雇したあとの安堵と不安を打ち消すように気を吐くウェスターバーグの思いがいい形に結実した。 赤尾

Camper Van Beethoven
Our Beloved Revolutionary Sweetheart

Virgin／90918-1：1988年
プロデューサー：Dennis Herring

パワー・ポップ、パンク、サーフ、オルタナ・カントリーを渾然一体とさせながらポップなインディー・バンドとして人気を博したキャンパー・ヴァン・ベートーヴェンは、83年、デイヴィッド・ロウリーを中心にカリフォルニアで結成。クラッカーと名前を変えて現在も活躍している。

初期はEPなどが多くわかりにくいが、ヴァージンと契約して放った本作と、89年の“Key Lime Pie”はいま聴いても納得できるはずだ。オタクっぽい知的さと、西海岸バンドらしいアメリカっぽさのバランスがとてもいい。ここから90年代末までのクラッカーは再評価されて然るべき。〝パンク以後のアメリカン・ロック〟をきっちり表現してみせた逸材だった。

和久井

Green On Red
This Time Around

China/Polydor／841 519-2［CD］1989年
プロデューサー：Glyn Johns

ダン・ステュアートを中心にアリゾナのトゥーソンで結成され、LAのペイズリー・アンダーグラウンド・シーンに参入して注目されたバンドだが、85年にダンとチャック・プロフィット（現在はソロで佳作を連発）のデュオとなってからはルーツ色の強い本格派として一時代を築いた。

通算6枚目にあたる本作は、グリン・ジョンズがプロデュース、スプーナー・オールダムやマイク・フィニガン、バーニー・リードンらが参加。チャックのスワンプ趣味が出た傑作だった。アル・クーパーがプロデュースした91年の『スケープゴーツ』もよく、バンドは94年ごろまで活動。末期には来日も果たしたが、ダンの素行が悪く、チャックは苦労していた。

和久井

Pixies
Surfer Rosa

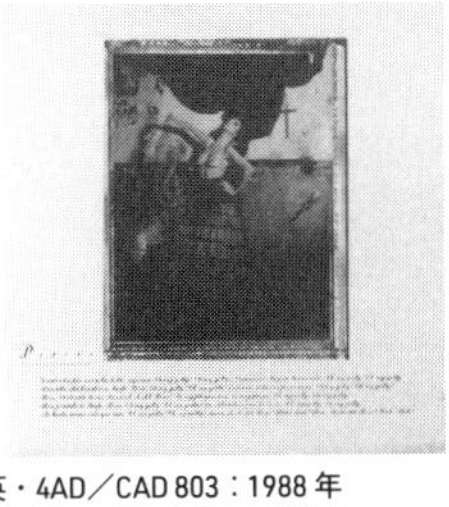

英・4AD／CAD 803：1988年
プロデューサー：Steve Albini

86年にブラック・フランシスを中心にボストンで結成されたバンドが、スティーヴ・アルビニをプロデューサーに迎えて制作した初アルバム。フリーキーなオープニング曲から不穏な空気が充満。東海岸のインテリジェンスとクールネスを擁する彼らはしかし、フィジカルの強さ……、いや、健康的な変態性を持ち併せていることも否定せずといったところで、アルビニの手腕も冴える。次に何が飛び出すかわからず、緊張感を緩める隙もないところに、キム・ディール（b）のペンによる超ポップな「ジャイガンティック」や、サビのリフレインに支配される「ホエア・イズ・マイ・マインド？」が投入されて、その都度変わる景色に翻弄される楽しさよ。

赤尾

Reckless Sleepers
Big Boss Sounds

I.R.S.／IRS-42194：1988年
プロデューサー：Scott Litt

パワポ界の裏番長、ジュールズ・シアーが88年に結成したレックレス・スリーパーズ唯一のアルバム。メンバーはウイングスにもいたスティーヴ・ホリー（ds）、ブライアン・アダムスとの共演で知られるブライアン・スタンリー（b）、晩年のリヴォン・ヘルムと行動を共にするジミー・ヴィヴィノ（g, kbd）。ドラムマシンやシーケンサーに頼らず、バンドだけのアンサンブルに拘ったと言うだけあって、耳触りは至ってシンプル。それでも並のアメリカン・ロックに終わらなかったのは、シングル・ヒット狙いのポップ曲からR&B寄りのファンキー・チューンまでソツなくこなすそれぞれの力量と、ジュールズによる一風変わったメロディのお陰だろう。

森山

The Sneetches
Lights Out! With The Sneetches

英・Kaleidoscope Sound／KSLP 007：1988年
プロデューサー：Matt Wallace

85年にサンフランシスコで結成され、約10年活動。6枚のアルバムを残した4人組パワー・ポップ・バンドのファースト・アルバム。ゾンビーズ、イージービーツ、レフト・バンク辺りを目標にしていたらしいが、英国で評価されたのも頷けるメロディと的確なバンド・サウンドが印象に残る。スウェーデンのワナダイズ辺りに与えた影響は大きかったのではないだろうか。

その後は語られることが少なかったが、2017年に英Omnivoreから30数年ぶりのリリースとなるコンピレイション盤“Form Of Play: A Retrospective”が出て、にわかに再評価の声が高まっている。いいタイミングでメジャーに移籍していれば、難なく売れたバンドだと思う。

和久井

Galaxie 500
On Fire

Rough Trade／Rough CD 146［CD］
1989年
プロデューサー：Kramer

ヴェルヴェット・アンダーグラウンドとジョナサン・リッチマンの影響を受けたハーバード大学の学生3人によって結成されたギャラクシー500は、シミー・ディスクのクレイマーによるデモを経て、88年にオーロラから第1作『トゥデイ』を発表。英国で高い評価を得て、その後ラフ・トレイドに2作を残した。これはジョージ・ハリスン「イズント・イット・ア・ピティ」のカヴァーも聴きどころのセカンド・アルバム。USインディー・バンドのある意味での到達点を告げた傑作だ。

その後、ディーン・ウェアハムはルナ、デーモン・カコウスキとナオミ・ヤンはデーモン&ナオミで作品を残しているが、このバンドを超える成果はない。

和久井

Enuff Z'nuff
Enuff Z'nuff

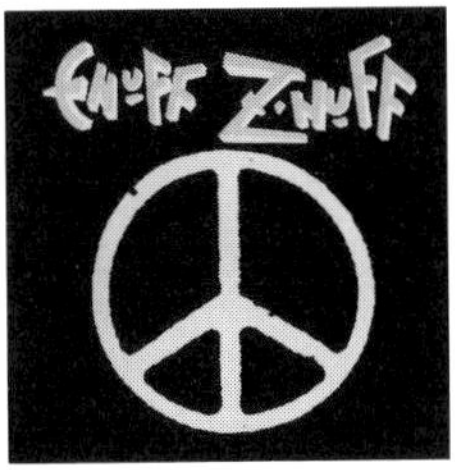

ATCO／7 91262-2［CD］1989年
プロデューサー：Ron Fajerstein

最大の不幸は、そのルックスから当時隆盛を極めたグラム・メタルの一群にカテゴライズされた事にある。結果、ハード・ロックとパワー・ポップのどちらのファンからも敬遠される存在となってしまった。しかし、ビートルズ直系の楽曲を、憂いを含んだ美声で巧みに歌い上げるドニー・ヴィーの才能は、ほかのメタル勢とは確実に一線を画していた。アクロバティックな動きでビートを刻むヴィッキー・フォックス（ds）と、ルートに頼らないチップ・ズナフ（b）によるリズム隊に、デレク・フリーゴのトリッキーなギターが絡む当時の編成も鉄壁だ。その後もチップ&ドニーを中心に佳作を連発したが、13年に完全分裂。バンド名はチップが引き継いだ。

森山

Joe Henry
Murder Of Crows

A&M／5210［CD］1989年
プロデューサー：Anton Fier

シンガー・ソングライターとして活躍しながらアメリカを代表するレコード・プロデューサーとなったジョー・ヘンリーは、85年にブルックリンのプロフィール・レーベルからデビュー。A&Mに移籍して89年に発表したセカンド・アルバムで注目され、プロデューサーのTボーン・バーネットから受け継いだオルタナ・カントリー路線で〝本格派〟と認められた。

98年のクリスティン・ハーシュから始まったプロデュース・ワークは、ソロモン・パーク、アラン・トゥーサン、モーズ・アリスン、ジャック・エリオットなどの復活作でピークに達した。ビリー・ブラックと鉄道の駅でフィールド録音した19年の『シャイン・ア・ライト』は大傑作。

和久井

They Might Be Giants
Flood

Elektra／9 60907-2［CD］1990年
プロデューサー：Clive Langer & Alan Winstanley, They Might Be Giants

ジョン・フラングバーグとジョン・リンネル（ともに60年生まれ）がブルックリンで結成したTMBGは86年にデビュー。88年の『リンカーン』、90年の本作でUSインディー・ポップを代表する存在となった。

ユーモアあふれる歌詞とねじれたポップ・センスを身上に、子供を歌を特集したアルバムを含む20作を超えるスタジオ盤と、10作以上のライヴ盤を残しながら、誰とも似ていない活動を続けているのはアッパレ。60代になっても変わらずトボけた味があるのが嬉しいし、ウェブ・サイトをうまく使ったマーチャンダイズとチケット販売には定評がある。箱庭的なレコーディング・グループからライヴ・バンドへの移行がうまくいったのが成功の秘訣か。

和久井

Jellyfish
Bellybutton

Charisma／2-91400［CD］1990年
1. The Man I Used To Be / 2. That Is Why / 3. The King Is Half-Undressed / 4. I Wanna Stay Home / 5. She Still Loves Him / 6. All I Want Is Everything / 7. Now She Knows She's Wrong / 8. Bedspring Kiss / 9. Baby's Coming Back / 10. Calling Sarah
プロデューサー：Albhy Galuten
演　奏：Andy Sturmer (vo, ds, g, kbd)
Roger Joseph Manning Jr. (kbd, vo)
Jason Falkner (g, b, cho)
Chris Manning ("Band Witchdoctor and Mime")
ゲスト：Steven Shane McDonald (b)
John Patitucci (b)
Tommy Morgan (harmonica)
Chuck Findley (trumpet)

90年代最高のポップ・マエストロ集団、ジェリーフィッシュのデビュー作。そのオタクぶりから、当時引き合いに出されていたアーティストはビートルズに始まり、クイーン、10CC、トッド・ラングレン、XTCなどなど、枚挙にいとまがない。しかし冷静に聴き返してみると、それぞれの要素はあるものの、どのバンドとも違っていることがわかるはずだ。短い活動期間中のメディアやファンを巻き込んだ狂騒は、自分も含めてまるで〝魔法にかけられた〟ようだったし、チョコレート工場さながらのルックスと、マニアックな発言にはぐらかされて、本質を見失っていたのかもしれない。戦争で死んだ父親の目線で息子に語りかける「ザ・マン・アイ・ユースト・トゥ・ビー」に始まり、引きこもり目線の「アイ・ワナ・ステイ・ホーム」、麻薬中毒者の幻覚と妄想を描いた「ベッド・スプリング・キッス」と、本作でとり上げられたテーマは儚く切ない。そんな内省的な楽曲を抜群のメロディで組み立て、卓越したセンスで歌い上げるアンディ・スターマーの手腕は神レベルだった。幾多の類似バンドや、当時の共作者ロジャー・マニングによる解散後のプロジェクト＝インペリアル・ドラッグ〜リカリッシュ・カルテットに至るまで、クラゲ的エッセンスは感じるもののどこか物足りない理由は、アンディの不在にほかならない。復活を心から熱望するが、魔法が解けてしまった本人にその意思は無いようだ。

森山

Redd Kross
Third Eye

Atlantic／82148-2［CD］1990年
プロデューサー：Michael Vail Blum

まだ10代だったジェフとスティーヴのマクドナルド兄弟が79年に始めたパンク・バンドが母体。80年のファーストEPはRed Cross名義だったが、82年の初アルバムからRedd Krossとなり、２０１９年までに7枚のフル・アルバムを残している。

ジェフはゴー・ゴーズのシャーロット・コフィと結婚して娘をもうけ、ライターとしても活躍。スティーヴはザット・ドッグのアンナ・ワロンカーと結婚し、スパークスの06年ツアー、メルヴィンズなどでもプレイしている。兄弟揃ってLAのインディー・シーンの顔役として多くのアーティストに関わってきたことでも知られ、パンク／パワー・ポップの牙城を守り続けてきた貴重な存在と認められてきた。

和久井

Peter Holsapple & Chris Stamey
Mavericks

RNA／R2 70795［CD］1991年
プロデューサー：Chris Stamey, Peter Holsapple

ホーボーケンのレノン／マッカートニー、元dB'sのメイン・ライターだったクリス・スティミー&ピーター・ホルサップルによる8年ぶりの雪解け盤。初の共作「エンジェル」で幕を開ける本作、残りはバーズのカヴァー以外、お互いの単独クレジットだが、どの曲も突き抜けた明るさは無く、全編を通して静かで落ち着きを感じさせる仕上がりだ。ジャケットで辛うじて笑顔を見せているが、ブックレット写真では終始険しい表情の二人。そんなに良い精神状態では無かったのかもしれない。とはいえ、スティミーの「ジオメトリー」、ホルサップル作「チャイルド・イン・ユー」では驚くほど美しいメロディーも飛び出すし、ゲスト陣の起用もツボを得ている。 森山

Matthew Sweet
Girlfriend

Zoo/BMG／72445-11015-2［CD］1991年
1. Divine Intervention / 2. I've Been Waiting / 3. Girlfriend / 4. Looking At The Sun / 5. Winona / 6. Evangeline / 7. Day For Night / 8. Thought I Knew You / 9. You Don't Love Me / 10. I Wanted To Tell You / 11. Don't Go / 12. Your Sweet Voice / 13. Does She Talk? / 14. Holy War / 15. Nothing Lasts
プロデューサー：Fred Maher, Matthew Sweet
演　奏：Matthew Sweet (vo, g, b, p)
Robert Quine (g)
Richard Lloyd (g)
Fred Maher (dr, g)
Lloyd Cole (g)
Greg Leisz (g)
Ric Menck (ds)

初めて聞いた時の衝撃は今でも忘れられない。日本盤ライナーで、中川五郎さんが〝内容が良すぎて何も書き始められない〟みたいなことを仰っておられたが、今の僕がまさにその状態です。本作に出会わなければ、自分が音楽に携わる仕事に就くことも無かったと断言できる。思い出話をするには紙幅が限られているので、切り替えて、最大級の感謝を込めてリコメンドさせていただきます。80年代にメジャーから2枚のフルアルバムを発表するも、レーベル側の満足のいく結果を得られずに契約を失い、失意のどん底にあったマシュー・スウィートが、周りの仲間や新しい〝ガールフレンド〟に励まされて心機一転、持てる力の全てを注ぎ込んで制作した渾身のサード・アルバム。オープニングに相応しい「ディヴァイン・インターヴェンション」の使用コードは3つのみ。所謂12小節のブルーズ進行で、ここまで豊かで美しい曲を僕はほかに知らない。続く「アイヴ・ビーン・ウェイティング」はギター・ポップの教科書的な名曲だし、ペダル・スティール・ギターが切ない必殺バラード「ウィノナ」も泣かせる。前二作で多用していたプログラミングを排除して生演奏に拘ったことが、楽曲に溌剌とした躍動感をもたらしている。本書的にはNYパンクの代表ギタリスト、リチャード・ロイドとロバート・クワインの最上級のプレイが堪能できる点もオススメしたい。とにかくにも全編を通して捨て曲／捨てメロ無しの驚異的な作品だ。 森山

Violent Femmes
Why Do Birds Sing?

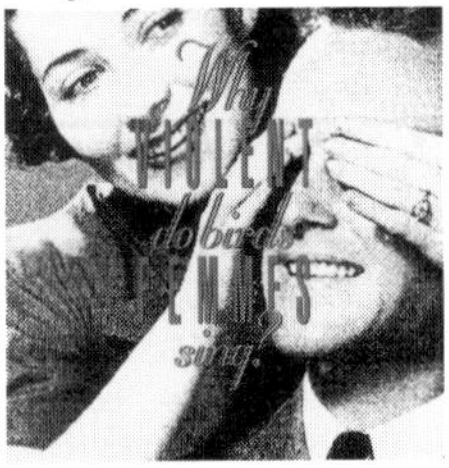

Slash/Reprise／9 26476-2［CD］1991年
プロデューサー：Brian Ritchie, Gordon Gano, Michael Beinhorn, Victor DeLorenzo

79年にミルウォーキーで活動を始めたブライアン・リッチーとヴィクター・デロレンツォのリズム・セクションに、ヴォーカル／ギターのゴードン・ガノが加わってパンク・フォーク的なバンドとなったのがヴァイオント・ファムスの始まり。83年にスラッシュから発表したファースト・アルバムで注目され、独特なオルタナ・ポップで唯一無二の存在となっていった。

5作目にあたる本作は、ガノのソングライティングが極まった感のあった傑作だったが、ドラムがガイ・ホフマンに代わってサウンドが変化。2008年から5年ほど活動は停止されたが、16年の『ウィ・キャン・ドゥ・エニシング』で完全復活し、19年にも新作を発表している。

和久井

Chris Bell
I Am The Cosmos

Rykodisc／RCD 10222［CD］1992年
プロデューサー：Chris Bell

不慮の事故による他界から15年後の92年にリリースされた、元ビッグ・スター、クリス・ベルの編集アルバム。収録曲の大半は、エルトン・ジョンが『ファンキー・シャトー』を制作した事で知られる、フランスの古城を改装したスタジオで録音された。エンジニアとしてのキャリアもあった、クリスならではの音作りへの拘りが随所に感じられる。ロンドンでジェフ・エメリックと作業した時にも、物怖じしなかったというエピソードが残っているのも頷ける。ポウジーズやベックなど、数多くのアーティストに取り上げられた永遠の名曲「アイ・アム・ザ・コスモス」で構築した楽器とリヴァーブの小宇宙は、のちのシューゲイザー時代を予見したものだった。

森山

Freedy Johnston
Can You Fly

Bar/None／A-HAON 024-2［CD］1992年
プロデューサー：Producer - Graham Maby, Knut Bohn

61年カンザス生まれのシンガー・ソングライターの2作目。私はジャクソン・ブラウンがどうも苦手なのだが、パンクやオルタナ通過後のジャクソン・ブラウンがパワー・ポップも視野に入れながら曲を書いているようなこの人はとても好きだ。

とくにこのアルバムでは、英国のグラスゴー周辺のバンドが書きそうな哀愁たっぷりのメロディが耳に残ったが、だんだんアメリカっぽくなっていって凡庸になってしまったのが残念。シンガー・ソングライターが歌詞を重んじるのはいい姿勢だが、曲を手クセで書いて雰囲気で持っていくようになるのがアメリカ勢のいただけないところである。美メロに立ち帰ったこの人の歌なら絶対買うんだけどなぁ。

和久井

Kramer
The Guilt Trip

Shimmy／055［CD］1992年
プロデューサー：Kramer

ビル・ラズウェル周辺でキーボード・プレイヤー／マルチ・ミュージシャン／エンジニア／プロデューサーとして頭角を現し、シミー・ディスクを興して一時代を築いたクレイマーの初ソロ・アルバム。

3枚組のアナログ・ボックスで手にすると〝オルタナ・エイジの『オール・シングス・マスト・パス』〟を狙った作品だということがわかって実に面白い。それを『マッカートニー』のようなワンマン録音でやっているのがミソなのだ。ビートルズよりソフト・マシーンが好きな少年だったことはデイヴィッド・アレンとの連名作でもわかるが、プログレのオルタナな部分を掬い上げた功績は大。経営が苦しくなって沈没した感があるのが残念だ。 和久井

Sugar
Copper Blue

Rykodisc／RCD 10239［CD］1992年
プロデューサー：Bob Mould, Lou Giordano

80年代米アンダーグラウンド・シーンの重要バンド、ハスカー・デュの解散後、ソロ活動を経てボブ・モールドが結成したトリオ・バンドのデビュー作。ハスカー時代からポップなメロディには定評があったが、本作ではよりボトムの据わったタイトなリズムで、アグレッシヴかつ鋭くノイジーなギターとメロディが融合。重量感とダイナミズムを備えた、オルタナ時代にふさわしいサウンドを実現させた。ハスカーに影響を受けたピクシーズへの返答のような「ア・グッド・アイディア」、一度聴いたら忘れられないポップネス炸裂の「チェンジズ」、サイケデリック期のビートルズを彷彿とさせる「フーヴァー・ダム」など、楽曲の完成度の高さも特筆に値する。 赤尾

Velvet Crush
In The Presence Of Greatness

英・Creation／CRECD 109［CD］1991年
プロデューサー：Matthew Sweet, Velvet Crush

90年、リック・メンクを中心にロードアイランドで結成されたギター・ポップ・バンドの初作。朋友マシュー・スウィートをプロデューサーに迎え、疾走するリズム、ジャングリーなギター、ポップでスウィートなメロディ、穏やかにツボを刺激するハーモニー、ミッド&スロウ・テンポのチューンで胸をキュンとさせる、そこはかとないセンチメンタリズム、快活なムード…と、日本人の琴線にビンビン触れる要素を備えて人気となった。革新的なアプローチはないけれど、60年代ポップスへのオマージュを漂わせながら、普遍的なメロディを紡ぐ。レーベルメイト、ティーンエイジ・ファンクラブと共にこのバンドを愛でた人も少なくないだろう。 赤尾

American Music Club
Mercury

Reprise／9 45226-2［CD］1993 年
プロデューサー：Mitchell Froom

83年、マーク・アイツェルを中心にサンフランシスコで結成されたバンドの6作目にしてメジャー・デビュー作。プロデューサーにはミッチェル・フルームを起用しているが、そのフルームと共に、実にメジャー作らしからぬ、エキセントリックなエネルギーに満ちた作品を作り上げたと言っていいだろう。

目の前に広がるのは、アルバム・カヴァーのようなモノクロームの世界。暗く、時に陰鬱で、聴く者に緊張を強いる瞬間もあるが、それでもそこに立ち止まりたいと思う最大の要因は、アイツェルの歌声だ。胸の奥から絞り出した感情の様々を、生々しくダイレクトに伝える歌声は、渋くどこまでも深い味わいをたたえている。 赤尾

The Posies
Frosting On The Beater

DGC／dgcd-24522［CD］1993 年
プロデューサー：Don Fleming

ジョン・オウアとケン・ストリングフェローによる双頭体制バンド、ポウジーズの3枚目。前作『ディア23』で展開した、こねくり回したカラフルさは鳴りを潜め、オルタナ時代に相応しいギター・バンドとしての躍動感を際立たせた出世作だ。プロデュースは当時引っ張りだこのドン・フレミング。洪水のように押し寄せるグッド・メロディと流麗なハーモニーを、ノイジーな轟音ギターが包み込む。不協和音など恐るるに足らずな開放弦のかき鳴らしによる斬新なコードワークは、のちに多くのフォロアーを生んだ。リズム隊の貢献も見逃せない。とくにマイク・マスバーガー（ds）による独特のシャッフル感は、本作のもう一つの肝だろう。 森山

Urge Overkill
Saturation

Geffen／GEFD-24529［CD］1993 年
プロデューサー：The Butcher Brothers, Andy Kravitz

ナッシュ・カトーとエディ〝キング〟ローザーによってシカゴで結成され、89年にデビューしたアージ・オーヴァーキルは、グランジ／オルタナに片足を突っ込みながらのパワー・ポップ路線でロックの王道を目指そうとしたバンドだった。それがうまくいったのは通算4枚目、ゲフィン移籍第1弾の本作。キャッチーのメロディとタフなギター・サウンドが強い印象を残した。

しかし次の『イグジット・ザ・ドラゴン』が凡作に終わり、97年には活動を停止してしまう。その後しばらくは名前を聞かなくなったが、2011年に復活作『ロックンロール・サブマリン』を発表してからは地道なライヴ活動を続け、22年1月には新作『ウイ』をリリースしている。 和久井

Beck
Mellow Gold

DGC/Bong Load／DGCD-24634［CD］1994年
プロデューサー：Beck, Karl Stephenson, Rob Schnapf, Tom Rothrock

インディから2枚発表したあとの3作目にして、メジャー・デビュー作。「パンクやハードコア、フォークやブルース、どれもプリミティヴであるという点においては同じ」と語る彼は、ロック、フォーク、ブルース、ヒップホップ、カントリー、ラテン…と縦横無尽にしれっと行き来する、その飄々とした佇まいで、冷笑的で自虐的な負け犬宣言「ルーザー」を歌い、オルタナ世代の共感をさらった。

アルバム全体を見ると、アイデアを片っ端から詰め込んだはいいが、若干とっ散らかり気味なのは否めない。が、その中に彼のポテンシャルを認め、新しい何かが息づいているのを感じた人も少なくなかったはずだ。それくらいの衝撃はあった。

赤尾

Green Day
Dookie

Reprise／9 45529-2［CD］1994年
プロデューサー：Green Day, Rob Cavallo

言わずと知れたグリーン・デイのメジャー・デビュー作。１５００万枚を売り上げ、世界中でポップ・パンクのビッグ・ウェイヴを起こした大ヒットアルバムだ。パワー・ポップとの親和性で言えば、プロデュースを手がけたロブ・キャヴァロが直前に関わっていたマフスの録音で試みた、歌を大事にしながらも迫力を損なわない、ダブル・トラックによる歪みギターの処理が、ここでも採用されている。エヴァリー・ブラザーズからアダム・シュレシンジャー（ファウンテンズ・オブ・ウェイン）までカヴァーする最近のソロ活動からも分かるように、ビリー・ジョー・アームストロングのメロディーに対する知見と拘りは、本作で既に見え隠れしている。

森山

Pavement
Crooked Rain, Crooked Rain

Matador／92343-2［CD］1994年
プロデューサー：Pavement

80年代の終わりにスティーヴン・マルクマスを中心にカリフォルニアで結成され、90年代ロウ・ファイ・ブームの中心的存在になった彼らの2作目。スカスカでヨレヨレなのに威勢はよく、妙に人なつこいメロディが耳に残ったデビュー作からメンバー交代を経て、バンドのあるべき姿を模索しながら制作された。それだけに以前のような行き当たりばったり感はなく、メロディ・オリエンテッド路線をいく楽曲を中心に、遊び心が覗くインスト曲を配するなどして流れに起伏を持たせ、アルバムとしての統一感も高めている。当時の人気バンドを揶揄した「カット・ユア・ヘア」がスマッシュ・ヒット。今聴くと、大してロウ・ファイには聞こえないから面白い。

赤尾

Throwing Muses
University

Sire/Reprise／9 45796-2［CD］1995 年
プロデューサー：Throwing Muses

従姉妹同士のクリスティン・ハーシュとタニア・ドネリーを中心にニューポートで結成され、85年の初ＥＰで認められて英国の４ＡＤと直接契約。タニアがベリー結成のために抜けたあと、クリスティン中心の『レッド・ヘヴン』を英13位として波に乗ったあと、英10位という最大のヒットとなったのが通算６枚目にあたる本作だった。
　アイリッシュ・ルーツを感じさせるクリスティンのヴォーカルと、パティ・スミスにも似た詩人のしての才は次の『リンボー』で極まったが、ソロ活動に転じてミュージズは一旦解散。２００３年に復活してからはソロ活動、執筆活動と並行して断続的な活動が続き、13年、20年に気合の入ったアルバムを発表している。

和久井

Weezer
Weezer

DGC／DGCD-24629［CD］1994 年
プロデューサー：Ric Ocasek

92年、ロサンゼルスで結成されたポップ・ロック・バンドによるデビュー作。がむしゃらに、豪快に、メタリックなギターをかき鳴らしながら、不器用な自分への苛立ちも隠さずしみったれた歌を歌うリヴァース・クオモに共感を示す若者が続出、全米で３００万枚を売る大ヒットを記録した。
　しかし、必ずしも歌詞に共感できなくても、サーフ・ポップな「バディ・ホリー」に代表されるあざといまでに耳馴染みがよく、痒いところに手が届く極上メロディの応酬に抗う術はない。疾走感溢れるファスト＆アップな曲はもちろん、メロウな「セイ・イット・エイント・ソー」もこの上なくキャッチー。元カーズのリック・オケイセクによるプロデュースも話題に。

赤尾

The Amps
Pacer

英・4AD／CAD 5016［CD］1995 年
プロデューサー：Kim Deal, Steve Albini

ピクシーズのベーシストとして名前を売ったキム・ディールが、タニア・ドネリーとのザ・ブリーダーズで『ポッド』と『ラスト・スプラッシュ』をヒットさせたあと結成したのがジ・アンプスだった。キムの初ソロ・プロジェクトとも言えるバンドはこの一枚で終わったが、〝女性版ピクシーズ〟的な方向性がここでオリジナルなものに昇華したのが自信となったはずである。
　録音を、メンフィス、シカゴ、ロング・アイランド、ダブリン、ＬＡで行ったからか、どこか風通しがよく、ガイデッド・バイ・ヴォイシズのロバード・ポラードとの共作曲も効いている。２００２年に復活したブリーダーズは、ここからの延長線上にあると言ってもいいと思う。

和久井

Belly
King

Sire/Reprise／9 45833-2［CD］1995 年
プロデューサー：Glyn Johns

スロウィング・ミュージズ～ザ・ブリーダーズで人気を博したタニア・ドネリーが初のリーダー・バンドとして結成したベリーは、91年のファースト『スター』をUKチャート2位のヒットにして幸先のいいスタートを切った。この人脈の中ではいちばんポップでルックスもいいタニアのキャラクターに合った音楽性は、ナッソーのコンパス・ポイント・スタジオで録音されたこの『キング』で頂点に達し、英国では6位、35万枚を売ったが、タニアはソロ活動に移行したためベリーは解散となるのだ。

しかし2016年、クリスとトーマスのゴーマン兄弟と後期のベース、ゲイル・グリーンウッドが招集されて再結成。18年には新作『ドーヴ』が発売された。

和久井

The Smashing Pumpkins
Mellon Collie And The Infinite Sadness

Virgin／7243 8 40861 2 1［CD］1995 年
［1］Dawn to Dusk: 1. Mellon Collie And The Infinite Sadness / 2. Tonight, Tonight / 3. Jellybelly / 4. Zero / 5. Here Is No Why / 6. Bullet With Butterfly Wings / 7. To Forgive / 8. An Ode To No One / 9. Love / 10. Cupid De Locke / 11. Galapogos / 12. Muzzle / 13. Porcelina Of The Vast Oceans / 14. Take Me Down
［2］Twilight To Starlight: 1. Where Boys Fear To Tread / 2. Bodies / 3. Thirty-Three / 4. In The Arms Of Sleep / 5. 1979 / 6. Tales Of A Scorched Earth / 7. Thru The Eyes Of Ruby / 8. Stumbleine / 9. X.Y.U. / 10. We Only Come Out At Night / 11. Beautiful / 12. Lily (My One And Only) / 13. By Starlight / 14. Farewell And Goodnight
プロデューサー：Alan Moulder, Billy Corgan, Flood
演　奏：Billy Corgan (vo, g, kbd)
James Iha (g, vo)
D'arcy Wretzky (b, vo)
Jimmy Chamberlin (ds, vo)
ゲスト：Chicago Symphony Orchestra
Greg Leisz (g)

前作の爆発的ヒットでモンスター・バンドとなったスマッシング・パンプキンズによる、最高傑作の誉れ高いサード・アルバム。2枚組全28曲収録の大作だ。イントロ的なピアノ曲に導かれて始まる「トゥナイト・トゥナイト」の荘厳な美しさから、攻撃的な「ジェリーベリー」、メタルリフのイディオムを持ち込んだ「ゼロ」へと連なる前半の流れが凄まじく、当時〝みんなの頭をブッ飛ばすような凄いアルバムを、どうしても作りたいんだ〟と語っていたビリー・コーガン（vo, g）の気迫が漲っている。勢いを増したハードエッジな曲に加えて、感情の深淵に触れる叙情的なナンバー「トゥ・フォーギヴ」や、次作『アドア』で展開する打ち込みビートを予見したかのような「ビューティフル」など、曲調も多種多様だが、やはり彼らの真骨頂と言えるのは、強靭なグルーヴとキャッチーなメロディーが共存する「バレット・ウィズ・バタフライ・ウイングス」や「1979」あたりだろう。ビリーの独白で占められたアルバムの本筋からは逸れてしまうが、個人的にはジェイムス・イハ（g）作、リード・ヴォーカルの「テイク・ミー・ダウン」が一番好き。まるでニック・ドレイクな雰囲気と歌声に身も心も持って行かれてしまいそうだ。ちなみにジェイムスのソロ作『レット・イット・カム・ダウン』（98年）は全パワー・ポップ・ファン必聴の大傑作なので、この曲が気に入った方には猛烈にオススメします。

森山

Natalie Merchant
Tigerlily

Elektra／61745-2［CD］1995年
プロデューサー：Natalie Merchant

63年ニューヨーク生まれ。10000マニアックスのリード・シンガーとして活躍したあと発表したソロ第1作がこれだった。その後は2015年までに7枚のアルバムを残し、ニュー・ウェイヴ以後の米国シーンを代表する女性シンガーのひとりとなっているが、まだ〝オネエちゃん〟っぽさが残っていたこの時期は、ポップな資質の方が前面に出ていて聴きやすい。いや、その後が悪いわけではないが、歌に向かう姿勢の真摯さが音楽を重くしてしまう傾向もあるから、気軽さは失われたのだ。

15年の『パラダイス・イズ・ゼアー』に〝ザ・ニュー・タイガーリリー・レコーディングス〟の副題をつけたのは、ソロ初期に回帰する意識があったからか。

和久井

Zumpano
Look What The Rookie Did

Sub Pop／sp 277［CD］1995年
プロデューサー：Kevin Kane, Zumpano

サブ・ポップから登場したジェイソン・ズンパノ（ドラム／ヴォーカル）を中心とする4人組のファースト・アルバム。あっけらかんとしたパワー・ポップを聴かせ、ジミー・ウェブの「ローズクランズ・ビルディング」をカヴァーしていたりするから〝サブ・ポップらしからぬバンド〟とも評されたが、ジェリーフィッシュやレッド・クラスに近い感じもあって面白かった。

ポップ路線をさらに押し進めた96年の傑作『ゴーイン・スルー・チェンジ』のあとあっさり解散してしまうのだが、グランジ・ブームの陰にこういうバンドがいたことを忘れてはならないと思う。ジェイソンはその後、スパロウ、ザ・シリリック・タイプライターで作品を残している。

和久井

Cracker
The Golden Age

Virgin／7243 8 41498 2 6［CD］1996年
プロデューサー：David Lowery, Dennis Herring

キャンパー・ヴァン・ベートーヴェンを解散させたデイヴィッド・ロウリーが、幼友達のギタリスト、ジョニー・ヒックマンと結成したのがクラッカー。92年にヴァージンからファースト・アルバムを発表、ビルボード59位を記録した93年の“Kerosene Hat”に続く第3作としてリリースされたのが本作だった。アメリカン・ニュー・スタンダードの王道を行くバンドと目されていたのを証明するようにこれも69位まで上がったが、ルーツ回帰を強めた98年の『ジェントルマンズ・ブルース』が商業的には失敗に終わったのが響いて中堅バンドに成り下がってしまったのが残念だ。

現在もライヴを続けているが、スタジオ盤は14年作が最新のままである。

和久井

Eels
Beautiful Freak

DreamWorks／DRMD-50001［CD］
1996年
1. Novocaine For The Soul / 2. Susan's House / 3. Rags To Rags / 4. Beautiful Freak / 5. Not Ready Yet / 6. My Beloved Monster / 7. Flower / 8. Guest List / 9. Mental / 10. Spunky / 11. Your Lucky Day In Hell / 12. Manchild
プロデューサー：Jon Brion, E, Mark Goldenberg, Michael Simpson
演　奏：E (vo, g, kbd)
Butch (ds, cho)
Tommy Walter(b, cho)
ゲスト：Jon Brion (g, trombone, kbd)
Mark Goldenberg (g, kbd)
Jim Jacobsen (kbd)
Paul Edge (dj)

故郷ヴァージニアを離れロサンゼルスに移住、1980年代終盤よりソロとして音楽活動を始めた〝E〟ことマーク・オリヴァー・エヴェレット。そのEが95年に結成したトリオ・バンドは、ベックやビースティ・ボーイズの作品を手掛けたダスト・ブラザーズの片割れで、新興レーベル＝ドリームワークスのA&Rも務めていたマイク・シンプソンに見出され、同レーベルの第1弾となった本作でデビューを飾った。

軽妙なリズムをバックにいきなり「人生はきつい、僕もきつい」と歌い出す1曲目に喰らった衝撃がよみがえる。テンポのいいポップ・チューンでありながら、やるせなさダダ漏れのしゃがれ声やノイジーなギターが、目の前の景色を歪ませる。自身が暮らすエコー・パークの荒んだ現実を淡々と描く「スーザンズ・ハウス」のヒップホップ的なアプローチといい、ジョン・ブライオンとの共作「ノット・レディ・イエット」や、「メンタル」におけるヘヴィなバンド・サウンドといい、そのスタイルは多彩。多くは地下室やガレージで録音されたというが、生々しい音と多用されたサンプリング（グラディス・ナイトやアル・グリーンなど）の併用が生み出すシュールな感覚は、せめて音楽では過酷な現実と距離を置きたいと願うEの思いの表われか。表題曲や「マイ・ビラヴド・モンスター」で〝変わり者〟への愛を歌いながら、〝変わり者〟である自分を愛して欲しいと願うEの疎外感や孤独感の深さが胸を突く。 赤尾

Mark Eitzel
60 Watt Silver Lining

Warner Bros.／9 46152-2［CD］1996年
プロデューサー：Mark Eitzel

アメリカン・ミュージック・クラブ（AMC）のリーダーのソロ第2作。マーク・エイツェルは私と同学年（59年1月生まれ）だから、バンドでああで、ソロでこうという気持ちもよくわかる。その後のソロ作も悪くないが、バンドに一旦区切りをつけ、ジャジィなサウンドを試してみた本作にこそ〝バンドマンのソロ・アルバム〟の面白さが凝縮されていると思う。つまり、〝日常的にはできないこと〟なのだ。

けれどもそれが、ソングライターとしての才やヴォーカリストとしての味を浮かび上がらせ、AMCを再評価させるきっかけにもなった。これはCDでしか出なかったのだが、音もジャケも絶対にLP向き。アナログ再発に期待したい。 和久井

Fountains Of Wayne
Fountains Of Wayne

Tag/Atlantic/Scratchie／92725-2［CD］
1996年
プロデューサー：Adam Schlesinger

マージー・ビートの大ファンを公言するアダム・シュレシンジャーとクリス・コリングウッドを中心に、ニューヨークで結成された彼らのデビュー作。この約3年後に発表されるコンセプト作『ユートピア・パークウェイ』に比べると、断然ガチャガチャしているが、疾走したり、ノイジーに暴れたりするギターのやんちゃさは、時代なのか、音楽なのか、それとも自分自身なのか、いずれにせよ何かをもてあまして生きている彼らのプリミティヴな衝動の発露にほかならない。そこに、アダム&クリスが生み出すフックを効かせた美メロと、ふたりによる爽快なハーモニーが融合すれば、極上パワー・ポップのでき上がり。20年、アダムはコロナに罹患して逝去。

赤尾

Marshall Crenshaw
Miracle Of Science

Razor & Tie／RT 2823-2［CD］1996年
プロデューサー：Marshall Crenshaw

元祖パワー・ポッパーの面目躍如。デビュー時から〝アメリカのエルヴィス・コステロ〟（眼鏡だけやん！）とも称され、ソングライティング・センスとジョン・レノン譲りの鼻にかかった歌声（彼のキャリアのスタートはビートルズを題材にしたミュージカルのジョン役だった）で、一部で人気を誇ったカルト・ヒーローが、パワーポップ再評価の真只中に放った傑作アルバム。ドリーミーな自作曲だけでなく、レイ・プレイスで知られるカントリー「フー・ストール・ザット・トレイン」なんかもサクッと取り上げている辺りが憎い。初回盤CDのブックレットは通常ジャケットの1／3ほどのサイズで、当時はみんな失くしたり文句言ってたりしたのが懐かしい。

森山

Tommy Keene
Ten Years After

Matador／OLE 177-2［CD］1996年
プロデューサー：クレジットなし

80年代にゲフィンでデビューしてからおよそ10年後、破竹の勢いだったマタドールと契約してリリースした再出発作。タイトルには自身や世間に対する皮肉の意味もこめたのだろうが、百花繚乱なミドル90'sのギター・ポップ・バンドの中にあって、先輩格の凄みを見せつけた一枚となった。シンプルながら重厚なサウンドに切ないメロディーというスタイルは、時代とマッチして新たなファンを獲得することになる。ただ、町内会にいそうな普通の兄ちゃん風ルックスのせいか、地味な印象は拭えず、以降は知る人ぞ知る存在となってしまった。ミドル・テンポ曲にも定評があり、「ユア・ハート・ビーツ・アローン」なんか、胸キュン確定なんやけどなぁ。

森山

Dwarves
The Dwarves Are Young And Good Looking

Epitaph／86512-2［CD］1997年
プロデューサー：Blag Dahlia, Bradley Cook, Eric Valentine

シカゴで生まれた変態エロ・パンク・バンドがサブ・ポップで調子良く3枚をリリースしたあとしばし沈黙し、エピタフからリリースしたのがこれだった。ステージではチンコ丸出し当たり前で、アルバムのジャケはいつもこんなだから酷いバンドだと思われているが、大袈裟に言えば（なにをもって大袈裟と言うかは問わないこと）、チープ・トリックの曲をラモーンズがやっているような爽快さがあって、英国のポーク・デュークス（豚男爵）と競い合うかのような下品なお茶目さが売りなのである。
　オリジナル・アルバムは現在までに12枚出ていて、30枚以上のエロ・ジャケ・シングルがあるが、どれも悪くないのだから妙にプレミアがつくのも納得だ。

和久井

G. Love & Special Sauce
Yeah, It's That Easy

Epic, Okeh／EK 67784［CD］1997年
プロデューサー：G. Love, Stiff Johnson, The All Fellas Band, Jonny Jams

フィラデルフィアから登場したバンドの3作目。ソウル趣味が爆発したのがこの瞬間で、直後の来日公演は新宿にあったころのリキッド・ルームが〝ビルは大丈夫？〟というくらい横揺れしたのが忘れられない。このあとはブルースやR&Bへの傾倒を強め、本格派の人になっていったG・ラヴだが、そっちに行っちゃうと60年代組には敵わないのだ。ここにあるヒップ・ポップ世代らしいセンス、つまりクラブっぽさはいまでも通用すると思うのだが、本人はC調に感じるのかもしれない。
　近年のアルバムもそこそこ聴いているけれど、結局これを聴き直してしまったりする。ニセモノでいーじゃん、という気持ちになるんだよ、G・ラヴくん。

和久井

The Muffs
Happy Birthday To Me

Reprise／9 46523-2［CD］1997年
プロデューサー：Kim Shattuck

グリーン・デイのビリー・ジョー・アームストロングがファンを公言するなど、後発のポップパンクバンドに多大な影響を与えたマフスのサード・アルバム。どの曲にも強烈なフックがあり、耳をもっていかれる。メロディー・メイクの旨さには定評のあったキム・シャタックだが、「アウター・スペース」のように、どれだけ優れた曲を書いても決して大袈裟にならずにコンパクトにまとめているところが素晴らしい。あまり語られてないが、キムのヴォーカリストとしての実力は相当なもので、性別を飛び越えた声質もさることながら、リズムが抜群に良い！前作で揃った3ピース編成の相性も絶妙で、歌に寄り添った柔軟なアンサンブルを聞かせてくれる。

森山

The Neckbones
Souls On Fire

Fat Possum／80304-2［CD］1997年
プロデューサー：Bruce Watson, The Neckbones

　ミシシッピのオックスフォードで94年秋に結成された4人組。自身のレーベルから出したアルバム“Pay The Rent”と、エネルギッシュなステージで注目され、ファット・ポッサムからの本作で知られるようになった。クラッシュやバズコックスからの影響が強いオーソドックスなパンク・バンドだが、90年代後半にそれというのは進んでいるのか周回遅れなのか瞬時には判断できず、しばらくつきあってみるか、という気になった。オルタナを感じさせない直球勝負はいま聴いても楽しめるし、英国的なパンクにアメリカらしい骨太のガレージ感を加えているところが魅力である。
　99年の“The Lights Are Getting Dim”も良かったが、あえなく解散。

和久井

Guided By Voices
Do The Collapse

TVT／1980-2［CD］1999年
プロデューサー：Ric Ocasek

　83年にオハイオ州デイトンで結成、現在までコンスタントに活動を続ける彼らの11作目。ポップでキャッチーなメロディとロウ・ファイ・サウンドで人気を得たバンドだが、プロデューサーにリック・オケイセクを迎えた本作では、曲によって導入されるピアノやストリングスの音も効果的に、ざっくり粗めの感触を残しながらも洗練味を増したサウンドを聴かせる。
　フロントマンのロバート・ポラードが書くメロディは、これまで同様ブリティッシュ・ロックからの影響を強く感じさせ、ウェットでおセンチ気味。それに加えて楽曲の構成が結構凝っていて、よりダイナミックなカタルシスに到達しようと試みているようにも感じられる。

赤尾

Michael Penn
MP4 [Days Since A Lost Time Accident]

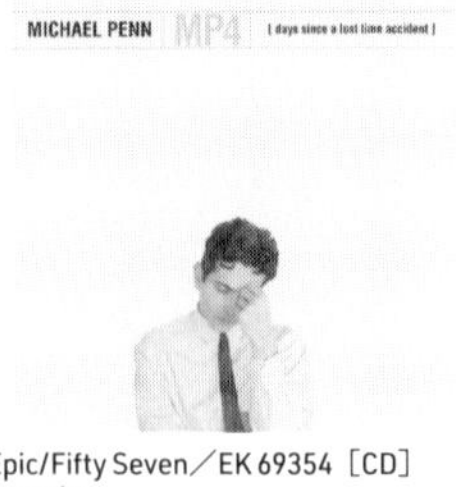

Epic/Fifty Seven／EK 69354［CD］2000年
プロデューサー：Michael Penn, Brendan O'Brien

　生まれはニューヨーク州マンハッタン。俳優ショーン・ペンの兄で、シンガー・ソングライター、エイミー・マンの夫であるマイケルのデビュー作。シングル「ノー・ミス」がスマッシュ・ヒットした。ゲストにジム・ケルトナー（ds）、ケニー・アロノフ（ds）、トニー・バーグ（g）、ラリー・クライン（b）、パトリック・ウォーレン（kbd）ら名うての演者を迎え、彼もまたビートルズから脈々と受け継がれてきたポップ遺伝子を備えていることを証明するに十分なパワー・ポップ・チューンを次々に繰り出している。底抜けの明るさではなく、アップな曲でもどこかメロウなムードが拭いきれないのがまたそそられる。近年は、映画音楽家として活躍中。

赤尾

Ryan Adams
Gold

Lost Highway／088 170 256-2［CD］2001年
プロデューサー：Ethan Johns

オルタナ・カントリー・バンド、ウィスキータウンを経てソロに転向した、ノースカロライナ出身シンガー・ソングライターによるソロ2作目にしてメジャー・デビュー作。パンクもハードコアもニュー・ウェイヴもカントリーも同列で糧にしてきた彼が鳴らすロックンロールは、かくもポップで、チャーミング。そしてバラードは、この上なくメランコリックで、泣きたくなるほど美しい。ソングライティングの充実もさることながら、カントリー・チューンもこなす、艶やかで朗々とした歌も実に魅力的。特にアカペラで始まる「ホエン・ザ・スターズ・ゴー・ブルー」や「シルヴィア・プラス」での、狂おしい思いの吐露には心を痛めずにはいられない。

赤尾

Anna Waronker
Anna

Five Foot Two/Oglio／OGL82014-2［CD］2002年
プロデューサー：Anna Waronker, Greg Wells

ワーナー・ブラザーズの名プロデューサー、レニー・ワロンガーと、60年代のアイドル歌手ドナ・ローレンの娘として72年に生まれ、90年代にはザット・ドッグで3枚のアルバムを残した才女のソロ第1作。

自らプロデュースや弦のアレンジまで手掛けているが箱庭的な閉塞感はなく、LAポップの伝統に根ざした大衆性が感じられるのがいいところだ。夫のスティーヴも協力しているからか、PVのセンスもレッド・クロス的だった。そのままマクドナルド兄弟と合体したジ・マリブ・キッズ(Ze Malibu Kids)でアルバムとシングルを出したのも02年のことで、(子育てのためか)ソロ第2作『カリフォルニア・フェイド』は11年リリースとなった。

和久井

Yo La Tengo
Summer Sun

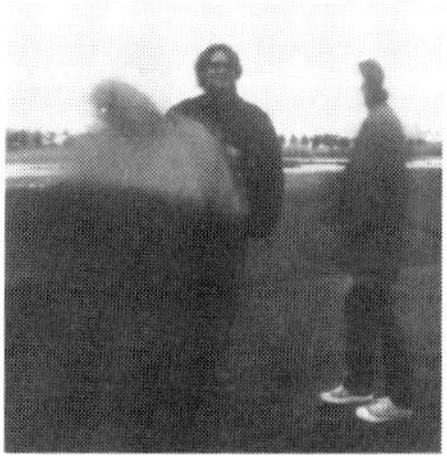

Matador／OLE 548-2［CD］2003年
プロデューサー：Roger Moutenot

ニュージャージー州ホボーケンを拠点に80年代から活動するインディ・バンドの通算10作目。フリー・ジャズに入れ込んでいた時期の作品ということで、その影響がそこここに窺える。美しい不協和音、意表を突く変拍子、奇抜な効果音をあしらったフリーキーなインスト曲、エキセントリックに響くピアノ、くるくると表情を変えながら踊るフルートやトランペット…と様々な音を試しながら、ポスト・ロック的な佇まいも見せている。ジャジーでファンキーなグルーヴの渦が、いかにも彼らしく穏やかに巻かれていく11曲目から、10分を超える12曲目を挟み、ビッグ・スターのカヴァー「テイク・ケア」はペダル・スティールの音が哀愁を誘う。

赤尾

Big Star
In Space

Rykodisc／RCD 10677［CD］2005年
プロデューサー：Big Star, Jeff Powell

何ともチグハグなアルバムだ。30年ぶりに実現したビッグ・スター名義でのスタジオ作品。憧れのバンドの一員となって歴史の続きに貢献しようとするポウジーズ組と、伝説なんかどうでもいいと思っているアレックス・チルトン。その間で揺れるオリジナル・ドラマーのジョディ・スティーヴンス。大看板に対するメンバー4人の思惑がバラバラなのが手にとるように伝わってくる。結果、若手チームのメロディアスなナンバーと、ボックス・トップス再結成を引き摺ったチルトン主導のやっつけブルーズ／ソウル・チューンが混在していて笑えるのだが、いっそのこと〝ボックス・スター〟ってプロジェクトにしていたら、もっと話題になったのでは？

森山

Amanda Palmer
Who Killed Amanda Palmer

Roadrunner／1686-179252［CD］
プロデューサー：Ben Folds, Amanda Palmer, Alan Bezozi

ザ・ドレスデン・ドールズでゴシック的なキャバレー路線のパンクを確立し、4枚のアルバムを残したアマンダの初ソロ作。クラシックやオペラの素養からアメリカらしからぬ音楽性を醸し出す人だが、ドラマティックなアルバムをつくらせると天下一品で、映画のような本作は傑作だ。

13年に人気テレビ番組『TED』でインディー歌手としての活動をプレゼンして闘士としても知られるようになり、コラボ作も頻繁になったが、ほとんどがインディー・リリースのため入手しにくいのが難点。ヘア・ヌード・ジャケが激しい19年のソロ『ゼアー・ウィル・ビー・ノー・インターミッション』は（CDなら）まだ日本のアマゾンでも買えると思う。

和久井

New York Dolls
Dancing Backward In High Heels

429／FTN17813［CD］2011年
プロデューサー：Jason Hill

実は私、何度買ってもこのバンドがダメで、とくにジョニー・サンダースは認められないんですよ。デイヴィッド・ヨハンセンとシルヴェイン・シルヴェインのソロは妙に好きなんですけどね。

でもこの再結成新録盤はキターーーッ！と思いました。サンダースがいないからかな？ 何よりヨハンセンとシルヴェインの曲がいい。グラムだパンクだと言われてきましたけど、ハード・ロック寄りのパワー・ポップじゃん。トッド・ラングレンやシャドー・モートンは見た目をサウンドに移行しようとしすぎて、音楽的によかったところをレコードに刻めなかったのかな、と思います。加藤和彦が失敗した日本のルージュと同じかもしれません。

和久井

The dB's
Falling Off The Sky

Bar/None／BRN-CD-210［CD］2012年
プロデューサー：The dB's

オリジナル・メンバーによる奇跡の再結成盤。ヘヴィ・ギターのリフ&トーキング・ブルーズ調のオープニング曲に面食らうが、安心してください。2曲目以降は美メロ連投、メイン・ライターのクリス・ステイミーとピーター・ホルサップルが仲良く半々で書き分けている。ステイミーによるバラード「ファー・アウェイ・アンド・ロング・アゴー」や、ホルサップルの「アイ・ディドント・ミーン・トゥー・セイ・ザット」など、キャリアを通してピークとも言える楽曲を提供しているのだ。個人的にはウィル・リグビー（ds）の参加が嬉しい。自作曲「ライト・バック」ではヴォーカルまで披露している。あらゆる意味で初期ファンも納得の名作だ。

森山

Lucy Wainwright Roche
There's A Last Time For Everything

レーベルなし／品番なし［CD］2013年
プロデューサー：Jordan Brooke Hamlin, Lucy Wainwright Roche

ラウドン・ウェインライト3世とローチズのサジー・ローチの娘、ルーファスとマーサの異母妹ですから、2007年に『8ソングス』でデビューしたときから大注目してました。通算4作目にして2枚目のフル・アルバムという本作は自身のレーベルから。フォーキーで声がかわいいシンガー・ソングライターといった印象だが、上品に弦を絡めたサウンドがどの曲でもちょうどいいし、美メロ満載の曲がとにかく素晴らしいのだ。ノラ・ジョーンズとか聴いて喜んでる場合じゃないってば。

マーサとのウェインライト・シスターズや、母サジーとのデュオ・アルバムも出しているが、最高傑作は間違いなくこれだ。アメリカのサイトで探してね。

和久井

Jack White
Lazaretto

Third Man/Columbia／88843 06398 2［CD］2014年
プロデューサー：Jack White III

デトロイト出身、ナッシュヴィルを拠点にする元ホワイト・ストライプスのギタリストによるソロ第2弾。バンド時代を通じて初めて制作に1年以上の時間をかけ、音を重ねてアレンジを練った成果は、各曲の際立つ個性に現われた。ブラインド・ウィリー・マクテルの曲を鮮やかに蘇らせた幕開けからしてスリリング。ヒップ・ホップ的アプローチ、フィドルやラップ・スティールを導入したマウンテン・ミュージック調、不穏なムードのマカロニ・ウエスタン風、猥雑なガレージなど実に多彩。しかも、かねてから女性ミュージシャンの起用が多い彼、多くの曲でデュエットを聴かせるガーナ生まれのルビー・アマンフら、演者のほとんどを女性にしている。最高。

赤尾

Petra Haden Sings Jesse Harris
Seemed Like A Good Idea

Sunnyside／SSC 1440［CD］2016年
プロデューサー：Jesse Harris

ジャズ・ベーシスト、チャーリー・ヘイデンの三つ子の娘の中でいちばんの才女は、ヴァイオリンも弾き、歌も上手いペトラだ。ソロではザ・フーの『セル・アウト』や有名映画のテーマ曲をアカペラで再現したアルバムも出しているし、妹レイチェル／タニヤとのヘイデン・トリプレッツや、ビル・フリゼールとの作品もある。

ジェシー・ハリスの曲を本人プロデュースのオケで歌ったこのアルバムは、21世紀型フォークとも言える（決してジャズではない）新しいコンテンポラリー・ミュージックだ。さりげなく進行して35分ほどで終わるから、小腹がすいたときに手繰った笊蕎麦ぐらいあっさりしているが、毎日通っても飽きないほど〝極めた〟味だ。

和久井

Dan Auerbach
Waiting On A Song

Easy Eye Sound／EES-001［CD］2017年
1. Waiting On A Song / 2. Malibu Man / 3. Livin' In Sin / 4. Shine On Me / 5. King Of A One Horse Town / 6. Never In My Wildest Dreams / 7. Cherrybomb / 8. Stand By My Girl / 9. Undertow / 10. Show Me / 11. Show Me
プロデューサー：Dan Auerbach
演 奏：Dan Auerbach (vo, g, b)
Mark Knopfler (g)
Russ Pahl (g)
Dave Roe (b)
Jeffrey Clemens (ds)
Duane Eddy (g)
Ashley Wilcoxson (cho)
Heather Rigdon (cho)
Leisa Hans (cho)
Kenny Malone (per)
Bobby Wood (kbd, cho)
Dennis Solee (sax)
Roy Agee (trombone)
Kenny Vaughan (g)
Matt Combs (strings)
Jerry Douglas (g)
Gene Chrisman (ds)
Leon Michels (horn)
Steve Herrman (sax)
Chris St. Hilaire (ds)
Pat McLaughlin (cho)

79年5月にディーヴォのお膝元オハイオ州のアクロンで生まれたオーバックは、親戚にあたるロバート・クインの影響を受けてギターを弾き始め、ブルースにどっぷりの青春時代を過ごす。オルタナ以後のブルース・ロックを目指してドラムのパトリック・カーニーは結成したザ・ブラック・キーズで2002年にデビューし、年一作のペースでキャリアを重ねていたが、キーズの11年作『エル・カミーノ』と、12年にプロデュースしたドクター・ジョンの『ロックト・ダウン』で世界的に注目されたのだ。17年にノンサッチと業務提携する形で自身のレーベル、イージー・アイ・サウンドを立ち上げてからはアメリカを代表するプロデューサーとして活躍し、サン・ハウスやトニー・ジョー・ホワイトの未発表音源から、新人のヨラやザ・ヴェルヴェッターズまで幅広く手掛けている。

09年にノンサッチから出た『キープ・イット・ヒド』以来のソロ作となった本作は、R&B／ソウル趣味を爆発させながら〝現代のスワンプ・ロック〟を提示した大傑作だ。60年代のスタックス／ヴォルトや、フェイム・スタジオ産のサウンドを研究し尽くした結果とも思えるが、ガサッとしたガレージ感で〝オルタナ以後〟を表現するのを忘れないのがみごと。南部の忘れられたスタジオで発見された未発表テープをプロトゥールスに取り込んで、リミックス／リマスターしたような趣なのである。その感覚はいまいちばん新しい。

和久井

Aimee Mann
Mental Illness

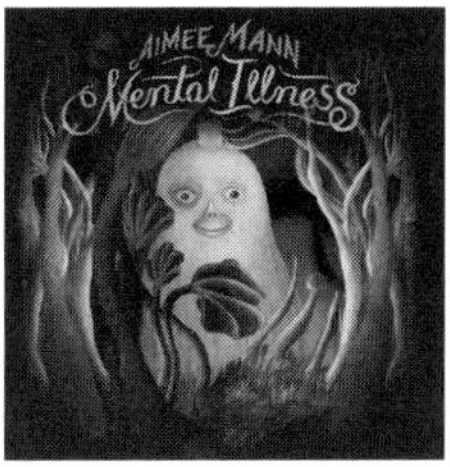

SuperEgo／SE041［CD］2017年
プロデューサー：Paul Bryan

ポップな『チャーマー』から5年を経てリリースされた本作は、ほぼ全編がアコースティック・ギターと歌で紡がれた、優しく穏やかに灯るソウルに包まれるような一枚だ。とはいえ、16年の米大統領選挙の際、アンチ・トランプのキャンペーンに参加した（結果には繋がらなかった）直後に、この穏やかな世界を創ったことそのものが皮肉であり、エイミー・マンなりのロックでもある。繊細な鈴の音がクリスマスを想わせる冬の曲から始まり、「ペイシェント・ゼロ」で控えめなピアノとストリングスが世界に一気に奥行きと拡がりをもたらす。そして「グッド・フォー・ミー」で、また暖かな部屋に戻る。聴き手を突き離さない距離感が心地よい。

吉田

The Breeders
All Nerve

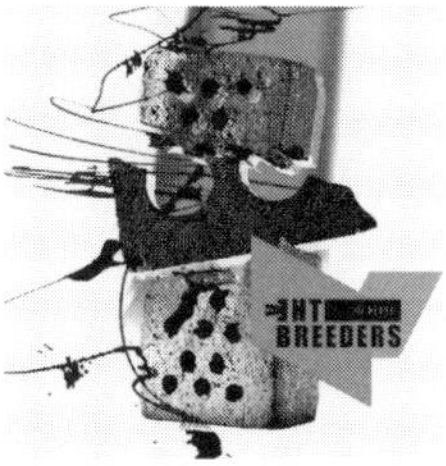

4AD／0035［CD］2018年
プロデューサー：クレジットなし

キム・ディール率いるザ・ブリーダーズは２００２年５月に新作『タイトルＴＫ』をリリースしたあと、断続的に活動する意向を示し、08年4月に『マウンテン・バトルズ』、18年3月に本作を発表した。

英国で9位、アメリカで79位まで上がり、キムの存在感を示したこのアルバムこそ、彼女の最高傑作だと思う。アモン・デュールIIのカヴァー「アークエンジェルズ・サンダーバード」も効いているし、日本盤にはマイク・ネスミスの「ジョアンヌ」とディーヴォの「ゲイツ・オブ・スティール」がボーナス収録されているのだが、何を歌ってもキム、どっちに転んでもブリーダーズというところまで持って行っている。一曲一曲の深さは秀逸だ。

和久井

Sleater-Kinney
The Center Won't Hold

Mom＋Pop／MP431［CD］2019年
プロデューサー：St. Vincent

ワシントンで結成され、95年にデビューした女性トリオ、スリーター・キニーは、ゲイやレズビアンから支持されながらパンク・ロック道を歩み、技術的にも進歩しながら本格派となったバンドである。

２００５年５月にサブ・ポップから発売された7作目『ザ・ウッズ』と、10年ぶりのアルバムとなった15年の『ノー・シティズ・トゥ・ラヴ』はＵＳインディー・チャート2位まで上がったが、曲が粒揃いでアルバムのトータリティが高いのはセイント・ヴィンセントがプロデュースした19年6月の本作だ。ドラムのジャネット脱退後キャリーとコリンのふたり体制でつくった21年作『パス・オブ・ウェルネス』で聴かせた抜けた空気感も面白かった。

和久井

that dog.
Old LP

UMe／B0031559-02［CD］2019年
プロデューサー：that dog.

22年ぶりの新作は、アンナ・ワロンカー、レイチェル・ヘイデン、トニー・マックスウェルという変わらぬトリオが集まっての力作だ。一時はいいアクセントになっていたペトラ・ヘイデンの参加はなかったものの、5曲で妹タニヤのチェロが聴ける。2016年から3年がかりで録音されたというだけあって、アンナが書き溜めた曲の練り上げ方が素晴らしい。とは言っても相変わらずのパワー・ポップ路線だから、ルーツ系の人たちのようなかまえた感じはなく、アッケラカンとしているのだ。

　アナログ盤にはLAポップの伝統をヴィジュアル化した特大ポスターがついているのだが、そういうセンスはサーフィン／ホット・ロッド的でもある。

和久井

Fiona Apple
Fetch The Bolt Cutters

Clean Slate/Epic／19439774432［CD］2020年
プロデューサー：Fiona Apple, Amy Aileen Wood, Sebastian Steinberg, Davíd Garza

若くして名声を得たアーティストによくあるように、スッと消えてもう出てこないのかも……と半ば諦めていたフィオナ・アップルが、8年振りに突如リリースした大傑作。ガチャガチャと部屋中のありとあらゆるモノを叩いたような原始的なパーカッションと、オモチャのピアノみたいな音で響くドラマティックな旋律、多重録音を駆使したヴォーカルの宅録感がピタリと時代を捉えており、彼女が決して音楽から遠ざかっていたわけではないことがわかる。配信が主流になり、好きな曲だけを聴くことが当たり前になった2020年に、生々しさが滲むコンテクストが、自然と次の曲を期待させ、ああこうきたかと唸らせ、アルバムを聴く〝意味〟を教えてくれる。

吉田

St. Vincent
Daddy's Home

Loma Vista／LVR01773［CD］2021年
プロデューサー：Annie Clark, Jack Antonoff

82年9月にオクラホマ州のタルサで生まれ、バークリー音楽院中退後、ブルックリンのシーンで頭角を現したセイント・ヴィンセントことアニー・クラークは、07年の『マリー・ミー』でソロ・デビュー。12年にはデイヴィッド・バーンとの『ラヴ・ディス・ジャイアント』も話題にし、ソロでは6枚のスタジオ・フル・アルバムを残してきた。トーコ・ヤスダら3人のツアー・バンドを従えたライヴ・パフォーマンスではギタリストとしての実力も見せつける。

　投獄されていた父との再会で記憶の中から自身のルーツを救い上げたことで生まれた本作は、オルタナ女王がロックの王道をリメイクしたような大傑作だ。曲のよさとアレンジの的確さでぶっちぎり。

和久井

The Velveteers
Nightmare Daydream

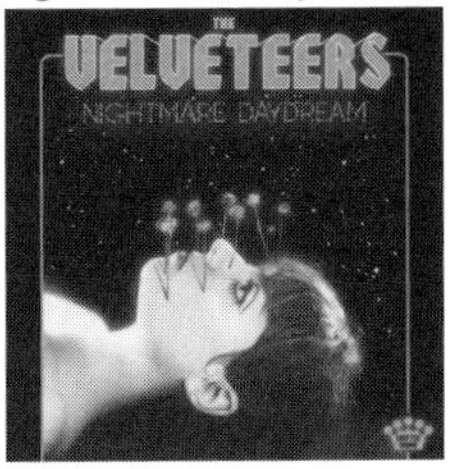

Easy Eye Sound／EES-022［CD］2021年
プロデューサー：Dan Auerbach

ヴォーカル／ギターのデミ・デミトロとふたりの男性ドラマーから成るデンヴァー出身のトリオの第1作。ダン・オーバックが考える〝ロック〟を凝縮したかの如く、レッド・ツェッペリン、T・レックス、スージー・クアトロ、ランナウェイズあたりが融合されているのがみごとだ。それが単なるリメイクでないことはリズムの組み立てに顕著。デミのヴォーカルもいい。

アルバムにフォーキーな曲を混ぜているのも70年代的だが、90年代のロー・ファイ感がうまく活用されているから〝オルタナ以後〟が揺るぎないのである。デミの見栄えがいいし、ライヴ・パフォーマンスも面白いから、2作目に期待。ロック・クイーンはいつの時代にも必要だ。

和久井

The Black Keys
Dropout Boogie

Nonesuch／075597913439［CD］2022年
プロデューサー：The Black Keys

ダン・オーバックはソロやプロデュース作の方が面白いと思っていたのだが、ザ・ブラック・キーズも11枚目のアルバムにして歴史に残る傑作をつくりあげた。

ツアーではアディショナル・メンバーを加えるものの、一貫してドラムのパトリック・カーニーとのデュオという形にこだわってきたのが、ガレージ・ロックから脱しない理由かと思っていたが、相変わらずの路線なのにスコンと抜けたのは、R&B、ソウル、ブルース、カントリーから、パンクやパワー・ポップまで引き受けるプロデュース・ワークの成果だろう。曲がガレージ・ロックから離れてきたのは前作『デルタ・クリーム』でも感じられたが、ここでの飛躍は特筆に値する。文句なし。

和久井

Maggie Rogers
Surrender

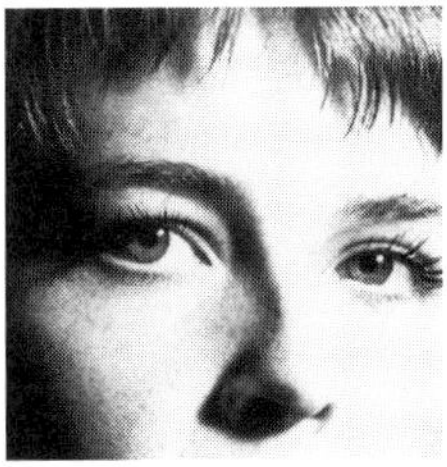

Capitol/Debay Sounds／B003452402［CD］2022年
プロデューサー：Kid Harpoon

デモを聴いたファレル・ウィリアムズが思わず涙したことで一躍注目されたマギー・ロジャースは、94年4月にメリーランドで生まれた。ケイシー・マスグレイヴスやマムフォード&サンズのオープニング・アクトを務め、インディーで2作を発表したあとのメジャー・フル・アルバム『ヒアード・イット・イン・ア・パスト・ライフ』は全米2位、オルタナ・チャートでは1位となったが、そこで急がないのが日本との違いだ。3年ぶり、2作目のフル・アルバムである本作は、じっくり寝かしただけある成長ぶりが頼もしい傑作になった。先行シングルのPVにはデイヴィッド・バーンが出演し、アルバムは全米12位、全英6位というスタートを切っている。

和久井

ラウドファンディングを成功させた。22年11月にはオセロケッツの25thライブを開催、現在ニューアルバムを鋭意制作中（だといいな）。
③マシュー・スウィートのアルバム『ガールフレンド』でエゲツないギターを弾いてたリチャード・ロイドとロバート・クワインからNYパンクシーンに興味を持ち、遡って重要アルバムを聞きました。同時にカレッジラジオ系やロウファイ物にも夢中になってインディー精神に目覚め、先輩や大人の言う事を聞かなくなりました。
④ジェリーフィッシュ『スピルト・ミルク』、ダニエル・ジョンストン『アーティスティック・バイス』、レモンヘッズ『イッツ・ア・シェイム・アバウト・レイ』、フルード・オンシズ『イン・ザ・ニュー・オールド・ファッションド・ウェイ』、フレイミング・リップス『ザ・ソフト・ブレティン』、ザ・ソーンズ『ザ・ソーンズ』、エディ・スパゲッティ『ザ・ソース』、サン・ヴォルト『ユニオン』、ドニー・ヴィー『ビューティフル・シングス』、ザ・テキサス・ジェントルマン『フロア・イット』
⑤誰かに聞いてほしいとか、売れたいとかぢゃなく「やりたいからやる」のが大事。SDGsよりDIYs。

山田順一（やまだ・じゅんいち）
①東京出身。ライター／エディター＆リサーチャー。
②出版社で雑誌、書籍の編集、CD制作、イヴェントの企画運営を経験。現在はライナーノーツ（ザ・バンド、ボブ・ディラン／ザ・バンドなど）や雑誌への執筆及び編集、ラジオ出演、CD／LPの企画編纂、コーディネイト、監修などを行なう。編著は『グラム・ロック黄金時代1971~77―フィーチャーリング・モダーン・ポップ―』、『GSアイ・ラヴ・ユー　ニュー・ロック＆アフターGSサウンド時代』ほか。
③数寄屋橋にあった中古レコード屋のハンターでオムニバス盤『決定盤!!　これがパンクだ』を買ったのが意識しはじめたきっかけ。パティ・スミスを聴いて、初期衝動だけではないと感じてのめり込んでいき、NYパンクの多様性にはまる。
④パティ・スミス『ホーシズ』、VA『ノー・ニューヨーク』、モダン・ラヴァーズ『モダン・ラヴァーズ』、チューブス『ホワット・ドゥ・ユー・ウォント・フロム・ライヴ』、ブロンディ『オートアメリカン』、トーキング・ヘッズ『ストップ・メイキング・センス』、ピクシーズ『サーファー・ローザ』、ジェリーフィッシュ『スピリット・ミルク』、シザー・シスターズ『シザー・シスターズ』、ザ・レモン・ツイッグス『ドゥ・ハリウッド』
⑤伝統や様式とはまた別に、こんな時代だからこそ“パンクの精神性”を受け継いでいくことが重要だと思う。

吉田メグミ（よしだ・めぐみ）
①東京生まれ。ライター、編集者。
②1989年頃からフリーライターとして執筆を開始。情報誌、パソコン誌、カルチャー誌などの紙媒体、企業オウンドメディアやWEBマガジンなどのWEB媒体での記事作成いろいろ。音楽については聴き専だったのに、今回初めて書いてしまい震え上がっている。
③小学生の頃に出会ったロンドン・パンクはファッションとしても鮮烈だったけれど、ニューヨーク・パンクはポピュラー・ミュージックとして自然に聴いていたと思う。つまりは“ニューヨーク・パンク以降のロックキッズ”としてニューヨーク・パンクの上で踊って育ったのだ。
④トーキング・ヘッズ『サイコキラー’77』、キッド・クレオール・アンド・ザ・ココナッツ『トロピカル・ギャングスターズ』、シンディ・ローパー『シーズ・ソー・アンユージュアル』、マドンナ『ライク・ア・ヴァージン』、プリンス『プリンス』、カーズ『ハートビート・シティ』、ザ・レッド・ホット・チリ・ペッパーズ『マザーズ・ミルク』、ザ・ホワイト・ストライプス『ホワイト・ブラッド・セルズ』、ゼブラヘッド『プレイメイト・オブ・ザ・イヤー』
⑤ロックは音楽から飛び散り、小さな破片になって、いろんなところに付着したり堆積したり吐き出されたり浮遊したりしているけど、それを感じる器官を持つか持たないか、かなと思う。

和久井光司（わくい・こうじ）
①1958年10月2日に東京渋谷、並木橋で生まれ、横浜のはずれで育つ。総合音楽家、詩人、会社社長。
②81年にスクリーンを率いてデビューし、翌年キティレコードと作家契約、他者に詞や曲を提供するようにもなったが、すぐに職業作家は面白くないと悟った。スクリーン解散後は主にソロ名義で活動。2007年にはボブ・ディラン公認の日本語カヴァー集『ディランを唄う』と、オリジナル・アルバム『愛と性のクーデター』（ザ・ポウジーズのジョン・オウアがギター／コーラスで参加）をソニーミュージックから同時発売。08年には浦沢直樹のミュージシャン・デビュー作『半世紀の男』をプロデュースした。現在は、スースー＆バンチョーズ、東京暮色、和久井光司と女たち、などで音楽活動。著書／編著書に、『放送禁止歌手　山平和彦の生涯』『ヨーコ・オノ・レノン全史』『英国ロックの深い森　全2巻』『ザ・ビートルズ・マテリアル　全4巻』『ラヴ　ジョン・レノン』『ジョージ・ハリスン　スワンプ・ロック時代』などがある。
③76年初夏、ラモーンズのファーストを手にし、60年代回帰のガレージ・ロックだと思った。その後、パティ・スミスを聴いてヴェルヴェット・アンダーグラウンドからの繋がりを意識、77年にテレヴィジョンで人生が変わった。ロンドン・パンクを最初は“かっこだけ”だと思っていたから、セックス・ピストルズやクラッシュをまじめに聴くようになったのは78年から。
④テレヴィジョン『マーキー・ムーン』、ジョナサン・リッチマン＆ザ・モダン・ラヴァーズ『ライヴ』、パティ・スミス・グループ『イースター』、トーキング・ヘッズ『リメイン・イン・ライト』、ザ・フィーリーズ『クレイジー・リズム』、グリーン・オン・レッド『ノー・フリー・ランチ』、ジョー・ヘンリー『シヴィリアンズ』、セイント・ヴィンセント『セイント・ヴィンセント』、ダン・オーバック『ウェイティング・オン・ア・ソング』、デイヴィッド・バーン『アメリカン・ユートピア』
⑤レコードで長いギター・ソロを聴かされなくなっただけでもありがたい。ポップスも嫌いじゃないが、俺は“ポップ”じゃないと聴き続けられないんだな、と教えてくれたのがパンクだった。

ているが、表層では無関係を装いながらもそれを内包する作品は決して少なくない。その有無が自分にとって作品の「良し悪し」を判断する大きな基準となっている。

梅村昇史（うめむら・しょうじ）
① 1961 年名古屋生まれ。グラフィック・デザイン／イラストを成業とする。在野のザッパ研究家。
②書籍、絵本等のデザインやイラストを手掛けつつ、CD ジャケットのデザインなどを制作。『デイヴィッド・ボウイ完全版』『カンタベリー・ロック完全版』『ザ・バンド完全版』等では漫画ページと原稿の執筆担当。
③パンクが発生していた頃は、ザッパとプログレばっかり聴いてていたので、オンタイムで洗礼は受けなかった。75 年頃には雑誌でニューヨークでのパンクの登場の記事を読んでいて、何か大きく変わるんだろうなと予感には納得いくものがあったけど。
④トーキング・ヘッズ『リメイン・イン・ライト』『サイコキラー‘77』、ディーヴォ『Q: アー・ウィー・ノット・ア・メン？　A: ウィー・アー・ディーヴォ !』、
ザ・ラウンジ・リザーズ『ザ・ラウンジ・リザーズ』、ラモーンズ『イッツ・アライヴ』、VA『ノー・ニューヨーク』、ザ・ゴールデン・パロミノス『ザ・ゴールデン・パロミノス』
⑤個人的にはパンクによって誘発されたその後のニュー・ウェイヴの方が重要だった。そしてファッショナブルなロンドンの動きよりも、圧倒的にアメリカの方が入り込めた。83 年頃まではその変化を追っていくのがすごくおもしろかったな。半年たったら状況が激変してた。

納富廉邦（のうとみ・やすくに）
① 1963 年、佐賀市生まれ。フリーライター。
②大学在学中からフリーランスでコピーライターを始め、1985 年に雑誌を中心にノンジャンルで書くライターになる。1994 年に初の著書『CD-ROM Review Book』を刊行。以降、『iPod Fan Book』シリーズは、アメリカ、ドイツ、フランスでも発売された他、『やかんの本』『Drinkin Cha』『子供の本がおもしろい！』『大人カバンの中身講座』『40 歳からのハローギター』など著書多数。その他、新聞、雑誌、Web、テレビ、ラジオ、講演、製品プロデュースなどで活動。
③ 77 年春、友人からテレヴィジョン『マーキー・ムーン』のテープをもらって、探していた音楽は、こういうものではなかったかと思う。ジャックス、ヴェルヴェッツのような音楽に感じていた、大好きだけれど過去の音楽でしかない、という距離感が埋まる気がして、そこから、英・米・日のパンク／ニュー・ウェイヴへ傾倒していく。
④テレヴィジョン『マーキー・ムーン』、リチャード・ヘル＆ザ・ヴォイドイズ『ブランク・ジェネレイション』、パティ・スミス・グループ『イースター』、V.A.『ノー・ニュー・ヨーク』、ザ・コントーションズ『バイ』、ゼイ・マイト・ビー・ジャイアンツ『ゼイ・マイト・ビー・ジャイアンツ』、スロウイング・ミューゼズ『リアル・ラモーナ』、ソニック・ユース『ソニック・ナース』、ブロンディ『ポリネイター』、セイント・ヴィンセント『ダディーズ・ホーム』
⑤ここから始まったことの膨大さと、それ以降の自分の趣味嗜好にどれだけ影響を与えていたかを改めて感じて愕然とします。でも、パンクが変えたはずの、それ以前の「ロック」が、未だに言葉のイメージとして広く普及していることに悲しくなります。

真下部緑朗（まかべ・ろくろう）
① 1964 年、鹿児島県生まれ、某出版社・営業部勤務。
②大学卒業後、婦人実用書出版社、食肉専門商社を経て某出版社へ。『ザ・キンクス　書割りの英国、遥かなる亜米利加』『ニール・ヤング全公式音源攻略ガイド』『デイヴィッド・ボウイ完全版』『カンタベリー・ロック完全版』『ザ・バンド完全版』など。
③ブロンディ「ハート・オブ・グラス」だったかも。デボラ・ハリーの妖艶さに 10 代のいたいけな少年はいちころだった。
④ R.E.M.『オートマチック・フォー・ザ・ピープル』、トーキング・ヘッズ『リメイン・イン・ライト』、ブロンディ『オートアメリカン』、ザ・ナック『ゲット・ザ・ナック』、プリンス『パープル・レイン』、ブルース・ホーンズビー・アンド・ザ・レインジ『ザ・ウェイ・イット・イズ』
⑤従来のロックに反旗を翻したのがパンクだと思うが、いまやチャートはヒップホップばかり。ロック好きのオヤジには淋しい限り……。

森 次郎（もり・じろう）
① 1968 年、愛媛県生まれ。音楽愛好家。
② 2020 年の終わりに、和久井主筆から「原稿書いてよー」と声がかかるも冗談だと思い、「いいっすよー」とテキトーに答えたのが間違いの始まり。
③ビートルズもスワンプもニューヨーク・パンクも後追いなので、明確な記憶はない。先に聴いていた、じゃがたら、フリクション、S-KEN などへの影響大、と気づいた頃から、じわじわと効いてきた気がします。
④テレヴィジョン『マーキー・ムーン』、ジョーイ・ラモーン『ドント・ウォーリー・アバウト・ミー』、トム・ペティ＆ザ・ハートブレイカーズ『ヒプノティック・アイ』、イギー・ポップ『ポスト・ポップ・ディプレッション』、映画『アメリカン・ユートピア』
⑤（例えば楽器など）触ったことがなくても、頭を使ってなんとかカタチにしておいて、涼しい顔してるのが「パンク以後」の在り方なんじゃないかと。前例とかセオリーとかは、二の次。

森山公一（もりやま・こういち）
① 1973 年。大阪府大阪市東成区。ミュージシャン。
②“オセロケッツ”のボーカリストとして 97 年にメジャーデビュー。シングル 10 枚、アルバム 3 枚をリリース。ソロとしても 02 年にシングル、15 年にアルバム『Re-cord!』を発表した。大阪を拠点にした“the Sokai”、京都が誇る老舗カントリーバンド”永冨研二とテネシーファイブ”他、様々なバンドでの活動や楽曲提供、プロデュース、専門学校講師等、幅広い分野で活躍している。21 年 12 月、48 歳の誕生日に 48 曲 demo 音源集『Koichi Moriyama DEMOs 48』の配信を開始、音盤化に向けたク

執筆者プロフィール／アンケート

①生年月日、出身地、職業など
②経歴
③ニューヨーク・パンクとはいつ、どのように出会い、最初はなにを感じたか
④パンク以降の US ロック・アルバムで影響を受けたもの（10 枚まで）
⑤いま改めて、パンク以後のロックに感じること

赤尾美香（あかお・みか）
① 1965 年 8 月 19 日、横浜市生まれ。4-6 歳と 10-18 歳を過ごした静岡が故郷だと思っている。ライター、編集者。
② 87 年 1 月より雑誌『ミュージック・ライフ』編集部に。オルタナ期のアメリカ、ブリット・ポップ期のイギリスには何度となく足を運び取材する機会を得た。97 年 1 月よりフリーランスに。原稿執筆や編集の一方で、バックストリート・ボーイズの日本公認ファン・クラブの運営に携わる。06 年～ 14 年まではジェイク・シマブクロの日本オフィスで PR や FC 運営を手掛けた。15 年以降はムックや書籍の編集を主としつつ、《QUEEN EXHIBITION JAPAN～Bohemian Rhapsody～》（20年）、《QUEEN 50 周年展　DON'T STOP ME NOW》（21-22 年）のキュレーション補佐と展示文章を担当。著書／編著書に、『ロックンロール・フォトグラフィティ　長谷部宏の仕事』『ウエスト・コースト・ロック読本』『テイラー・スウィフト・ルールズ』『MUSIC LIGE Presents クイーン』『ディスカバー・クイーン　THE BOOK』などがある。
③ 10 歳からラジオを聴き始めるも、“ニューヨーク・パンク” とは無縁のまま成長。自覚的に聴いたのは、R.E.M. から遡ったパティ・スミスとヴェルヴェッツ。特にパティの「ビコーズ・ザ・ナイト」は、かつてラジオで聴いていたのだろう、初めてとは思えないほど耳に馴染み、『イースター』に夢中になった。ジャケットの衝撃も含め、パンクは解放だと思った。それまでは、破壊的で破滅的で自分とは無縁だと思っていた。
④パティ・スミス・グループ『イースター』、R.E.M.『マーマー』『グリーン』、リプレイスメンツ『レット・イット・ビー』『ドント・テル・ア・ソウル』、ジェリーフィッシュ『ベリーバトゥン』、アンクル・トゥペロ『ノー・ディプレッション』、ウィルコ『ヤンキー・ホテル・フォックストロット』、ライアン・アダムス『ハートブレイカー』、ザ・ナショナル『ハイ・ヴァイオレット』
⑤近年続々と登場する LGBTQ のシンガー・ソングライターたちの素晴らしい作品に触れるにつけ、音楽的にも精神的にも、パンクが果たした役割はとてつもなく大きいなぁと実感する。

池上尚志（いけがみ・たかし）
① 1971 年 8 月 3 日、長岡市生まれ。ライター。花火が鳴っているときに生まれたので、基本的にはおめでたい性格のはず。
②赤と黄色の CD 屋を経て、90 年代終わり頃、音楽関係じゃない雑誌編集者に。その頃から音楽の原稿を書き始める。以降、様々な仕事をしながらライター業を並行して行い、つらい日々を過ごす。久々にバンドを始めようと目論むも、昔の仲間がみんなプロになっていて声をかけづらくなってしまう。でもたぶん大丈夫。現在は原稿の執筆のほか、CD の再発企画、イベントの企画・制作（脇田もなり、Chocolate Lips、当山ひとみ、小林泉美、船山基紀、近田春夫など）、ラジオ番組（「ジャパニーズ・ロック 80's on Radio」）なども行う。著書「ジャパニーズ・ロック 80's」「Japanese City Pop 100: Selected By Night Tempo」発売中。
③洋楽を聴き始めたのが 80 年代半ば以降なので、基本的にすべて後追い。最初のパンクはたぶんスターリンかラフィン・ノーズで、そこから一気にハードコア方面へ。洋楽パンクはピストルズが最初だったので、ジョニー・サンダースをパンクだと思わなかった。
④ロバート・ゴードン『ロック・ビリー・ブギー』、グレイス・ジョーンズ『ナイトクラビング』、ローン・ジャスティス『ローン・ジャスティス』、ティル・チューズデイ『ウェルカム・ホーム』、K. D. ラング『アンジャニュウ』、ジュリアナ・ハットフィールド『ヘイ・ベイブ』、ラモーンズ『ロコ・ライヴ』、カサンドラ・ウィルソン『ニュー・ムーン・ドウター』、パティ・スミス『トランピン』、メイヴィス・ステイプルズ『ライヴ：ホープ・アット・ザ・ハイドアウト』（ちょっと反則気味ですが……）
⑤壊すのがパンクなら、ニューヨーク・パンクは“パンク”と呼ばなくてもいいんじゃないかなと、今でもなんとなく思っている。そして、ニューヨーク・パンクはジャンルの壁を壊したので、やっぱりパンクでもいいのかなと思った。

犬伏 功（いぬぶし・いさお）
① 1967 年大阪生まれ、大阪市在住の音楽文筆家／グラフィック・デザイナー。
② 2000 年より音楽雑誌、ライナーノーツなどの執筆、再発監修等を行う。主に英国産ポップ・ミュージックを軸足に様々な執筆活動を展開、地元大阪ではトークイベント『犬伏功の Music Linernotes』を定期開催中。
③世代的にも完全な「後追い」で、ヴィジュアル的なインパクトも強烈だったロンドン・パンクと比べ些か地味な印象を受けたのと、「文学」の香りになんともいえない敷居の高さを感じ、聴くのに躊躇した時期もあった。しかし、いざ扉を開いてみるとそれが大きな誤解だったことに気付き、以降はどっぷりハマっている。
④フレイミン・グルーヴィーズ『シェイク・サム・アクション』、ラモーンズ『ロケット・トゥ・ロシア』、イギー・ポップ『ラスト・フォー・ライフ』、プッシー・ガロア『エグザイル・オン・メイン・ストリート』、パール・ジャム『テン』、ジェリーフィッシュ『スプリット・ミルク』、ディック・デイル『トライバル・サンダー』、フランク・ブラック『ティーンエイジャー・オブ・ジ・イヤー』、ウェイン・クレイマー『ザ・ハード・スタッフ』、ベック『オディレイ』
⑤「DIY の精神と破壊力」がパンクの核心だと今も思っ

執筆　赤尾美香、池上尚志、犬伏 功、梅村昇史、納富廉邦、真下部緑朗、森 次郎、森山公一、山田順一、吉田メグミ、和久井光司
編集統括　森 次郎
データ作成　森 次郎、犬伏 功
アート・ディレクション　和久井光司
デザイン　梅村昇史、大友哲郎

NYパンク以降のUSロック完全版

2022 年 11 月 20 日　初版印刷
2022 年 11 月 30 日　初版発行

責任編集　和久井光司
発行者　小野寺優
発行所　株式会社河出書房新社
〒151-0051　東京都渋谷区千駄ヶ谷 2-32-2
電話 03-3404-1201（営業）
03-3404-8611（編集）
https://www.kawade.co.jp/
組版　大友哲郎
印刷・製本　株式会社暁印刷

Printed in Japan
ISBN 978-4-309-25688-7